CONSERVES
et confitures maison

COUP de POUCE

CONSERVES
et confitures maison

Les Éditions
Transcontinental

Gelée de lavande au miel
(page 149)

LE LUXE EN BOCAL

«Des conserves? Vraiment? Mais qui donc fait encore ses conserves, aujourd'hui? N'avez-vous pas de congélateur où mettre les viandes, les légumes et les fruits surgelés?

— Mais bien sûr que j'ai un congélateur!

— Alors, est-ce de la nostalgie? Êtes-vous nostalgique d'un passé pas si lointain: disons, avant 1925, quand l'entreprise AB Arctic a commencé à commercialiser les premiers congélateurs?

— Non, ce n'est pas la nostalgie qui me pousse à faire des conserves. Je suis très moderne, au contraire. C'est autre chose.

— Mais quoi, alors?

— Le luxe. C'est le goût du luxe qui me pousse à faire des conserves.»

Je vous explique. Je ne parle pas du luxe des grands hôtels et des voyages en première classe, ni de celui de la haute couture et des restaurants cinq étoiles. Non, je parle d'un luxe beaucoup plus simple: le luxe du temps, le luxe des couleurs, le luxe des saveurs. Dans mon cas, c'est aussi un luxe familial, qui survient généralement un samedi matin ensoleillé d'automne, quand mon amoureux annonce qu'il part au marché chercher des tomates. «Si tu vas chercher des tomates, moi, je vais chercher des fruits!» Alors commence une longue journée pendant laquelle les enfants viennent aider sans même qu'on le leur demande, attirés par les odeurs, par la faim et peut-être aussi par la vue de leurs parents captifs d'une cuisine en désordre.

Ce qui m'impressionne toujours, ce sont les couleurs: les teintes d'ocre, de grenadine, de rouge framboise ou de fraise écrasée. Et avec ces couleurs, des noms qui feraient vibrer n'importe quelles papilles gustatives: confiture, marmelade, gelée, sirop, marinade et chutney. Et puis, on ne sait jamais trop comment les choses vont se terminer...

Il n'y a pas de meilleure manière d'étirer la belle saison et d'emprisonner les saveurs de l'été que de les mettre en conserve. Votre congélateur est engorgé? Faites des conserves! Vous voulez manger santé, sans additifs de tout genre? Faites des conserves! Vous vous désolez du goût délavé des aliments congelés? Faites des conserves! Vous vous souciez de l'avenir de la planète? Faites des conserves, cela vous évitera d'acheter en plein mois de janvier des fruits et des légumes qui ont fait trois fois le tour du monde avant d'atterrir dans votre assiette!

Vous ai-je convaincus? Pas encore? Alors, je vous suggère ceci: préparez un seul petit pot de confiture aux bleuets cet automne et sortez-le un dimanche matin, en pleine tempête de février, avec votre pain préféré. Je parie que l'année suivante, vous aussi ferez des conserves!

Geneviève Rossier
Directrice éditoriale et rédactrice en chef, *Coup de pouce*

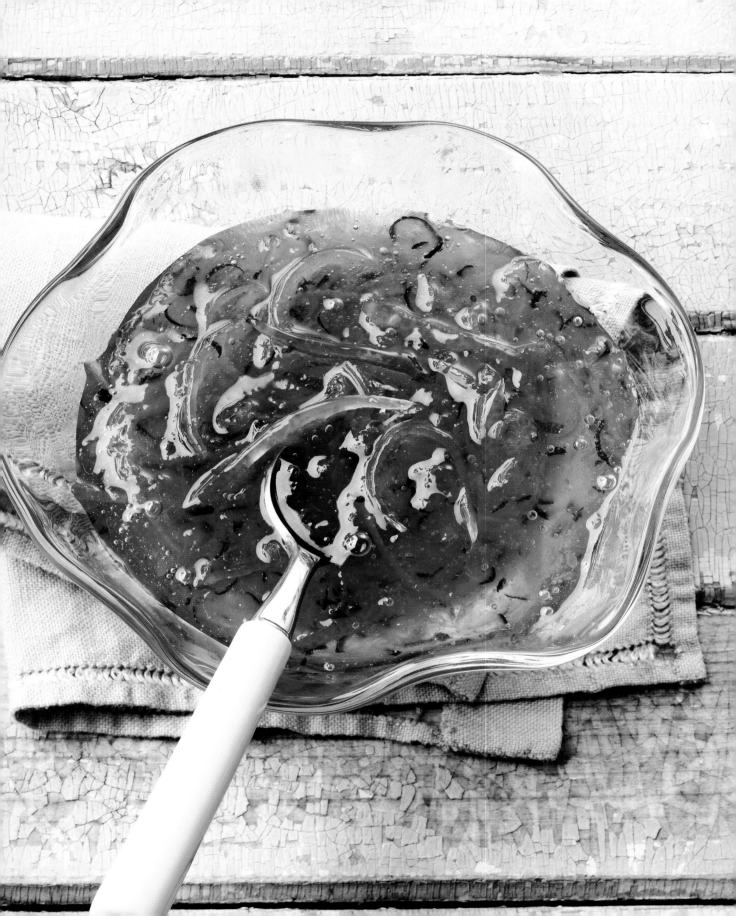

chapitre un

Les essentiels

L'abc de la mise en conserve

Nous proposons dans ce livre un certain nombre de confitures sans cuisson, de marinades et de sauces qui se conservent au frigo. Toutefois, la plupart des recettes nécessitent un traitement à l'eau bouillante. Ce traitement à la chaleur crée un sceau hermétique empêchant l'air, les bactéries et les moisissures d'entrer dans les pots. Cela permet de les entreposer à la température ambiante sans danger.

La mise en conserve se fait en plusieurs étapes. Voici la marche à suivre.

Pour une mise en conserve réussie

1. Environ 30 minutes avant de mettre la préparation en pots, remplir aux deux tiers une marmite munie d'un support. Couvrir et faire chauffer.

2. Dix minutes avant le remplissage, déposer les pots sur le support et chauffer jusqu'à ce que l'eau soit chaude, mais non bouillante (environ 182°F/82°C). Les garder au chaud jusqu'au moment de les utiliser.

3. Juste avant le remplissage, mettre les couvercles à bord de caoutchouc dans une petite casserole d'eau chaude, mais non bouillante (environ 182°F/82°C) jusqu'à ce que le caoutchouc ramollisse (environ 5 minutes). Les garder au chaud jusqu'au moment de les utiliser.

4. Remplir les pots à l'aide d'une louche et d'un entonnoir, d'une écumoire ou d'une pince, en respectant l'espace libre recommandé dans la recette.

5. Enlever les bulles d'air à l'aide d'une spatule en caoutchouc, en remuant délicatement la préparation. Ajuster la hauteur de remplissage, au besoin.

6. Essuyer le bord de chaque pot, au besoin.

7. Centrer le couvercle sur le pot et visser l'anneau jusqu'au point de résistance (ne pas trop serrer).

8. Pour traiter à la chaleur, déposer les pots pleins dans la marmite d'eau chaude. Les pots doivent être couverts d'au moins 1 po (2,5 cm) d'eau; ajouter de l'eau chaude, au besoin. Couvrir la marmite et porter à ébullition. Commencer alors à calculer le temps de traitement indiqué dans la recette.

9. Après le traitement à la chaleur, éteindre le feu, retirer le couvercle de la marmite et laisser reposer les pots 5 minutes avant de les retirer (les retirer avant le temps prescrit risque d'entraîner une perte d'étanchéité).

10. Retirer le support de la marmite avec les pots. À l'aide d'une pince, déposer les pots sur une grille et les laisser refroidir pendant 24 heures, sans les toucher (ne pas resserrer les anneaux).

11. Vérifier le scellement en exerçant une légère pression du doigt sur le couvercle. Celui-ci doit s'incurver vers le bas et ne pas bouger. Resserrer les anneaux, au besoin. (Réfrigérer les pots mal scellés et consommer leur contenu dans les 3 semaines.)

12. Étiqueter les pots et les ranger dans un endroit frais et sec, à l'abri de la lumière. Ils se conserveront pendant environ 1 an.

Acide? pas acide?

Seuls les aliments au taux d'acidité élevé (ex.: fruits, jus de fruits, marinades, cornichons) peuvent être traités de cette façon. Pour pouvoir être mis en conserve, les aliments dont le taux d'acidité est faible (ex.: légumes, viandes, sauces à spaghetti) doivent être traités dans une marmite à pression, appelée aussi « autoclave ». Aucune des recettes de ce livre ne requiert l'utilisation d'un autoclave.

Les pots

• Ils ne doivent pas être abîmés, et les couvercles doivent être neufs.

• Il peut arriver que les pots indiquant une capacité de 1 t (250 ml) ne contiennent pas exactement cette quantité, en raison de leur forme. En effet, les jolis pots ont souvent une capacité moindre que ceux à paroi droite.

• Lorsqu'on prépare des conserves pour des pots d'une capacité de 1 t (250 ml), on a généralement besoin d'un ou deux contenants de moins que le nombre de tasses prévues dans la recette. Ainsi, une recette qui donne 8 t (2 L) remplira six ou sept pots d'une capacité de 1 t (250 ml). C'est une information importante quand on veut un nombre précis de pots, pour les offrir, par exemple.

• Il est conseillé de toujours laver et stériliser quelques pots supplémentaires, au cas où notre recette donnerait une plus grande quantité que prévu. Il est bon aussi de stériliser un ou deux pots plus petits que ceux demandés, dans l'éventualité où on aurait un petit surplus. On pourra remplir ces contenants en laissant l'espace libre recommandé et les traiter à la chaleur comme les pots plus grands.

L'espace libre

L'espace libre est un concept important dans la mise en conserve. Il s'agit de l'espace laissé entre le dessus de la préparation et le bord du pot. Il est essentiel de respecter l'espace libre recommandé dans chaque recette afin de sceller les pots de façon sécuritaire.

• En règle générale, les confitures et les gelées nécessitent un espace libre de 1/4 po (5 mm), tandis que les marinades, les relishs et les chutneys requièrent un espace libre de 1/2 po (1 cm).

• Dans tous les cas, il faut suivre les recommandations de la recette et mesurer avec précision. Si les pots sont trop remplis, ils risquent de déborder pendant le traitement à la chaleur. S'ils ne le sont pas assez, leur contenu risque de s'altérer.

• Pour mesurer l'espace libre, une règle de cuisine ordinaire fait l'affaire, mais il existe aussi des réglettes en plastique transparent (voir p. 17) conçues spécialement à cet effet, qui peuvent nous faciliter la tâche.

Les pots à la loupe

• Il peut arriver que les pots indiquant une capacité de 1 t (250 ml) ne contiennent pas exactement la quantité prétendue, en raison de leur forme. Les jolis pots ont souvent une capacité moindre que ceux à paroi droite.

• Lorsqu'on prépare des conserves pour des pots d'une capacité de 1 t (250 ml), on a généralement besoin d'un ou deux contenants de moins que le nombre de tasses prévues dans la recette. Par exemple, une recette qui donne 8 t (2 L) remplira six ou sept pots d'une capacité de 1 t (250 ml). C'est une information importante quand on veut un nombre précis de pots à offrir en cadeau.

• Il est conseillé de toujours laver et stériliser quelques pots supplémentaires, au cas où notre recette donnerait une plus grande quantité que prévu. Il est bon aussi de stériliser un ou deux pots plus petits que ceux demandés, dans l'éventualité où on aurait un petit surplus. On pourra remplir ces contenants en laissant l'espace libre recommandé et les traiter à la chaleur comme les pots plus grands.

La pectine

• La pectine est un gélifiant présent naturellement dans certains fruits, notamment les agrumes. C'est l'un des ingrédients essentiels des confitures et des gelées: elle permet de faire prendre les préparations de fruits cuits et de leur donner la bonne consistance, de façon qu'elles s'étendent bien.

• Dans le cas des confitures et gelées à l'ancienne, c'est l'équilibre entre l'acidité et la pectine naturellement présente dans les fruits qui leur permet de prendre. L'ajout d'ingrédients à forte teneur en acidité et en pectine (par exemple: jus de citron, agrumes, groseilles, pommes acidulées) est alors nécessaire. Pour obtenir la consistance désirée, on doit faire bouillir ces confitures pendant un bon moment (voir Test de gélification, p. 57).

Non à la paraffine

De nombreuses recettes anciennes demandant de la paraffine pour sceller les pots. Toutefois, l'usage de la paraffine n'est plus recommandé pour les conserves, car elle ne scelle pas toujours hermétiquement. En refroidissant, la paraffine se contracte et peut se détacher de la paroi du pot, exposant ainsi son contenu à l'air, ce qui ouvre la porte aux moisissures et aux bactéries.

• Aujourd'hui, différents types de pectine, en poudre ou liquide, sont vendus en épicerie. L'ajout de pectine du commerce permet aux préparations de prendre même si elles ne contiennent pas de fruits à haute teneur en acidité et en pectine, tout en réduisant le temps de cuisson nécessaire pour une bonne prise de la confiture. Il existe des pectines spécialement conçues pour les différents types de confiture: très sucrée, peu sucrée et sans cuisson (ou à congeler).

• Lorsqu'on utilise des pectines du commerce, il est important de suivre la recette à la lettre: les différents types de pectine ne sont pas interchangeables. Chacun est conçu pour réagir avec une quantité de sucre déterminée et pour faire prendre une certaine quantité de préparation. Si on change le type de pectine ou les proportions des ingrédients dans la recette, on pourrait se retrouver avec une confiture trop liquide ou trop ferme.

En toute sécurité

• Se laver les mains, puis nettoyer à l'eau chaude savonneuse tout le matériel nécessaire à la préparation et à la mise en conserve. Ne pas réutiliser d'ustensiles sans les avoir lavés de nouveau.

• Toujours suivre la recette. Changer les ingrédients, les proportions ou le temps de traitement à la chaleur pourrait rendre les conserves impropres à la consommation. Même une infime variation du degré d'acidité pourrait les altérer.

Et si on réduit le temps de traitement recommandé, on empêche l'élimination des bactéries dangereuses, comme le *Clostridium botulinum*.

• Une fois qu'on a traité les pots à la chaleur et qu'on les a laissé refroidir pendant 24 heures, on vérifie s'ils sont bien scellés: le couvercle doit s'incurver vers le bas et ne pas bouger du tout. Réfrigérer les pots mal scellés et consommer leur contenu dans les 3 semaines.

• Étiqueter chaque pot en indiquant clairement son contenu et la date de préparation. De cette façon, il n'y aura aucun doute quant au moment de la mise en conserve.

• Ranger les conserves maison dans un endroit frais et sec, à l'abri de la lumière. Elles se conserveront ainsi pendant 1 an, à moins d'indication contraire. On peut les mettre dans une armoire ou sur une étagère au sous-sol, si l'endroit est frais et sec.

• Jeter immédiatement tout pot qui coule et dégage de mauvaises odeurs. Éliminer également ceux dont du liquide jaillit à l'ouverture, ce qui pourrait être le signe d'une contamination bactérienne.

• Une fois les pots ouverts, les conserver au réfrigérateur et les consommer dans les semaines qui suivent.

Le matériel

Il est plus facile et plus sécuritaire de préparer des conserves maison si on travaille avec le bon matériel. Tout ce qu'il faut pour commencer est un ensemble de mise en conserve de base (dans les magasins d'accessoires de cuisine et les quincailleries). On pourra ensuite compléter avec quelques accessoires pratiques. En attendant, voici les outils essentiels ainsi que des petits luxes pour se faciliter la tâche. Notre conseil: utiliser seulement des ustensiles en acier inoxydable ou en plastique, qui peuvent être stérilisés.

Marmite de mise en conserve à l'eau bouillante

Il s'agit tout simplement d'une grande casserole munie d'une grille dans le fond et d'un couvercle hermétique. Elle doit avoir une bonne profondeur: il faut qu'on puisse faire tenir les pots debout sur la grille, les recouvrir d'eau jusqu'à 1 po (2,5 cm) au-dessus du bord supérieur, et maintenir une ébullition rapide et à gros bouillons sans débordement. Les casseroles à fond plat conviennent pour les cuisinières au gaz et électriques. Celles à fond cannelé sont plus efficaces sur les cuisinières au gaz, mais ne sont pas recommandées pour les cuisinières en vitrocéramique. Les plus populaires sont les casseroles en acier recouvert de porcelaine noire, en raison de leur coût peu élevé et de leur légèreté.

Casserole à confiture

Les confitures et les gelées (surtout celles avec ajout de pectine) doivent bouillir à gros bouillons et prennent beaucoup de volume en cuisant. Pour éviter les débordements, il est conseillé de choisir une grande casserole en acier inoxydable, à fond épais, qui contient au moins trois fois la quantité de confiture préparée [A]. Une casserole ou bassine à confiture d'une capacité de 36 t (9 L) est un bon investissement pour ceux qui comptent se lancer dans la confection de nombreux petits pots. Sa paroi évasée et sa large ouverture permettent un maximum d'évaporation. En outre, sa base est dotée d'une couche d'aluminium intégrée qui permet de conserver et de distribuer uniformément la chaleur, évitant ainsi les points chauds.

A

B

Entonnoir à large col

Cet accessoire permet de remplir les pots sans faire de dégâts. Fini, les bords collants qui empêchent les couvercles de sceller! Conçu spécialement pour la mise en conserve, cet entonnoir [B] s'insère parfaitement dans les pots.

Pince à bocaux

Il y a moins de risques d'éclaboussures et de bris avec

C

cette pince [C] qui s'agrippe bien aux pots et les empêche de glisser. Le revêtement en caoutchouc assure une bonne prise, et les poignées isolantes gardent les mains à distance de l'eau et des surfaces chaudes.

Support à bocaux

Le support à bocaux maintient les pots debout et à distance du fond de la marmite, les empêchant ainsi de se briser. Il permet aussi de les retirer de l'eau bouillante tous d'un seul coup, éliminant le transfert des pots un à un avec une pince. Au lieu d'investir dans une marmite de mise en conserve munie d'un support, on peut acheter un support [D] qui s'ajuste au diamètre de la casserole. L'accessoire est doté de poignées à hauteur réglable et se présente soit avec deux grilles en acier inoxydable télescopiques qui s'ajustent aux casseroles de 9 1/2 à 12 po (24 à 30 cm) de diamètre, soit avec une seule grille, plus grande, pour les casseroles de plus de 12 po (30 cm) de diamètre.

Support à couvercles

Adieu, la pêche aux couvercles brûlants! Ce gadget pratique [E], qui peut tenir en position verticale 12 couvercles ordinaires ou à grand diamètre, facilite leur passage à l'eau bouillante.

Baguette aimantée

Pas envie d'investir dans un support à couvercles? Cet outil peu coûteux [F] permet de retirer les couvercles un à un de l'eau bouillante. Pratique également pour centrer les couvercles chauds sur les pots.

Réglette

L'extrémité en escalier de cet outil (voir photo, p. 12) mesure l'espace libre à la surface. On peut passer l'extrémité arrondie dans les pots remplis pour éliminer les bulles d'air.

Sac à gelée et support

Pour obtenir de belles gelées et des sirops bien clairs, il faut mettre la préparation de fruits cuits dans un sac à gelée ou un sac en étamine (coton à fromage) et laisser le jus s'égoutter sans presser le sac (ce qui pourrait brouiller la gelée). Ce sac à gelée réutilisable reposant sur son support en plastique [G] s'ajuste à la plupart des casseroles; on peut ainsi laisser le liquide s'écouler dans la casserole sans surveillance.

Balance de cuisine

Qu'elle soit analogique ou numérique, une bonne balance de cuisine est l'outil par excellence pour mesurer les fruits et les légumes avec précision. On choisit un modèle comportant une touche de mise à zéro, qui remet la balance à zéro après qu'on y a déposé un bol vide.

chapitre deux

Confitures, marmelades et tartinades

Choisir et conserver les fruits d'été

Afin de profiter pleinement des beaux fruits frais qui abondent pendant l'été dans les marchés publics, voici quelques trucs pour bien choisir et conserver les variétés les plus utilisées dans la confection de nos confitures, gelées et autres douceurs.

FRAMBOISES ET MÛRES

Parmi les petits fruits d'été, ces savoureuses baies sont les plus fragiles. Rechercher des framboises qui sont bien rouges, dorées ou pourpres, selon la variété; elles devraient être charnues et exemptes de teintes verdâtres. Les mûres devraient être d'un noir uniforme, sans grains rouges acides. Éviter les fruits ramollis ou présentant des moisissures. Comme les framboises et les mûres ne se gardent pas longtemps au réfrigérateur, il est préférable de n'acheter que la quantité nécessaire. Conserver les fruits non lavés un ou deux jours au frigo, en les étalant côte à côte sur une plaque tapissée d'essuie-tout, sans les couvrir.

PRUNES

Acheter des prunes d'ici mûries à point. Leur peau doit être lisse, mauve foncé, rouge ou jaune, selon la variété. Les fruits vraiment mûrs devraient dégager un parfum sucré et fruité. Éviter ceux qui sont trop durs ou trop mous, et écarter ceux qui sont meurtris ou qui exsudent. Conserver à la température ambiante, à l'abri de la lumière directe.

BLEUETS

Qu'ils soient sauvages ou cultivés, rechercher des fruits fermes d'un bleu tirant sur le mauve foncé, recouverts d'une pellicule poudreuse (la pruine) et qui dégagent un parfum sucré. Éviter les baies plissées ou présentant des moisissures. Conserver les bleuets non lavés quelques jours au frigo, en les étalant côte à côte sur une plaque tapissée d'essuie-tout et en les couvrant légèrement.

CERISES

Rechercher des fruits charnus de couleur intense (rouge cramoisi, rouge-noir, rouge rosé). Les queues devraient être vertes et avoir une apparence de fraîcheur. Écarter les cerises meurtries, ramollies ou fendues. Conserver les fruits non lavés quelques jours au frigo, en les étalant côte à côte sur une plaque tapissée d'essuie-tout et en les couvrant légèrement.

PÊCHES, NECTARINES ET ABRICOTS

Choisir des pêches et des nectarines d'une teinte orange rosé, et des abricots d'un jaune uniforme. Rechercher des fruits charnus qui dégagent un parfum sucré. Éviter les fruits ramollis ou complètement meurtris (les petites meurtrissures s'enlèvent bien lors de la préparation des conserves). Si les pêches ne sont pas complètement mûres, les laisser à la température ambiante un ou deux jours, à l'abri de la lumière directe. Les pêches mûres se conservent quelques jours au réfrigérateur.

FRAISES

Rechercher des fruits charnus et bien rouges, sans parties blanches ou vertes, qui dégagent un parfum sucré. Écarter tout fruit meurtri ou présentant des moisissures ou des signes de détérioration. Comme les fraises se gardent seulement un ou deux jours au frigo, il est préférable de n'acheter que la quantité nécessaire. Conserver les fraises entières non lavées au réfrigérateur et les équeuter au moment de les utiliser.

Confiture de fraises à la framboise

Donne environ 5 1/2 t (1,375 L)
Préparation: 45 min • Cuisson: 30 min
Traitement: 10 min

10 t	fraises fraîches, équeutées	2,5 L
4 t	sucre	1 L
1/2 t	cocktail de framboise concentré surgelé, décongelé	125 ml
1/4 t	jus de citron fraîchement pressé	60 ml

1. Dans une grande casserole à fond épais, à l'aide d'un presse-purée, écraser 4 t (1 L) des fraises, 1 t (250 ml) à la fois. Ajouter le reste des fraises, le sucre, le cocktail de framboise et le jus de citron. Cuire à feu doux, en brassant, jusqu'à ce que le sucre soit dissous. Porter à pleine ébullition à feu vif en brassant souvent. Laisser bouillir à gros bouillons, en brassant presque sans arrêt, de 12 à 15 minutes ou jusqu'à ce que la préparation ait atteint le point de gélification pour une confiture coulante (voir Test de gélification, p. 57). Retirer la casserole du feu. Remuer pendant 5 minutes en écumant la confiture.

2. À l'aide d'une louche et d'un entonnoir, répartir la confiture chaude dans six pots en verre chauds d'une capacité de 1 t (250 ml) chacun jusqu'à 1/4 po (5 mm) du bord. À l'aide d'une spatule en caoutchouc, enlever les bulles d'air. Essuyer le bord de chaque pot, au besoin. Centrer les couvercles sur les pots et visser les anneaux jusqu'au point de résistance (ne pas trop serrer). Déposer les pots dans une marmite d'eau chaude et traiter à la chaleur pendant 10 minutes.

3. Éteindre le feu. Retirer le couvercle de la marmite et y laisser reposer les pots 5 minutes. Soulever le support et l'accrocher sur le bord de la marmite. À l'aide d'une pince à bocaux, déposer les pots sur une grille et les laisser refroidir pendant 24 heures, sans les toucher.

PAR PORTION DE 1 C. À TAB (15 ML): cal.: 42; prot.: traces; m.g.: aucune (aucun sat.); chol.: aucun; gluc.: 11 g; fibres: traces; sodium: aucun.

Confiture de framboises classique

La confiture de framboises est facile et rapide à préparer en petites quantités. Si on n'a pas le temps pendant la belle saison, on peut congeler des framboises fraîches et les cuisiner plus tard, quand le temps se rafraîchit.

Donne environ 3 t (750 ml)
Préparation: 15 min • Repos: 1 h 30 min
Cuisson: 25 à 35 min • Traitement: 10 min

3 t	sucre	750 ml
2 t	framboises fraîches, écrasées	500 ml
1/4 t	jus de citron fraîchement pressé	60 ml

1. Dans une grande casserole à fond épais, mélanger le sucre, les framboises et le jus de citron. Laisser reposer pendant environ 1 heure 30 minutes ou jusqu'à ce que le sucre soit dissous. Porter à pleine ébullition à feu vif en brassant sans arrêt. Laisser bouillir à gros bouillons jusqu'à ce que la préparation ait atteint le point de gélification pour une confiture ferme (voir Test de gélification, p. 57). Retirer la casserole du feu et écumer la confiture.

2. À l'aide d'une louche et d'un entonnoir, répartir la confiture chaude dans trois pots en verre chauds d'une capacité de 1 t (250 ml) chacun jusqu'à 1/4 po (5 mm) du bord. À l'aide d'une spatule en caoutchouc, enlever les bulles d'air. Essuyer le bord de chaque pot, au besoin. Centrer le couvercle sur le pot et visser l'anneau jusqu'au point de résistance (ne pas trop serrer). Traiter à la chaleur pendant 10 minutes (voir L'abc de la mise en conserve, p. 10).

3. Éteindre le feu. Retirer le couvercle de la marmite et y laisser reposer les pots 5 minutes. Soulever le support et l'accrocher sur le bord de la marmite. À l'aide d'une pince à bocaux, déposer les pots sur une grille et les laisser refroidir pendant 24 heures, sans les toucher.

PAR PORTION DE 1 C. À TAB (15 ML): cal.: 53; prot.: traces; m.g.: traces (aucun sat.); chol.: aucun; gluc.: 14 g; fibres: 1 g; sodium: aucun.

Confiture de bleuets légère

Préparée avec de la pectine conçue spécialement pour réagir avec une quantité réduite de sucre, cette confiture demande moins de cuisson qu'une confiture ordinaire, d'où son goût intense de bleuets frais. Assez ferme, elle se tartinera à merveille sur du pain, des scones et des muffins anglais.

Donne environ 8 t (2 L)
Préparation: 20 min • Cuisson: 15 min
Traitement: 10 min

12 t	bleuets frais	3 L
1/4 t	jus de citron fraîchement pressé	60 ml
1	sachet de cristaux de pectine légère (de type Certo) (49 g)	1
3 t	sucre	750 ml

1. Dans une grande casserole à fond épais, à l'aide d'un presse-purée, écraser les bleuets, 1 t (250 ml) à la fois. Mesurer 6 t (1,5 L) de bleuets écrasés et les remettre dans la casserole. Ajouter le jus de citron. Dans un petit bol, mélanger la pectine et 1/4 t (60 ml) du sucre. Incorporer le mélange de pectine à la préparation de bleuets. Porter à ébullition à feu vif en brassant souvent. Ajouter petit à petit le reste du sucre et porter à pleine ébullition. Laisser bouillir à gros bouillons, en brassant sans arrêt, pendant 1 minute. Retirer la casserole du feu. Remuer pendant 5 minutes en écumant la confiture.

2. À l'aide d'une louche et d'un entonnoir, répartir la confiture chaude dans huit pots en verre chauds d'une capacité de 1 t (250 ml) chacun jusqu'à 1/4 po (5 mm) du bord. À l'aide d'une spatule en caoutchouc, enlever les bulles d'air. Essuyer le bord de chaque pot, au besoin. Centrer le couvercle sur le pot et visser l'anneau jusqu'au point de résistance (ne pas trop serrer). Traiter à la chaleur pendant 10 minutes (voir L'abc de la mise en conserve, p. 10).

3. Éteindre le feu. Retirer le couvercle de la marmite et y laisser reposer les pots 5 minutes. Soulever le support et l'accrocher sur le bord de la marmite. À l'aide d'une pince à bocaux, déposer les pots sur une grille et les laisser refroidir pendant 24 heures, sans les toucher.

PAR PORTION DE 1 C. À TAB (15 ML): cal.: 26; prot.: traces; m.g.: aucune (aucun sat.); chol.: aucun; gluc.: 7 g; fibres: traces; sodium: 1 mg.

astuces

• Pour une confiture plus lisse, réduire les bleuets en purée au robot culinaire plutôt que de les écraser au presse-purée.

• Dans cette recette, on peut utiliser, au choix, des cristaux de pectine légère (de type Certo) ou des cristaux de pectine ne demandant pas d'ajout de sucre (de type Pas besoin de sucre, de Bernardin).

Confiture de mûres

Donne environ 8 t (2 L) • Préparation: 20 min
Cuisson: 15 min • Traitement: 10 min

10 t	mûres fraîches	2,5 L
2 c. à tab	jus de citron fraîchement pressé	30 ml
1	sachet de cristaux de pectine (57 g)	1
6 t	sucre	1,5 L

1. Au robot culinaire, réduire la moitié des mûres en purée. Dans une passoire fine placée sur un bol, filtrer la purée pour enlever les petites graines. Dans un grand bol, à l'aide d'un presse-purée, écraser le reste des mûres. Incorporer la purée filtrée. Mesurer 4 1/2 t (1,125 L) de la préparation de mûres.

2. Dans une grande casserole à fond épais, mélanger la préparation de mûres et le jus de citron. Incorporer la pectine. Porter à ébullition à feu vif en brassant souvent. Ajouter petit à petit le sucre. Porter à pleine ébullition en brassant souvent. Laisser bouillir à gros bouillons, en brassant sans arrêt, pendant 1 minute. Retirer la casserole du feu. Remuer pendant 5 minutes en écumant la confiture.

3. À l'aide d'une louche et d'un entonnoir, répartir la confiture chaude dans huit pots en verre chauds d'une capacité de 1 t (250 ml) chacun jusqu'à 1/4 po (5 mm) du bord. À l'aide d'une spatule en caoutchouc, enlever les bulles d'air. Essuyer le bord de chaque pot, au besoin. Centrer le couvercle sur le pot et visser l'anneau jusqu'au point de résistance (ne pas trop serrer). Traiter à la chaleur pendant 10 minutes (voir L'abc de la mise en conserve, p. 10).

4. Éteindre le feu. Retirer le couvercle de la marmite et y laisser reposer les pots 5 minutes. Soulever le support et l'accrocher sur le bord de la marmite. À l'aide d'une pince à bocaux, déposer les pots sur une grille et les laisser refroidir pendant 24 heures, sans les toucher.

PAR PORTION DE 1 C. À TAB (15 ML): cal.: 42; prot.: traces; m.g.: aucune (aucun sat.); chol.: aucun; gluc.: 11 g; fibres: traces; sodium: aucun.

astuce

Filtrer la purée de mûres peut sembler superflu, mais l'effort en vaut le coup, car il y aura moins de graines dans la confiture.

Confitures, marmelades et tartinades

Confiture de mûres au porto

Donne environ 6 t (1,5 L) • Préparation: 15 min
Cuisson: 15 min • Traitement: 5 min

4 t	mûres fraîches	1 L
1	sachet de cristaux de pectine (57 g)	1
5 1/2 t	sucre	1,375 L
1 t	porto	250 ml
1/4 c. à thé	clou de girofle moulu	1 ml

1. Dans une grande casserole à fond épais, à l'aide d'un presse-purée, écraser les mûres légèrement. Dans un petit bol, mélanger la pectine et 1/4 t (60 ml) du sucre. Incorporer petit à petit le mélange de pectine aux mûres écrasées. Incorporer le porto et le clou de girofle. Porter à pleine ébullition à feu vif en brassant sans arrêt. Ajouter le reste du sucre et porter de nouveau à pleine ébullition en brassant sans arrêt. Laisser bouillir à gros bouillons, en brassant sans arrêt, pendant 1 minute. Retirer la casserole du feu et écumer la confiture.

2. À l'aide d'une louche et d'un entonnoir, répartir la confiture chaude dans six pots en verre chauds d'une capacité de 1 t (250 ml) chacun jusqu'à 1/4 po (5 mm) du bord. À l'aide d'une spatule en caoutchouc, enlever les bulles d'air. Essuyer le bord de chaque pot, au besoin. Centrer le couvercle sur le pot et visser l'anneau jusqu'au point de résistance (ne pas trop serrer). Traiter à la chaleur pendant 5 minutes (voir L'abc de la mise en conserve, p. 10).

3. Éteindre le feu. Retirer le couvercle de la marmite et y laisser reposer les pots 5 minutes. Soulever le support et l'accrocher sur le bord de la marmite. À l'aide d'une pince à bocaux, déposer les pots sur une grille et les laisser refroidir pendant 24 heures, sans les toucher.

PAR PORTION DE 1 C. À TAB (15 ML): cal.: 51; prot.: aucune; m.g.: aucune (aucun sat.); chol.: aucun; gluc.: 12 g; fibres: aucune; sodium: aucun.

Confiture de fraises légère

Cette confiture et ses variantes sont moins sucrées que les confitures ordinaires, mais leur saveur est tout aussi fraîche. Plus coulantes que celles qui sont additionnées de pectine, elles ont le bon goût de fruits des confitures à l'ancienne.

Donne environ 4 t (1 L) • Préparation: 45 min
Cuisson: 40 à 45 min • Traitement: 10 min

8 t	fraises fraîches, équeutées et coupées en deux	2 L
1/2 t	eau	125 ml
1 t	sucre	250 ml
1/2 t	sirop de maïs	125 ml
2 c. à tab	jus de citron fraîchement pressé	30 ml

1. Dans une grande casserole à fond épais, à l'aide d'un presse-purée, écraser la moitié des fraises. Ajouter le reste des fraises et l'eau. Porter à ébullition à feu moyen. Réduire à feu moyen-doux, couvrir et laisser mijoter pendant 10 minutes. Incorporer le sucre, le sirop de maïs et le jus de citron. Porter à pleine ébullition à découvert en brassant souvent. Laisser bouillir à gros bouillons, en brassant sans arrêt, de 15 à 20 minutes ou jusqu'à ce que la préparation ait atteint le point de gélification pour une confiture coulante (voir Test de gélification, p. 57). Retirer la casserole du feu et écumer la confiture.

2. À l'aide d'une louche et d'un entonnoir, répartir la confiture chaude dans quatre pots en verre chauds d'une capacité de 1 t (250 ml) chacun jusqu'à 1/4 po (5 mm) du bord. À l'aide d'une spatule en caoutchouc, enlever les bulles d'air. Essuyer le bord de chaque pot, au besoin. Centrer le couvercle sur le pot et visser l'anneau jusqu'au point de résistance (ne pas trop serrer). Traiter à la chaleur pendant 10 minutes (voir L'abc de la mise en conserve, p. 10).

3. Éteindre le feu. Retirer le couvercle de la marmite et y laisser reposer les pots 5 minutes. Soulever le support et l'accrocher sur le bord de la marmite. À l'aide d'une pince à bocaux, déposer les pots sur une grille et les laisser refroidir pendant 24 heures, sans les toucher. (Ranger les pots dans un endroit frais et sec, à l'abri de la lumière. Ils se conserveront ainsi pendant 4 mois. Après l'ouverture des pots, la confiture se conservera jusqu'à 4 semaines au réfrigérateur.)

PAR PORTION DE 1 C. À TAB (15 ML): cal.: 26; prot.: traces; m.g.: traces (aucun sat.); chol.: aucun; gluc.: 7 g; fibres: 1 g; sodium: 3 mg.

Variantes

Confiture de framboises légère: Remplacer les fraises par des framboises fraîches. Omettre le jus de citron.

Confiture de pêches et d'abricots légère: Remplacer les fraises par 4 t (1 L) chacun de pêches et d'abricots pelés et hachés. Réduire la quantité de jus de citron à 1 c. à tab (15 ml).

Confiture de prunes légère: Remplacer les fraises par des prunes pelées et hachées. Réduire la quantité de jus de citron à 1 c. à tab (15 ml).

Confiture de fraises au vinaigre balsamique et au poivre noir

Donne environ 8 t (2 L) • Préparation: 1 h
Cuisson: 15 min • Traitement: 10 min

12 t	fraises fraîches, équeutées	3 L
1	sachet de cristaux de pectine légère (49 g)	1
4 1/2 t	sucre	1,125 L
1/4 t	vinaigre balsamique	60 ml
1 c. à thé	poivre noir broyé grossièrement	5 ml

1. Dans une grande casserole à fond épais, à l'aide d'un presse-purée, écraser les fraises, 1 t (250 ml) à la fois. Mesurer 6 t (1,5 L) de fraises écrasées et les remettre dans la casserole. Dans un petit bol, mélanger la pectine et 1/4 t (60 ml) du sucre. Incorporer le mélange de pectine aux fraises écrasées. Porter à ébullition à feu vif en brassant souvent. Ajouter le reste du sucre et porter à pleine ébullition. Laisser bouillir à gros bouillons, en brassant sans arrêt, pendant 1 minute. Retirer la casserole du feu et écumer la confiture. Incorporer le vinaigre balsamique et le poivre.

2. À l'aide d'une louche et d'un entonnoir, répartir la confiture chaude dans huit pots en verre chauds d'une capacité de 1 t (250 ml) chacun jusqu'à 1/4 po (5 mm) du bord. À l'aide d'une spatule en caoutchouc, enlever les bulles d'air. Essuyer le bord de chaque pot, au besoin. Centrer le couvercle sur le pot et visser l'anneau jusqu'au point de résistance (ne pas trop serrer). Traiter à la chaleur pendant 10 minutes (voir L'abc de la mise en conserve, p. 10).

3. Éteindre le feu. Retirer le couvercle de la marmite et y laisser reposer les pots 5 minutes. Soulever le support et l'accrocher sur le bord de la marmite. À l'aide d'une pince à bocaux, déposer les pots sur une grille et les laisser refroidir pendant 24 heures, sans les toucher.

PAR PORTION DE 1 C. À TAB (15 ML): cal.: 32; prot.: aucune; m.g.: aucune (aucun sat.); chol.: aucun; gluc.: 8 g; fibres: traces; sodium: aucun.

astuce

Une pleine ébullition (220°F/104°C) est une ébullition rapide qui éclabousse, produit de l'écume et se maintient même lorsqu'on brasse.

Confiture de cerises

Donne environ 6 t (1,5 L) • Préparation: 1 h
Repos: 1 h • Cuisson: 15 min • Traitement: 10 min

7 t	cerises aigres fraîches, dénoyautées et coupées en deux	1,75 L
3 1/4 t	sucre	810 ml
1 c. à thé	zeste de citron râpé	5 ml
1	sachet de cristaux de pectine légère (49 g)	1

1. Dans un grand bol, mélanger les cerises et 1 t (250 ml) du sucre. Laisser reposer à la température ambiante pendant environ 1 heure ou jusqu'à ce que la préparation soit juteuse. Dans une grande casserole à fond épais, mélanger la préparation de cerises et le zeste de citron. Dans un petit bol, mélanger la pectine et 1/4 t (60 ml) du reste du sucre. Incorporer le mélange de pectine à la préparation de cerises. Porter à ébullition à feu vif en brassant sans arrêt. Ajouter le reste du sucre et porter à pleine ébullition à feu vif. Laisser bouillir à gros bouillons, en brassant sans arrêt, pendant 1 minute. Retirer la casserole du feu. Remuer pendant 5 minutes en écumant la confiture.

2. À l'aide d'une louche et d'un entonnoir, répartir la confiture chaude dans six pots en verre chauds d'une capacité de 1 t (250 ml) chacun jusqu'à 1/4 po (5 mm) du bord. À l'aide d'une spatule en caoutchouc, enlever les bulles d'air. Essuyer le bord de chaque pot, au besoin. Centrer le couvercle sur le pot et visser l'anneau jusqu'au point de résistance (ne pas trop serrer). Traiter à la chaleur pendant 10 minutes (voir L'abc de la mise en conserve, p. 10).

3. Éteindre le feu. Retirer le couvercle de la marmite et y laisser reposer les pots 5 minutes. Soulever le support et l'accrocher sur le bord de la marmite. À l'aide d'une pince à bocaux, déposer les pots sur une grille et les laisser refroidir pendant 24 heures, sans les toucher.

PAR PORTION DE 1 C. À TAB (15 ML): cal.: 33; prot.: traces; m.g.: aucune (aucun sat.); chol.: aucun; gluc.: 9 g; fibres: traces; sodium: aucun.

Confiture de petits fruits à la vodka

Donne environ 7 t (1,75 L) • Préparation: 25 min
Cuisson: 15 min • Traitement: 10 min

2	paquets de petits fruits mélangés surgelés, décongelés, le jus réservé (600 g chacun)	2
2 c. à thé	zeste de citron râpé	10 ml
1 c. à tab	jus de citron fraîchement pressé	15 ml
1	sachet de cristaux de pectine légère (49 g)	1
4 1/2 t	sucre	1,125 L
2 c. à tab	vodka aromatisée aux petits fruits	30 ml

1. Dans une grande casserole à fond épais, à l'aide d'un presse-purée, écraser les petits fruits, un paquet à la fois. Mesurer 5 t (1,25 L) de petits fruits écrasés et les remettre dans la casserole. Incorporer le zeste et le jus de citron. Dans un petit bol, mélanger la pectine et 1/4 t (60 ml) du sucre. Incorporer le mélange de pectine à la préparation de petits fruits. Porter à ébullition à feu vif en brassant sans arrêt. Ajouter le reste du sucre et porter à pleine ébullition. Laisser bouillir à gros bouillons, en brassant sans arrêt, pendant 1 minute. Retirer la casserole du feu. Incorporer la vodka. Remuer pendant 5 minutes en écumant la confiture.

2. À l'aide d'une louche et d'un entonnoir, répartir la confiture chaude dans sept pots en verre chauds d'une capacité de 1 t (250 ml) chacun jusqu'à 1/4 po (5 mm) du bord. À l'aide d'une spatule en caoutchouc, enlever les bulles d'air. Essuyer le bord de chaque pot, au besoin. Centrer le couvercle sur le pot et visser l'anneau jusqu'au point de résistance (ne pas trop serrer). Traiter à la chaleur pendant 10 minutes (voir L'abc de la mise en conserve, p. 10).

3. Éteindre le feu. Retirer le couvercle de la marmite et y laisser reposer les pots 5 minutes. Soulever le support et l'accrocher sur le bord de la marmite. À l'aide d'une pince à bocaux, déposer les pots sur une grille et les laisser refroidir pendant 24 heures, sans les toucher.

PAR PORTION DE 1 C. À TAB (15 ML): cal.: 38; prot.: aucune; m.g.: aucune (aucun sat.); chol.: aucun; gluc.: 10 g; fibres: traces; sodium: aucun.

Confiture de bleuets et de framboises

Cette confiture exquise peut aussi se préparer hors saison avec des fruits surgelés, légèrement décongelés.

Donne environ 5 t (1,25 L) • Préparation: 20 min
Cuisson: 15 min • Traitement: 15 min

4 t	bleuets frais	1 L
2 t	framboises fraîches	500 ml
1	sachet de cristaux de pectine légère (49 g)	1
3 1/2 t	sucre	875 ml

1. Dans une grande casserole à fond épais, à l'aide d'un presse-purée, écraser les bleuets et les framboises. Dans un petit bol, mélanger la pectine et 1/4 t (60 ml) du sucre. Incorporer le mélange de pectine à la préparation de fruits. Porter à ébullition à feu vif en brassant sans arrêt. Ajouter le reste du sucre et porter à pleine ébullition. Laisser bouillir, en brassant sans arrêt, pendant 1 minute. Retirer la casserole du feu. Remuer pendant 5 minutes en écumant la confiture.

2. À l'aide d'une louche et d'un entonnoir, répartir la confiture chaude dans cinq pots en verre chauds d'une capacité de 1 t (250 ml) chacun jusqu'à 1/4 po (5 mm) du bord. À l'aide d'une spatule en caoutchouc, enlever les bulles d'air. Essuyer le bord de chaque pot, au besoin. Centrer le couvercle sur le pot et visser l'anneau jusqu'au point de résistance (ne pas trop serrer). Traiter à la chaleur pendant 10 minutes (voir L'abc de la mise en conserve, p. 10).

3. Éteindre le feu. Retirer le couvercle de la marmite et y laisser reposer les pots 5 minutes. Soulever le support et l'accrocher sur le bord de la marmite. À l'aide d'une pince à bocaux, déposer les pots sur une grille et les laisser refroidir pendant 24 heures, sans les toucher.

PAR PORTION DE 1 C. À TAB (15 ML): cal.: 41; prot.: aucune; m.g.: aucune (aucun sat.); chol.: aucun; gluc.: 11 g; fibres: aucune; sodium: 1 mg.

Confiture de framboises et de poires

Donne environ 7 t (1,75 L) • Préparation: 25 min
Cuisson: 15 min • Traitement: 10 min

3	paquets de framboises surgelées, décongelées et égouttées, le jus réservé (300 g chacun)	3
3 t	poires pelées et coupées en dés	750 ml
1 c. à tab	jus de citron fraîchement pressé	15 ml
1	sachet de cristaux de pectine légère (49 g)	1
4 1/2 t	sucre	1,125 L

1. Dans une grande casserole à fond épais, à l'aide d'un presse-purée, écraser les framboises. Mesurer 2 t (500 ml) de framboises écrasées et les remettre dans la casserole. Ajouter suffisamment du jus de framboise réservé pour obtenir 3 t (750 ml) en tout. Ajouter les poires et le jus de citron. Dans un bol, mélanger la pectine et 1/4 t (60 ml) du sucre. Incorporer le mélange de pectine à la préparation de framboises. Porter à ébullition à feu vif en brassant sans arrêt. Ajouter le reste du sucre et porter à pleine ébullition. Laisser bouillir à gros bouillons, en brassant sans arrêt, pendant 1 minute. Retirer la casserole du feu et remuer pendant 5 minutes en écumant la confiture.

2. À l'aide d'une louche et d'un entonnoir, répartir la confiture chaude dans sept pots en verre chauds d'une capacité de 1 t (250 ml) chacun jusqu'à 1/4 po (5 mm) du bord. À l'aide d'une spatule en caoutchouc, enlever les bulles d'air et essuyer le bord de chaque pot, au besoin. Centrer le couvercle sur le pot et visser l'anneau jusqu'au point de résistance (ne pas trop serrer). Traiter à la chaleur pendant 10 minutes (voir L'abc de la mise en conserve, p. 10).

3. Éteindre le feu. Retirer le couvercle de la marmite et y laisser reposer les pots 5 minutes. Soulever le support et l'accrocher sur le bord de la marmite. À l'aide d'une pince à bocaux, déposer les pots sur une grille et les laisser refroidir pendant 24 heures, sans les toucher.

PAR PORTION DE 1 C. À TAB (15 ML): cal.: 39; prot.: traces; m.g.: traces (aucun sat.); chol.: aucun; gluc.: 10 g; fibres: 1 g; sodium: 1 mg.

Confiture d'abricots

Les abricots frais sont si bons qu'il vaut la peine de les mettre en pots.
D'autant plus que cette confiture à l'ancienne fait aussi une délicieuse sauce
à badigeonner sur les viandes grillées.

Donne environ 4 t (1 L) • Préparation: 30 min
Cuisson: 30 min • Traitement: 10 min

5 t	abricots frais, hachés	1,25 L
3 t	sucre	750 ml
1/4 t	jus de citron fraîchement pressé	60 ml

1. Dans une grande casserole à fond épais, mélanger les abricots, le sucre et le jus de citron. Cuire à feu doux, en brassant, jusqu'à ce que le sucre soit dissous. Porter à pleine ébullition à feu vif en brassant souvent. Laisser bouillir à gros bouillons, en brassant sans arrêt, de 10 à 14 minutes ou jusqu'à ce que la préparation ait atteint le point de gélification pour une confiture ferme (voir Test de gélification, p. 57). Retirer la casserole du feu. Remuer pendant 5 minutes en écumant la confiture.

2. À l'aide d'une louche et d'un entonnoir, répartir la confiture chaude dans quatre pots en verre chauds d'une capacité de 1 t (250 ml) chacun jusqu'à 1/4 po (5 mm) du bord. À l'aide d'une spatule en caoutchouc, enlever les bulles d'air. Essuyer le bord de chaque pot, au besoin. Centrer le couvercle sur le pot et visser l'anneau jusqu'au point de résistance (ne pas trop serrer). Traiter à la chaleur pendant 10 minutes (voir L'abc de la mise en conserve, p. 10).

3. Éteindre le feu. Retirer le couvercle de la marmite et y laisser reposer les pots 5 minutes. Soulever le support et l'accrocher sur le bord de la marmite. À l'aide d'une pince à bocaux, déposer les pots sur une grille et les laisser refroidir pendant 24 heures, sans les toucher.

PAR PORTION DE 1 C. À TAB (15 ML): cal.: 43; prot.: traces; m.g.: traces (aucun sat.); chol.: aucun; gluc.: 11 g; fibres: traces; sodium: aucun.

Confiture de canneberges à la tangerine

Donne environ 3 t (750 ml)
Préparation: 20 min • Cuisson: 40 min
Repos: 1 h • Traitement: 5 min

1	paquet de canneberges fraîches (350 g)	1
1 t	eau	250 ml
1/2 t	jus de tangerine ou d'orange	125 ml
3 t	sucre	750 ml
1/2	bâton de cannelle	1/2

1. Dans une grande casserole à fond épais, mélanger les canneberges, l'eau et le jus de tangerine et porter à ébullition. Réduire le feu, couvrir et laisser mijoter pendant environ 5 minutes ou jusqu'à ce que les canneberges éclatent. Retirer la casserole du feu et laisser refroidir pendant 1 heure.

2. Au robot culinaire ou au mélangeur, réduire la préparation de canneberges refroidie en purée lisse. Verser la purée de canneberges dans la casserole. Ajouter le sucre et la cannelle et porter à ébullition en brassant sans arrêt. Réduire le feu et laisser mijoter, en brassant souvent, pendant environ 25 minutes ou jusqu'à ce que la confiture ait épaissi. Retirer la casserole du feu. Retirer le bâton de cannelle (le jeter).

3. À l'aide d'une louche et d'un entonnoir, répartir la confiture chaude dans six pots en verre chauds d'une capacité de 1/2 t (125 ml) chacun jusqu'à 1/4 po (5 mm) du bord. À l'aide d'une spatule en caoutchouc, enlever les bulles d'air. Essuyer le bord de chaque pot, au besoin. Centrer le couvercle sur le pot et visser l'anneau jusqu'au point de résistance (ne pas trop serrer). Traiter à la chaleur pendant 5 minutes (voir L'abc de la mise en conserve, p. 10).

4. Éteindre le feu. Retirer le couvercle de la marmite et y laisser reposer les pots 5 minutes. Soulever le support et l'accrocher sur le bord de la marmite. À l'aide d'une pince à bocaux, déposer les pots sur une grille et les laisser refroidir pendant 24 heures, sans les toucher.

PAR PORTION DE 1 C. À TAB (15 ML): cal.: 53; prot.: aucune; m.g.: aucune (aucun sat.); chol.: aucun; gluc.: 14 g; fibres: aucune; sodium: aucun.

Confiture de canneberges aux poires

Donne environ 6 t (1,5 L) • Préparation: 25 min
Cuisson: 35 à 40 min • Traitement: 10 min

6 t	canneberges fraîches	1,5 L
3 t	poires pelées et coupées en dés	750 ml
1 c. à thé	zeste de citron râpé grossièrement	5 ml
2 c. à tab	jus de citron fraîchement pressé	30 ml
4 1/2 t	sucre	1,125 L

1. Dans une grande casserole à fond épais, mélanger les canneberges, les poires, le zeste et le jus de citron. Porter à ébullition. Couvrir et cuire à feu moyen, en brassant de temps à autre, de 12 à 15 minutes ou jusqu'à ce que les fruits soient tendres. Ajouter le sucre et porter à pleine ébullition à feu vif en brassant souvent. Laisser bouillir à gros bouillons, en brassant sans arrêt, jusqu'à ce que la préparation ait atteint le point de gélification pour une confiture coulante (voir Test de gélification, p. 57). Retirer la casserole du feu. Remuer pendant 5 minutes en écumant la confiture.

2. À l'aide d'une louche et d'un entonnoir, répartir la confiture chaude dans six pots en verre chauds d'une capacité de 1 t (250 ml) chacun jusqu'à 1/4 po (5 mm) du bord. À l'aide d'une spatule en caoutchouc, enlever les bulles d'air. Essuyer le bord de chaque pot, au besoin. Centrer le couvercle sur le pot et visser l'anneau jusqu'au point de résistance (ne pas trop serrer). Traiter à la chaleur pendant 10 minutes (voir L'abc de la mise en conserve, p. 10).

3. Éteindre le feu. Retirer le couvercle de la marmite et y laisser reposer les pots 5 minutes. Soulever le support et l'accrocher sur le bord de la marmite. À l'aide d'une pince à bocaux, déposer les pots sur une grille et les laisser refroidir pendant 24 heures, sans les toucher.

PAR PORTION DE 1 C. À TAB (15 ML): cal.: 42; prot.: aucune; m.g.: aucune (aucun sat.); chol.: aucun; gluc.: 11 g; fibres: traces; sodium: aucun.

Confiture de petits fruits d'été

Donne environ 5 t (1,25 L) • Préparation: 30 min
Cuisson: 45 min • Traitement: 10 min

2 1/2 t	groseilles rouges fraîches, détachées et écrasées	625 ml
1 1/2 t	cerises aigres fraîches, dénoyautées et hachées	375 ml
3/4 t	fraises fraîches, équeutées et écrasées	180 ml
3/4 t	framboises fraîches, écrasées	180 ml
3 1/2 t	sucre	875 ml

1. Dans une grande casserole à fond épais, mélanger les groseilles, les cerises, les fraises et les framboises. Porter à ébullition en brassant souvent. Réduire à feu moyen-doux et laisser mijoter, en brassant souvent, pendant 15 minutes. Retirer la casserole du feu. Ajouter le sucre et porter à pleine ébullition à feu vif en brassant souvent. Laisser bouillir à gros bouillons, en brassant sans arrêt, de 12 à 15 minutes ou jusqu'à ce que la préparation ait atteint le point de gélification pour une confiture ferme (voir Test de gélification, p. 57). Retirer la casserole du feu et écumer la confiture.

2. À l'aide d'une louche et d'un entonnoir, répartir la confiture chaude dans cinq pots en verre chauds d'une capacité de 1 t (250 ml) chacun jusqu'à 1/4 po (5 mm) du bord. À l'aide d'une spatule en caoutchouc, enlever les bulles d'air. Essuyer le bord de chaque pot, au besoin. Centrer le couvercle sur le pot et visser l'anneau jusqu'au point de résistance (ne pas trop serrer). Traiter à la chaleur pendant 10 minutes (voir L'abc de la mise en conserve, p. 10).

3. Éteindre le feu. Retirer le couvercle de la marmite et y laisser reposer les pots 5 minutes. Soulever le support et l'accrocher sur le bord de la marmite. À l'aide d'une pince à bocaux, déposer les pots sur une grille et les laisser refroidir pendant 24 heures, sans les toucher.

PAR PORTION DE 1 C. À TAB (15 ML): cal.: 41; prot.: traces; m.g.: traces (aucun sat.); chol.: aucun; gluc.: 10 g; fibres: 1 g; sodium: aucun.

astuce

Pour obtenir la bonne quantité de fruits écrasés, compter le double de fruits entiers.

Confiture de pêches

Donne environ 7 t (1,75 L) • Préparation: 30 min
Cuisson: 15 min • Traitement: 5 min

7 t	sucre	1,75 L
4 t	pêches mûres, pelées et hachées finement (environ 3 lb/1,5 kg en tout)	1 L
1/4 t	jus de citron fraîchement pressé	60 ml
1	sachet de pectine liquide (85 ml)	1

1. Dans une grande casserole à fond épais, mélanger le sucre, les pêches et le jus de citron. Porter à ébullition en brassant sans arrêt jusqu'à ce que le sucre soit dissous. Incorporer la pectine et porter à pleine ébullition en brassant sans arrêt. Laisser bouillir à gros bouillons, en brassant sans arrêt, pendant 1 minute. Retirer la casserole du feu et écumer la confiture.

2. À l'aide d'une louche et d'un entonnoir, répartir la confiture chaude dans sept pots en verre chauds d'une capacité de 1 t (250 ml) chacun jusqu'à 1/4 po (5 mm) du bord. À l'aide d'une spatule en caoutchouc, enlever les bulles d'air. Essuyer le bord de chaque pot, au besoin. Centrer le couvercle sur le pot et visser l'anneau jusqu'au point de résistance (ne pas trop serrer). Traiter à la chaleur pendant 5 minutes (voir L'abc de la mise en conserve, p. 10).

3. Éteindre le feu. Retirer le couvercle de la marmite et y laisser reposer les pots 5 minutes. Soulever le support et l'accrocher sur le bord de la marmite. À l'aide d'une pince à bocaux, déposer les pots sur une grille et les laisser refroidir pendant 20 minutes. En se protégeant les mains avec des mitaines isolantes, incliner et faire tourner délicatement les pots (sans faire bouger l'anneau ou le couvercle) pour répartir également les fruits dans la confiture (ne pas retourner les pots à l'envers). Laisser refroidir pendant 24 heures (incliner et faire tourner les pots de temps à autre).

PAR PORTION DE 1 C. À TAB (15 ML): cal.: 54; prot.: aucune; m.g.: aucune (aucun sat.); chol.: aucun; gluc.: 14 g; fibres: aucune; sodium: aucun.

Variantes

Confiture de pêches à la cardamome: Préparer et cuire la confiture tel qu'indiqué. Incorporer 3/4 c. à thé (4 ml) de cardamome moulue après l'avoir écumée.

Confiture de pêches au basilic: Préparer et cuire la confiture tel qu'indiqué. Incorporer 1 t (250 ml) de basilic frais, haché après l'avoir écumée.

Confiture de pêches au whisky: Préparer la confiture en y incorporant 1/2 t (125 ml) de whisky ou de bourbon en même temps que le sucre, les pêches et le jus de citron.

Confiture de pêches aux piments chipotle: Préparer la confiture en y incorporant 2 piments chipotle (en sauce abodo) finement hachés en même temps que le sucre, les pêches et le jus de citron.

Confiture de pêches et de framboises

Donne environ 8 t (2 L) • Préparation: 40 min
Cuisson: 15 min • Traitement: 10 min

4 t	pêches mûres, pelées et coupées en tranches	1 L
4 t	framboises fraîches	1 L
1 c. à tab	jus de citron fraîchement pressé	15 ml
1	sachet de cristaux de pectine légère (49 g)	1
3 1/2 t	sucre	875 ml

1. Dans une grande casserole à fond épais, à l'aide d'un presse-purée, écraser les pêches. Mesurer 3 t (750 ml) de pêches écrasées et les remettre dans la casserole. Dans un bol, écraser les framboises. Mesurer 2 t (500 ml) de framboises écrasées et les ajouter aux pêches. Incorporer le jus de citron. Dans un petit bol, mélanger la pectine et 1/4 t (60 ml) du sucre. Incorporer le mélange de pectine à la préparation de pêches. Porter à ébullition à feu vif en brassant souvent. Ajouter le reste du sucre et porter à pleine ébullition à feu vif. Laisser bouillir à gros bouillons, en brassant sans arrêt, pendant 1 minute. Retirer la casserole du feu et écumer la confiture.

2. À l'aide d'une louche et d'un entonnoir, répartir la confiture chaude dans huit pots en verre chauds d'une capacité de 1 t (250 ml) chacun jusqu'à 1/4 po (5 mm) du bord. À l'aide d'une spatule en caoutchouc, enlever les bulles d'air. Essuyer le bord de chaque pot, au besoin. Centrer le couvercle sur le pot et visser l'anneau jusqu'au point de résistance (ne pas trop serrer). Traiter à la chaleur pendant 10 minutes (voir L'abc de la mise en conserve, p. 10).

3. Éteindre le feu. Retirer le couvercle de la marmite et y laisser reposer les pots 5 minutes. Soulever le support et l'accrocher sur le bord de la marmite. À l'aide d'une pince à bocaux, déposer les pots sur une grille et les laisser refroidir pendant 24 heures, sans les toucher.

PAR PORTION DE 1 C. À TAB (15 ML): cal.: 26; prot.: aucune; m.g.: aucune (aucun sat.); chol.: aucun; gluc.: 7 g; fibres: traces; sodium: 1 mg.

Confiture de nectarines à la vanille

Donne environ 6 t (1,5 L) • Préparation: 30 min
Cuisson: 15 min • Traitement: 5 min

4 t	nectarines mûres, pelées et hachées	1 L
1/4 t	jus de citron fraîchement pressé	60 ml
2	gousses de vanille coupées en deux sur la longueur	2
7 t	sucre	1,75 L
1	sachet de pectine liquide (85 ml)	1

1. Dans une grande casserole à fond épais, mélanger les nectarines et le jus de citron. À l'aide d'un presse-purée, écraser les nectarines. Racler les graines des gousses de vanille dans la casserole. Ajouter les gousses et le sucre. Porter à ébullition à feu moyen en brassant sans arrêt jusqu'à ce que le sucre soit dissous. Augmenter à feu moyen-vif et porter à pleine ébullition en brassant sans arrêt. Incorporer la pectine et porter de nouveau à pleine ébullition en brassant sans arrêt. Laisser bouillir à gros bouillons pendant 1 minute. Retirer la casserole du feu et écumer la confiture. Retirer les gousses de vanille (les jeter).

2. À l'aide d'une louche et d'un entonnoir, répartir la confiture chaude dans six pots en verre chauds d'une capacité de 1 t (250 ml) chacun jusqu'à 1/4 po (5 mm) du bord. À l'aide d'une spatule en caoutchouc, enlever les bulles d'air. Essuyer le bord de chaque pot, au besoin. Centrer le couvercle sur le pot et visser l'anneau jusqu'au point de résistance (ne pas trop serrer). Traiter à la chaleur pendant 5 minutes (voir L'abc de la mise en conserve, p. 10).

3. Éteindre le feu. Retirer le couvercle de la marmite et y laisser reposer les pots 5 minutes. Soulever le support et l'accrocher sur le bord de la marmite. À l'aide d'une pince à bocaux, déposer les pots sur une grille et les laisser refroidir pendant 20 minutes. En se protégeant les mains avec des mitaines isolantes, incliner et faire tourner délicatement les pots (sans faire bouger l'anneau ou le couvercle) pour répartir également les fruits dans la confiture (ne pas retourner les pots à l'envers). Laisser refroidir pendant 24 heures (incliner et faire tourner les pots de temps à autre).

PAR PORTION DE 1 C. À TAB (15 ML): cal.: 65; prot.: aucune; m.g.: aucune (aucun sat.); chol.: aucun; gluc.: 17 g; fibres: aucune; sodium: aucun.

Confiture de mangues à l'orange

Donne environ 4 t (1 L) • Préparation: 45 min
Cuisson: 1 h 30 min • Traitement: 5 min

7 t	mangues pelées et hachées	1,75 L
1 t	jus d'orange	250 ml
3/4 t	eau	180 ml
2 1/2 t	sucre	625 ml
2 c. à thé	zeste de lime haché finement	10 ml
2 c. à tab	jus de lime fraîchement pressé	30 ml

1. Dans une grande casserole à fond épais, mélanger les mangues, le jus d'orange et l'eau. Porter à ébullition à feu moyen-vif en brassant souvent. Réduire à feu doux et laisser mijoter, en brassant de temps à autre, pendant environ 30 minutes ou jusqu'à ce que les mangues soient très tendres.

2. Passer la préparation de mangues dans un moulin à légumes placé sur un grand bol (ou mettre la préparation de mangues dans une grande passoire placée sur un grand bol et la presser avec le dos d'une cuillère). Verser la purée de mangues dans la casserole. Ajouter le sucre, le zeste et le jus de lime. Porter à ébullition à feu moyen en brassant jusqu'à ce que le sucre soit dissous. Réduire à feu doux et laisser mijoter pendant 35 minutes. Retirer la casserole du feu et écumer la confiture.

3. À l'aide d'une louche et d'un entonnoir, répartir la confiture chaude dans quatre pots en verre chauds d'une capacité de 1 t (250 ml) chacun jusqu'à 1/4 po (5 mm) du bord. À l'aide d'une spatule en caoutchouc, enlever les bulles d'air. Essuyer le bord de chaque pot, au besoin. Centrer le couvercle sur le pot et visser l'anneau jusqu'au point de résistance (ne pas trop serrer). Traiter à la chaleur pendant 5 minutes (voir L'abc de la mise en conserve, p. 10).

4. Éteindre le feu. Retirer le couvercle de la marmite et y laisser reposer les pots 5 minutes. Soulever le support et l'accrocher sur le bord de la marmite. À l'aide d'une pince à bocaux, déposer les pots sur une grille et les laisser refroidir pendant 24 heures, sans y toucher.

PAR PORTION DE 1 C. À TAB (15 ML): cal.: 44; prot.: aucune; m.g.: aucune (aucun sat.); chol.: aucun; gluc.: 11 g; fibres: aucune; sodium: aucun.

Confiture de rhubarbe aux petits fruits

Donne environ 8 t (2 L) • Préparation: 20 min
Cuisson: 30 min

1	sachet de cristaux de pectine légère (49 g)	1
6 t	rhubarbe fraîche coupée en morceaux de 1 po (2,5 cm)	1,5 L
4 t	sucre	1 L
1 c. à tab	jus de citron	15 ml
1 t	bleuets frais, écrasés	250 ml
1 t	framboises fraîches, écrasées	250 ml

1. Dans un petit bol, mélanger la pectine et 1/4 t (60 ml) du sucre. Réserver. Dans une grande casserole à fond épais, mélanger la rhubarbe, le jus de citron et le reste du sucre. Cuire à feu moyen en brassant jusqu'à ce que le sucre soit dissous. Porter à ébullition en brassant sans arrêt. Réduire le feu et laisser mijoter pendant environ 5 minutes ou jusqu'à ce que la rhubarbe soit tendre. Incorporer les bleuets, les framboises et le mélange de pectine réservé. Porter à pleine ébullition à feu vif en brassant souvent. Laisser bouillir à gros bouillons pendant 1 minute en brassant sans arrêt. Retirer la casserole du feu. Remuer pendant 5 minutes en écumant la confiture.

2. À l'aide d'une louche et d'un entonnoir, répartir la confiture chaude dans huit contenants allant au congélateur d'une capacité de 1 t (250 ml) chacun jusqu'à 1/2 po (1 cm) du bord. Fermer les contenants et laisser reposer à la température ambiante pendant environ 8 heures ou jusqu'à ce que la confiture ait pris. (La confiture se conservera jusqu'à 3 jours au réfrigérateur ou jusqu'à 1 an au congélateur.)

PAR PORTION DE 1 C. À TAB (15 ML): cal.: 25; prot.: aucune; m.g.: aucune; (aucun sat.); chol.: aucun; gluc.: 6 g; fibres: traces; sodium: 4 mg.

Confiture de rhubarbe et d'ananas

Donne environ 7 t (1,75 L) • Préparation: 30 min
Cuisson: 20 min • Traitement: 10 min

1	sachet de cristaux de pectine légère (49 g)	1
4 t	sucre	1 L
6 t	rhubarbe fraîche, hachée	1,5 L
1 c. à tab	jus de citron fraîchement pressé	15 ml
1	boîte d'ananas en petits morceaux, égoutté (19 oz/540 ml)	1

1. Dans un petit bol, mélanger la pectine et 1/4 t (60 ml) du sucre. Réserver. Dans une grande casserole à fond épais, mélanger la rhubarbe, le jus de citron et le reste du sucre. Cuire à feu moyen en brassant jusqu'à ce que le sucre soit dissous. Porter à ébullition en brassant sans arrêt. Réduire le feu et laisser mijoter pendant environ 5 minutes ou jusqu'à ce que la rhubarbe soit tendre. Incorporer l'ananas et le mélange de pectine réservé. Porter à pleine ébullition à feu vif en brassant souvent. Laisser bouillir à gros bouillons pendant 1 minute en brassant sans arrêt. Retirer la casserole du feu. Écumer la confiture.

2. À l'aide d'une louche et d'un entonnoir, répartir la confiture chaude dans sept pots en verre chauds d'une capacité de 1 t (250 ml) chacun jusqu'à 1/4 po (5 mm) du bord. À l'aide d'une spatule en caoutchouc, enlever les bulles d'air. Essuyer le bord de chaque pot, au besoin. Centrer le couvercle sur le pot et visser l'anneau jusqu'au point de résistance (ne pas trop serrer). Traiter à la chaleur pendant 10 minutes (voir L'abc de la mise en conserve, p. 10).

3. Éteindre le feu. Retirer le couvercle de la marmite et y laisser reposer les pots 5 minutes. Soulever le support et l'accrocher sur le bord de la marmite. À l'aide d'une pince à bocaux, déposer les pots sur une grille et les laisser refroidir pendant 24 heures, sans les toucher.

PAR PORTION DE 1 C. À TAB (15 ML): cal.: 32; prot.: traces; m.g.: traces (aucun sat.); chol.: aucun; gluc.: 8 g; fibres: traces; sodium: aucun.

Confiture de bleuets épicée

Donne environ 9 t (2,25 L) • Préparation: 20 min
Cuisson: 15 min • Traitement: 5 min

6 t	bleuets frais	1,5 L
2 c. à tab	jus de citron fraîchement pressé	30 ml
1/2 c. à thé	cannelle moulue	2 ml
1/4 c. à thé	piment de la Jamaïque moulu	1 ml
1	pincée de clou de girofle moulu	1
7 t	sucre	1,75 L
2	sachets de pectine liquide (85 ml chacun)	2

1. Dans une grande casserole à fond épais, à l'aide d'un presse-purée, écraser les bleuets. Mesurer 4 1/2 t (1,125 L) de bleuets écrasés et les remettre dans la casserole. Incorporer le jus de citron, la cannelle, le piment de la Jamaïque et le clou de girofle. Ajouter le sucre et porter à pleine ébullition en brassant sans arrêt. Incorporer la pectine et porter de nouveau à pleine ébullition en brassant sans arrêt. Laisser bouillir à gros bouillons, en brassant sans arrêt, pendant 1 minute. Retirer la casserole du feu et écumer la confiture.

2. À l'aide d'une louche et d'un entonnoir, répartir la confiture chaude dans neuf pots en verre chauds d'une capacité de 1 t (250 ml) chacun jusqu'à 1/4 po (5 mm) du bord. À l'aide d'une spatule en caoutchouc, enlever les bulles d'air. Essuyer le bord de chaque pot, au besoin. Centrer le couvercle sur le pot et visser l'anneau jusqu'au point de résistance (ne pas trop serrer). Traiter à la chaleur pendant 5 minutes (voir L'abc de la mise en conserve, p. 10).

3. Éteindre le feu. Retirer le couvercle de la marmite et y laisser reposer les pots 5 minutes. Soulever le support et l'accrocher sur le bord de la marmite. À l'aide d'une pince à bocaux, déposer les pots sur une grille et les laisser refroidir pendant 24 heures, sans les toucher.

PAR PORTION DE 1 C. À TAB (15 ML): cal.: 40; prot.: aucune; m.g.: aucune (aucun sat.); chol.: aucun; gluc.: 10 g; fibres: traces; sodium: aucun.

Confiture de petits fruits au rhum

Toutes les saveurs traditionnelles du *rumtopf* – un mélange de fruits et de baies macérés dans l'alcool – se retrouvent dans cette confiture irrésistible. On peut utiliser un mélange de framboises, de mûres, de bleuets et de fraises, ou toute autre combinaison de fruits de saison.

Donne environ 7 t (1,75 L) • Préparation: 30 min
Cuisson: 15 min • Traitement: 10 min

8 t	mélange de petits fruits frais	2 L
2 t	groseilles rouges fraîches, détachées	500 ml
1/3 t	eau	80 ml
1	sachet de cristaux de pectine légère (49 g)	1
4 t	sucre	1 L
1/4 t	rhum ambré	60 ml

1. Dans une grande casserole à fond épais, à l'aide d'un presse-purée, écraser le mélange de petits fruits avec les groseilles. Mesurer 5 2/3 t (1,410 L) de fruits écrasés et les remettre dans la casserole. Incorporer l'eau. Dans un petit bol, mélanger la pectine et 1/4 t (60 ml) du sucre. Incorporer le mélange de pectine à la préparation de fruits. Porter à ébullition à feu vif en brassant souvent. Ajouter le reste du sucre et porter à pleine ébullition. Laisser bouillir à gros bouillons pendant 1 minute en brassant sans arrêt. Retirer la casserole du feu. Incorporer le rhum, puis écumer la confiture.

2. À l'aide d'une louche et d'un entonnoir, répartir la confiture chaude dans sept pots en verre chauds d'une capacité de 1 t (250 ml) chacun jusqu'à 1/4 po (5 mm) du bord. À l'aide d'une spatule en caoutchouc, enlever les bulles d'air. Essuyer le bord de chaque pot, au besoin. Centrer le couvercle sur le pot et visser l'anneau jusqu'au point de résistance (ne pas trop serrer). Traiter à la chaleur pendant 10 minutes (voir L'abc de la mise en conserve, p. 10).

3. Éteindre le feu. Retirer le couvercle de la marmite et y laisser reposer les pots 5 minutes. Soulever le support et l'accrocher sur le bord de la marmite. À l'aide d'une pince à bocaux, déposer les pots sur une grille et les laisser refroidir pendant 24 heures, sans les toucher.

PAR PORTION DE 1 C. À TAB (15 ML): cal.: 36; prot.: traces; m.g.: aucune (aucun sat.); chol.: aucun; gluc.: 9 g; fibres: 1 g; sodium: 1 mg.

Confiture de figues à l'anis

Cette confiture a une consistance coulante à la température ambiante, mais elle se raffermit au réfrigérateur.

Donne environ 6 1/2 t (1,625 L)
Préparation: 40 min • Cuisson: 40 min
Repos: 15 min • Traitement: 10 min

1 c. à thé	graines d'anis	5 ml
3/4 t	eau	180 ml
2 1/2 lb	figues fraîches (environ 26 figues)	1,25 kg
	les pépins de 1 citron	
1/3 t	jus de citron fraîchement pressé	80 ml
4 1/4 t	sucre	1,06 L

1. Dans une grande casserole à fond épais, mélanger les graines d'anis et l'eau. Porter à ébullition à feu vif. Retirer la casserole du feu et laisser reposer pendant 15 minutes.

2. Entre-temps, mettre les figues dans un grand bol à l'épreuve de la chaleur et les couvrir d'eau bouillante. Laisser reposer pendant 10 minutes. Bien égoutter les figues, puis retirer les queues (les jeter). Hacher les figues en morceaux de 1/3 po (8 mm). Mesurer 6 t (1,5 L) de figues et réserver.

3. Mettre les pépins de citron sur un carré d'étamine (coton à fromage) et nouer les extrémités de manière à former une pochette. Mettre la pochette dans la casserole d'eau avec les graines d'anis, puis ajouter les figues réservées et le jus de citron. Incorporer le sucre petit à petit. Porter à ébullition à feu moyen en brassant souvent. Réduire le feu et laisser mijoter, en brassant souvent, de 30 à 32 minutes ou jusqu'à ce que la préparation ait atteint le point de gélification pour une confiture coulante (voir Test de gélification, p. 57). Retirer la casserole du feu et jeter la pochette de pépins de citron. Remuer pendant 5 minutes en écumant la confiture.

4. À l'aide d'une louche et d'un entonnoir, répartir la confiture chaude dans sept pots en verre chauds d'une capacité de 1 t (250 ml) chacun jusqu'à 1/4 po (5 mm) du bord. À l'aide d'une spatule en caoutchouc, enlever les bulles d'air. Essuyer le bord de chaque pot, au besoin. Centrer le couvercle sur le pot et visser l'anneau jusqu'au point de résistance (ne pas trop serrer). Traiter à la chaleur pendant 10 minutes (voir L'abc de la mise en conserve, p. 10).

5. Éteindre le feu. Retirer le couvercle de la marmite et y laisser reposer les pots 5 minutes. Soulever le support et l'accrocher sur le bord de la marmite. À l'aide d'une pince à bocaux, déposer les pots sur une grille et les laisser refroidir pendant 24 heures, sans les toucher.

PAR PORTION DE 1 C. À TAB (15 ML): cal.: 40; prot.: traces; m.g.: aucune (aucun sat.); chol.: aucun; gluc.: 10 g; fibres: traces; sodium: aucun.

astuce

Les figues fraîches se détériorent rapidement. Si possible, on s'informe des arrivages auprès de notre marchand local pour pouvoir se procurer des figues bien fraîches, et on prépare cette confiture le plus tôt possible après l'achat.

Confiture de prunes

Donne environ 6 t (1,5 L) • Préparation: 30 min
Cuisson: 2 h 10 min • Traitement: 10 min

8 t	prunes italiennes ou prunes bleues fraîches, coupées en deux	2 L
4 t	sucre	1 L
1/4 t	jus de citron fraîchement pressé	60 ml
1	bâton de cannelle	1
1/4 t	eau	60 ml

1. Dans une grande casserole à fond épais, mélanger les prunes, le sucre, le jus de citron, le bâton de cannelle et l'eau. Couvrir et porter à ébullition. Réduire à feu doux et laisser mijoter à découvert, en brassant souvent, pendant environ 2 heures ou jusqu'à ce que la préparation ait atteint le point de gélification pour une confiture ferme (voir Test de gélification, p. 57). Retirer la casserole du feu. Remuer pendant 5 minutes en écumant la confiture.

2. À l'aide d'une louche et d'un entonnoir, répartir la confiture chaude dans six pots en verre chauds d'une capacité de 1 t (250 ml) chacun jusqu'à 1/4 po (5 mm) du bord. À l'aide d'une spatule en caoutchouc, enlever les bulles d'air. Essuyer le bord de chaque pot, au besoin. Centrer le couvercle sur le pot et visser l'anneau jusqu'au point de résistance (ne pas trop serrer). Traiter à la chaleur pendant 10 minutes (voir L'abc de la mise en conserve, p. 10).

3. Éteindre le feu. Retirer le couvercle de la marmite et y laisser reposer les pots 5 minutes. Soulever le support et l'accrocher sur le bord de la marmite. À l'aide d'une pince à bocaux, déposer les pots sur une grille et les laisser refroidir pendant 24 heures, sans les toucher.

PAR PORTION DE 1 C. À TAB (15 ML): cal.: 40; prot.: traces; m.g.: aucune (aucun sat.); chol.: aucun; gluc.: 10 g; fibres: traces; sodium: aucun.

Les bonnes techniques

Il existe des techniques particulières à la confection de confitures, gelées et marmelades. Voici quelques trucs éprouvés qui faciliteront le travail, qu'on en soit à nos tout premiers petits pots ou à notre centième série.

BROSSER LES AGRUMES

Pour les marmelades ou les confitures qui demandent des agrumes entiers, brosser l'écorce à l'eau chaude savonneuse afin d'enlever les résidus ou les bactéries qui pourraient s'y trouver. Bien rincer pour retirer toute trace de savon.

COUPER UNE FINE ÉPAISSEUR D'ÉCORCE

Il faut d'abord un couteau bien aiguisé. Avec un bon outil, il est plus facile de tailler des lanières ou une julienne très fines : la coupe demande une pression moins grande, ce qui exige moins d'efforts des mains. De plus, une lame affûtée risque moins de glisser, ce qui réduit les risques de coupures, peu importe l'ingrédient qu'on taille.

CONFECTIONNER UNE POCHETTE À MARMELADE

Une fois le jus des agrumes pressé, avec la pulpe et les pépins, couper un grand morceau d'étamine (coton à fromage) et le plier de manière à obtenir un carré d'une double épaisseur.

Retirer les membranes de l'écorce et les mettre sur le carré d'étamine, avec la pulpe et les pépins (filtrer le jus pour les extraire). Ramener les coins de l'étamine au centre et les attacher avec de la ficelle de cuisine de manière à former une pochette.

On trouve la ficelle de cuisine et l'étamine dans les épiceries, les quincailleries et les boutiques d'accessoires de cuisine. Aussi appelée « ficelle à rôti », la ficelle de cuisine n'a subi aucun traitement avec des produits chimiques non comestibles, contrairement aux autres types de ficelle.

VÉRIFIER LA TEXTURE DE L'ÉCORCE

Une fois cuites, les lanières d'écorce devraient commencer à se défaire. Pour savoir si elles sont prêtes, retirer une lanière de la préparation et la presser entre les doigts : si elle s'écrase en purée, c'est qu'elle est cuite. Si elle est encore ferme, on poursuit la cuisson en vérifiant à des intervalles de quelques minutes.

TEST DE GÉLIFICATION

Pour bien prendre, les préparations qui ne demandent pas d'ajout de pectine doivent bouillir jusqu'à ce qu'elles atteignent le point de gélification requis. Pour vérifier, on fait le test suivant.

Mettre deux petites assiettes au congélateur. Lorsqu'elles sont bien froides, laisser tomber 1/2 c. à thé (2 ml) de la préparation chaude dans une des assiettes. Laisser refroidir, puis mettre au congélateur pour 1 minute. Incliner l'assiette.

• Confitures et gelées coulantes

La préparation devrait couler très doucement.

• Confitures, gelées et marmelades fermes

La préparation devrait être ferme et plisser lorsqu'on la pousse avec le doigt.

Si la préparation est encore sirupeuse, continuer de la faire bouillir en répétant le test quelques minutes plus tard, jusqu'à ce qu'elle ait atteint le point de gélification désiré (nettoyer l'assiette et la remettre au congélateur après chaque test infructueux). Toujours utiliser l'assiette la plus froide.

REMUER ET ÉCUMER

Cette étape est souvent nécessaire pour les confitures et les gelées qui contiennent des morceaux de fruits. Une fois la préparation prête, retirer la casserole du feu et remuer pendant 5 minutes pour retirer l'écume qui s'est formée et répartir également les fruits dans la préparation. Un bon moyen d'éviter que tous les fruits se retrouvent dans la partie supérieure du pot.

Marmelade d'oranges sanguines au vin rouge

Donne environ 4 t (1 L) • Préparation: 1 h
Cuisson: 45 min • Traitement: 5 min

4	oranges sanguines ou oranges ordinaires	4
1	citron	1
1 t	vin rouge	250 ml
1/2 t	eau	125 ml
1/8 c. à thé	bicarbonate de sodium	0,5 ml
5 t	sucre	1,25 L
1	sachet de pectine liquide (85 ml)	1

1. Mettre les oranges et le citron dans un grand bol d'eau chaude légèrement savonneuse et les brosser vigoureusement. Bien les rincer. Retirer le pédoncule. À l'aide d'un petit couteau bien aiguisé, inciser l'écorce des agrumes en quatre larges bandes en travaillant de haut en bas, puis les peler à vif en prenant soin d'enlever toute la peau blanche. À l'aide du couteau, retirer toute la peau blanche des écorces (la jeter). Couper les écorces en fines lanières, les hacher grossièrement et les mettre dans une casserole. Ajouter le vin, l'eau et le bicarbonate de sodium et porter à ébullition. Réduire le feu, couvrir et laisser mijoter 20 minutes (ne pas égoutter).

2. En travaillant au-dessus d'un bol pour récupérer le jus, passer la lame du couteau de part et d'autre de chacun des quartiers des oranges et du citron pour les détacher de leur membrane, puis les laisser tomber dans le bol (retirer les pépins et les jeter). Presser les membranes pour extraire le jus (les jeter). Mettre les suprêmes d'orange et de citron et leur jus dans la casserole contenant les lanières d'écorce et porter de nouveau à ébullition. Réduire le feu, couvrir et laisser mijoter 10 minutes.

3. Verser la préparation d'agrumes dans une grande casserole à fond épais. Ajouter le sucre et porter à pleine ébullition en brassant sans arrêt. Incorporer la pectine et porter de nouveau à pleine ébullition. Laisser bouillir à gros bouillons, en brassant sans arrêt, pendant 1 minute. Retirer la casserole du feu et écumer la marmelade.

4. À l'aide d'une louche et d'un entonnoir, répartir la marmelade chaude dans quatre pots en verre chauds d'une capacité de 1 t (250 ml) chacun jusqu'à 1/4 po (5 mm) du bord. À l'aide d'une spatule en caoutchouc, enlever les bulles d'air. Essuyer le bord de chaque pot, au besoin. Centrer le couvercle sur le pot et visser l'anneau jusqu'au point de résistance (ne pas trop serrer). Traiter à la chaleur 5 minutes (voir L'abc de la mise en conserve, p. 10).

5. Éteindre le feu. Retirer le couvercle de la marmite et y laisser reposer les pots 5 minutes. Soulever le support et l'accrocher sur le bord de la marmite. À l'aide d'une pince à bocaux, déposer les pots sur une grille et les laisser refroidir 20 minutes. En se protégeant les mains avec des mitaines isolantes, incliner et faire tourner délicatement les pots (sans faire bouger l'anneau ou le couvercle) pour répartir également les lanières d'écorce dans la marmelade (ne pas retourner les pots à l'envers). Laisser refroidir 24 heures (incliner et faire tourner les pots de temps à autre). Laisser reposer la marmelade à la température ambiante 2 semaines avant de la consommer.

PAR PORTION DE 1 C. À TAB (15 ML): cal.: 68; prot.: aucune; m.g.: aucune (aucun sat.); chol.: aucun; gluc.: 17 g; fibres: aucune; sodium: 3 mg.

Marmelade de pamplemousses au gingembre

Donne environ 8 t (2 L) • Préparation: 1 h
Cuisson: 1 h 30 min à 2 h • Traitement: 10 min

3	pamplemousses rouges ou roses	3
2	citrons	2
6 t	eau	1,5 L
7 t	sucre	1,75 L
1/3 t	gingembre confit, haché	80 ml

1. Mettre les pamplemousses et les citrons dans un grand bol d'eau chaude légèrement savonneuse et les brosser vigoureusement. Bien les rincer. Retirer le pédoncule, s'il y a lieu. Couper les agrumes en deux sur la largeur, puis les presser pour en extraire le jus et les pépins. À l'aide d'une passoire fine, filtrer le jus dans une grande casserole à fond épais (réserver la pulpe et les pépins).

2. Retirer les membranes des demi-écorces. Mettre les membranes, la pulpe et les pépins réservés sur un carré d'étamine (coton à fromage) double épaisseur de 15 po (38 cm) de côté et l'attacher avec de la ficelle de cuisine de manière à former une pochette. Mettre la pochette dans la casserole.

3. Couper les demi-écorces en deux, puis en très fines lanières sur la largeur. Les mettre dans la casserole, ajouter l'eau et porter au point d'ébullition à feu moyen. Laisser mijoter, en brassant souvent et en pressant la pochette pour en extraire la pectine, de 1 heure à 1 heure 30 minutes ou jusqu'à ce que les lanières d'écorce commencent à se défaire lorsqu'on les presse entre les doigts. Retirer la pochette,

la laisser refroidir légèrement, puis la presser au-dessus de la casserole pour en extraire le liquide.

4. Mesurer 7 t (1,75 L) de la préparation d'agrumes (si la quantité obtenue est inférieure, ajouter de l'eau; si elle est supérieure, laisser mijoter la préparation jusqu'à ce qu'elle ait suffisamment réduit). Mettre la préparation dans la casserole propre. Ajouter le sucre et le gingembre et porter à pleine ébullition à feu vif en brassant souvent. Laisser bouillir à gros bouillons, en brassant sans arrêt, de 12 à 15 minutes ou jusqu'à ce que l'écume ait disparu et que la préparation ait atteint le point de gélification pour une marmelade ferme (voir Test de gélification, p. 57).

5. À l'aide d'une louche et d'un entonnoir, répartir la marmelade chaude dans huit pots en verre chauds d'une capacité de 1 t (250 ml) chacun jusqu'à 1/4 po (5 mm) du bord. À l'aide d'une spatule en caoutchouc, enlever les bulles d'air. Essuyer le bord de chaque pot, au besoin. Centrer le couvercle sur le pot et visser l'anneau jusqu'au point de résistance (ne pas trop serrer). Traiter à la chaleur pendant 10 minutes (voir L'abc de la mise en conserve, p. 10).

6. Éteindre le feu. Retirer le couvercle de la marmite et y laisser reposer les pots 5 minutes. Soulever le support et l'accrocher sur le bord de la marmite. À l'aide d'une pince à bocaux, déposer les pots sur une grille et les laisser refroidir pendant 24 heures, sans les toucher.

PAR PORTION DE 1 C. À TAB (15 ML): cal.: 49; prot.: aucune; m.g.: aucune (aucun sat.); chol.: aucun; gluc.: 13 g; fibres: traces; sodium: 1 mg.

Marmelade de tangerines

Donne environ 7 t (1,75 L) • Préparation: 1 h
Cuisson: 15 min • Traitement: 5 min

10 à 12	tangerines	10 à 12
7 t	sucre	1,75 L
1	sachet de pectine liquide (85 ml)	1

1. Mettre les tangerines dans un grand bol d'eau chaude légèrement savonneuse et les brosser vigoureusement. Bien les rincer. Retirer le pédoncule. À l'aide d'un petit couteau bien aiguisé, inciser l'écorce des tangerines en quatre larges bandes en travaillant de haut en bas, puis les peler à vif en prenant soin d'enlever toute la peau blanche. À l'aide du couteau, retirer toute la peau blanche des écorces (la jeter). Couper les écorces en très fines lanières. Mesurer 3/4 t (180 ml) de lanières (jeter le reste). Réserver.

2. En travaillant au-dessus d'un bol pour récupérer le jus, passer la lame du couteau de part et d'autre de chacun des quartiers des tangerines pour les détacher de leur membrane, puis les laisser tomber dans le bol (retirer les pépins et les jeter). Presser les membranes pour extraire le jus (les jeter). Hacher les suprêmes. Mesurer 3 t (750 ml) de chair hachée et 3/4 t (180 ml) de jus.

3. Dans une casserole à fond épais, mélanger la chair et le jus des tangerines, les lanières d'écorce réservées et le sucre. Porter à pleine ébullition. Incorporer la pectine et porter de nouveau à pleine ébullition. Laisser bouillir à gros bouillons, en brassant sans arrêt, pendant 1 minute. Retirer la casserole du feu et écumer la marmelade.

4. À l'aide d'une louche et d'un entonnoir, répartir la marmelade chaude dans sept pots en verre chauds d'une capacité de 1 t (250 ml) chacun jusqu'à 1/2 po (1 cm) du bord. À l'aide d'une spatule en caoutchouc, enlever les bulles d'air. Essuyer le bord de chaque pot, au besoin. Centrer le couvercle sur le pot et visser l'anneau jusqu'au point de résistance (ne pas trop serrer). Traiter à la chaleur pendant 5 minutes (voir L'abc de la mise en conserve, p. 10).

5. Éteindre le feu. Retirer le couvercle de la marmite et y laisser reposer les pots 5 minutes. Soulever le support et l'accrocher sur le bord de la marmite. À l'aide d'une pince à bocaux, déposer les pots sur une grille et les laisser refroidir pendant 20 minutes. En se protégeant les mains avec des mitaines isolantes, incliner et faire tourner délicatement les pots (sans faire bouger l'anneau ou le couvercle) pour répartir également les lanières d'écorce dans la marmelade (ne pas retourner les pots à l'envers). Laisser refroidir pendant 24 heures (incliner et faire tourner les pots de temps à autre). Laisser reposer la marmelade à la température ambiante pendant 2 semaines avant de la consommer.

PAR PORTION DE 1 C. À TAB (15 ML): cal.: 53; prot.: aucune; m.g.: aucune (aucun sat.); chol.: aucun; gluc.: 14 g; fibres: aucune; sodium: aucun.

astuce

Si les écorces d'agrumes remontent à la surface du pot de marmelade après le traitement à la chaleur, retourner le pot à l'envers sur une grille. Laisser reposer pendant 20 minutes, puis retourner à l'endroit pour laisser refroidir complètement.

Marmelade de cinq agrumes

Donne environ 8 t (2 L) • Préparation: 1 h
Cuisson: 1 h 30 min à 2 h • Traitement: 10 min

4	petites clémentines	4
1	orange	1
1	pamplemousse rose	1
1	citron	1
1	lime	1
6 t	eau	1,5 L
7 t	sucre	1,75 L

1. Mettre les clémentines, l'orange, le pamplemousse, le citron et la lime dans un grand bol d'eau chaude légèrement savonneuse et les brosser vigoureusement. Bien les rincer. Retirer le pédoncule, s'il y a lieu. Couper les agrumes en deux sur la largeur, puis les presser pour en extraire le jus. À l'aide d'une passoire fine, filtrer le jus dans une grande casserole à fond épais (réserver la pulpe et les pépins).

2. Retirer les membranes des demi-écorces. Mettre les membranes, la pulpe et les pépins réservés sur un carré d'étamine (coton à fromage) double épaisseur de 15 po (38 cm) de côté et l'attacher avec de la ficelle de cuisine de manière à former une pochette. Mettre la pochette dans la casserole.

3. Couper les demi-écorces d'agrumes en deux, puis en très fines lanières sur la largeur. Les mettre dans la casserole, ajouter l'eau et porter au point d'ébullition à feu moyen. Laisser mijoter, en brassant souvent et en pressant la pochette pour en extraire la pectine, de 1 heure à 1 heure 30 minutes ou jusqu'à ce que les lanières d'écorce commencent à se défaire lorsqu'on les presse entre les doigts. Retirer la pochette,

la laisser refroidir légèrement, puis la presser au-dessus de la casserole pour en extraire le liquide.

4. Mesurer 7 t (1,75 L) de la préparation d'agrumes (si la quantité obtenue est inférieure, ajouter de l'eau; si elle est supérieure, laisser mijoter la préparation jusqu'à ce qu'elle ait suffisamment réduit). Mettre la préparation dans la casserole propre. Ajouter le sucre et porter à pleine ébullition à feu vif en brassant souvent. Laisser bouillir à gros bouillons, en brassant sans arrêt, de 10 à 12 minutes ou jusqu'à ce que l'écume ait disparu et que la préparation ait atteint le point de gélification pour une marmelade ferme (voir Test de gélification, p. 57).

5. À l'aide d'une louche et d'un entonnoir, répartir la marmelade chaude dans huit pots en verre chauds d'une capacité de 1 t (250 ml) chacun jusqu'à 1/4 po (5 mm) du bord. À l'aide d'une spatule en caoutchouc, enlever les bulles d'air. Essuyer le bord de chaque pot, au besoin. Centrer le couvercle sur le pot et visser l'anneau jusqu'au point de résistance (ne pas trop serrer). Traiter à la chaleur pendant 10 minutes (voir L'abc de la mise en conserve, p. 10).

6. Éteindre le feu. Retirer le couvercle de la marmite et y laisser reposer les pots 5 minutes. Soulever le support et l'accrocher sur le bord de la marmite. À l'aide d'une pince à bocaux, déposer les pots sur une grille et les laisser refroidir pendant 24 heures, sans les toucher.

PAR PORTION DE 1 C. À TAB (15 ML): cal.: 45; prot.: aucune; m.g.: aucune (aucun sat.); chol.: aucun; gluc.: 12 g; fibres: aucune; sodium: aucun.

Marmelade de courgettes aux trois agrumes

Donne environ 6 1/2 t (1,625 L)
Préparation: 50 min • Cuisson: 40 min
Traitement: 10 min

2	grosses oranges	2
2	gros citrons	2
1	lime	1
1 t	eau	250 ml
3 t	courgettes râpées (environ 2 courgettes)	750 ml
1	sachet de cristaux de pectine (57 g)	1
6 1/2 t	sucre	1,625 L

1. Mettre les oranges, les citrons et la lime dans un grand bol d'eau chaude légèrement savonneuse et les brosser vigoureusement. Bien les rincer. À l'aide d'un économe, retirer tout le zeste des agrumes par larges bandes en travaillant de haut en bas (ne pas prendre la peau blanche). Couper les bandes de zeste en fines lanières sur la largeur. Mesurer 1 t (250 ml) de lanières (jeter le reste). Réserver.

2. Débarrasser tous les agrumes de leur peau blanche (la jeter). En travaillant dans une assiette pour récupérer le jus, hacher grossièrement la chair des agrumes (jeter les pépins et les membranes dures au centre). Mesurer 2 t (500 ml) de chair et de jus au total.

3. Dans une grande casserole à fond épais, mettre les lanières de zeste réservées, la chair et le jus des agrumes. Ajouter l'eau et porter à ébullition à feu moyen-vif. Réduire le feu et laisser mijoter, en brassant souvent, pendant environ 8 minutes ou jusqu'à ce que le zeste commence à ramollir. Ajouter les courgettes et laisser mijoter, en brassant souvent, pendant environ 15 minutes ou jusqu'à ce que le zeste et les courgettes soient translucides.

4. Incorporer la pectine et porter à ébullition à feu vif en brassant souvent. Ajouter le sucre petit à petit et porter à pleine ébullition en brassant souvent. Laisser bouillir à gros bouillons pendant 1 minute en brassant sans arrêt. Retirer la casserole du feu. Remuer pendant 7 minutes en écumant la confiture.

5. À l'aide d'une louche et d'un entonnoir, répartir la marmelade chaude dans sept pots en verre chauds d'une capacité de 1 t (250 ml) chacun jusqu'à 1/4 po (5 mm) du bord. À l'aide d'une spatule en caoutchouc, enlever les bulles d'air. Essuyer le bord de chaque pot, au besoin. Centrer le couvercle sur le pot et visser l'anneau jusqu'au point de résistance (ne pas trop serrer). Traiter à la chaleur pendant 10 minutes (voir L'abc de la mise en conserve, p. 10).

6. Éteindre le feu. Retirer le couvercle de la marmite et y laisser reposer les pots 5 minutes. Soulever le support et l'accrocher sur le bord de la marmite. À l'aide d'une pince à bocaux, déposer les pots sur une grille et les laisser refroidir pendant 24 heures, sans les toucher.

PAR PORTION DE 1 C. À TAB (15 ML): cal.: 53; prot.: traces; m.g.: aucune (aucun sat.); chol.: aucun; gluc.: 14 g; fibres: traces; sodium: 1 mg.

astuces

• Pour râper les courgettes, utiliser le côté grossier d'une râpe à quatre faces. Ne pas les peler.

• Pour obtenir une julienne de zeste d'agrumes, il faut un couteau bien aiguisé. Superposer quelques bandes de zeste prélevées sur le fruit et les couper en très fines lanières.

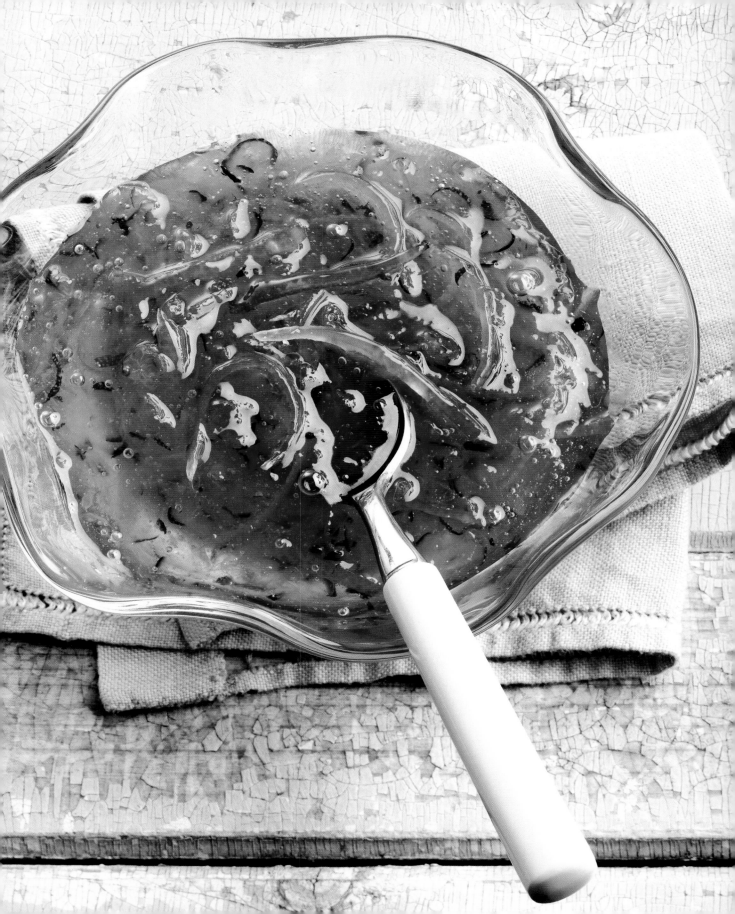

Marmelade d'oranges aux canneberges

Donne environ 6 t (1,5 L) • Préparation: 45 min
Cuisson: 45 min • Traitement: 5 min

3	oranges	3
1 1/2 t	eau	375 ml
1/8 c. à thé	bicarbonate de sodium	0,5 ml
2 t	canneberges fraîches	500 ml
1	bâton de cannelle	1
4 t	sucre	1 L
1	sachet de pectine liquide (85 ml)	1
2 c. à tab	brandy	30 ml

1. Mettre les oranges dans un grand bol d'eau chaude légèrement savonneuse et les brosser vigoureusement. Bien les rincer. Retirer le pédoncule. À l'aide d'un petit couteau bien aiguisé, inciser l'écorce des oranges en quatre larges bandes en travaillant de haut en bas, puis les peler à vif en prenant soin d'enlever toute la peau blanche. À l'aide du couteau, retirer toute la peau blanche des écorces (la jeter). Couper les écorces en fines lanières et les mettre dans une casserole. Ajouter l'eau et le bicarbonate de sodium et porter à ébullition. Réduire le feu, couvrir et laisser mijoter pendant 20 minutes (ne pas égoutter).

2. En travaillant au-dessus d'un bol pour récupérer le jus, passer la lame du couteau de part et d'autre de chacun des quartiers des oranges pour les détacher de leur membrane, puis les laisser tomber dans le bol (retirer les pépins et les jeter). Presser les membranes pour extraire le jus (les jeter).

Mettre les suprêmes d'orange et leur jus, les canneberges et la cannelle dans la casserole contenant les lanières d'écorce et porter de nouveau à ébullition. Réduire le feu, couvrir et laisser mijoter pendant 10 minutes.

3. Verser la préparation d'oranges dans une grande casserole à fond épais. Ajouter le sucre et porter à pleine ébullition en brassant sans arrêt jusqu'à ce que le sucre soit dissous. Incorporer la pectine et porter de nouveau à pleine ébullition. Laisser bouillir à gros bouillons, en brassant sans arrêt, pendant 1 minute. Retirer la casserole du feu et écumer la marmelade. Incorporer le brandy.

4. À l'aide d'une louche et d'un entonnoir, répartir la marmelade chaude dans six pots en verre chauds d'une capacité de 1 t (250 ml) chacun jusqu'à 1/4 po (5 mm) du bord. À l'aide d'une spatule en caoutchouc, enlever les bulles d'air. Essuyer le bord de chaque pot, au besoin. Centrer le couvercle sur le pot et visser l'anneau jusqu'au point de résistance (ne pas trop serrer). Traiter à la chaleur pendant 5 minutes (voir L'abc de la mise en conserve, p. 10).

5. Éteindre le feu. Retirer le couvercle de la marmite et y laisser reposer les pots 5 minutes. Soulever le support et l'accrocher sur le bord de la marmite. À l'aide d'une pince à bocaux, déposer les pots sur une grille et les laisser refroidir pendant 20 minutes. En se protégeant les mains avec des mitaines isolantes, incliner et faire tourner délicatement les pots (sans faire bouger l'anneau ou le couvercle) pour répartir également les lanières d'écorce dans la marmelade (ne pas retourner les pots à l'envers). Laisser refroidir pendant 24 heures (incliner et faire tourner les pots de temps à autre). Laisser reposer la marmelade à la température ambiante de 3 à 5 jours avant de la consommer.

PAR PORTION DE 1 C. À TAB (15 ML): cal.: 73; prot.: aucune; m.g.: aucune (aucun sat.); chol.: aucun; gluc.: 18 g; fibres: aucune; sodium: 4 mg.

Marmelade de pamplemousses et de rhubarbe

Donne environ 6 t (1,5 L) • Préparation: 1 h
Cuisson: 3 h 10 min • Traitement: 10 min

3	pamplemousses rouges	3
1	citron	1
5 t	eau	1,25 L
6 t	sucre	1,5 L
4 t	rhubarbe fraîche, coupée en tranches	1 L

1. Mettre les pamplemousses et le citron dans un grand bol d'eau chaude légèrement savonneuse et les brosser vigoureusement. Bien les rincer. Couper les agrumes en deux sur la largeur, puis les presser pour en extraire le jus et les pépins. À l'aide d'une passoire fine, filtrer le jus dans une grande casserole à fond épais (réserver la pulpe et les pépins).

2. Retirer les membranes des demi-écorces (jeter l'écorce du citron). Mettre les membranes, la pulpe et les pépins réservés sur un carré d'étamine (coton à fromage) double épaisseur de 8 po (20 cm) de côté et l'attacher avec de la ficelle de cuisine de manière à former une pochette. Mettre la pochette dans la casserole.

3. Couper les demi-écorces de pamplemousse en trois (enlever le surplus de peau blanche), puis en lanières de 1/4 po (5 mm) sur la largeur. Les mettre dans la casserole, ajouter leur jus, s'il y a lieu, et l'eau et porter à ébullition à feu moyen. Réduire le feu, couvrir et laisser mijoter, en brassant souvent, pendant environ 2 heures 30 minutes ou jusqu'à ce que les écorces commencent à se défaire lorsqu'on les presse entre les doigts. Retirer la pochette, la laisser

refroidir légèrement, puis la presser au-dessus de la casserole pour en extraire le liquide.

4. Mesurer 5 t (1,25 L) de la préparation d'agrumes (si la quantité obtenue est inférieure, ajouter de l'eau; si elle est supérieure, laisser mijoter la préparation jusqu'à ce qu'elle ait suffisamment réduit). Mettre la préparation dans la casserole propre. Ajouter le sucre et la rhubarbe et porter à pleine ébullition à feu vif en brassant. Laisser bouillir à gros bouillons, en brassant, pendant 20 minutes ou jusqu'à ce que la préparation ait atteint le point de gélification pour une marmelade ferme (voir Test de gélification, p. 57). Écumer la marmelade.

5. À l'aide d'une louche et d'un entonnoir, répartir la marmelade chaude dans six pots en verre chauds d'une capacité de 1 t (250 ml) chacun jusqu'à 1/4 po (5 mm) du bord. À l'aide d'une spatule en caoutchouc, enlever les bulles d'air. Essuyer le bord de chaque pot, au besoin. Centrer le couvercle sur le pot et visser l'anneau jusqu'au point de résistance (ne pas trop serrer). Traiter à la chaleur pendant 10 minutes (voir L'abc de la mise en conserve, p. 10).

6. Éteindre le feu. Retirer le couvercle de la marmite et y laisser reposer les pots 5 minutes. Soulever le support et l'accrocher sur le bord de la marmite. À l'aide d'une pince à bocaux, déposer les pots sur une grille et les laisser refroidir pendant 24 heures, sans les toucher.

PAR PORTION DE 1 C. À TAB (15 ML): cal.: 55; prot.: traces; m.g.: aucune (aucun sat.); chol.: aucun; gluc.: 14 g; fibres: 1 g; sodium: 1 mg.

Marmelade de pamplemousses rouges

Donne environ 8 t (2 L) • Préparation: 1 h
Cuisson: 1 h 30 min à 2 h • Traitement: 10 min

2	gros pamplemousses rouges ou roses	2
2	citrons	2
6 t	eau	1,5 L
7 t	sucre	1,75 L

1. Mettre les pamplemousses et les citrons dans un grand bol d'eau chaude légèrement savonneuse et les brosser vigoureusement. Bien les rincer. Couper les agrumes en deux sur la largeur, puis les presser pour en extraire le jus et les pépins. À l'aide d'une passoire fine, filtrer le jus dans une grande casserole à fond épais (réserver la pulpe et les pépins).

2. Retirer les membranes des demi-écorces. Mettre les membranes, la pulpe et les pépins réservés sur un carré d'étamine (coton à fromage) double épaisseur de 15 po (38 cm) de côté et l'attacher avec de la ficelle de cuisine de manière à former une pochette. Mettre la pochette dans la casserole.

3. Couper les demi-écorces en deux, puis en très fines lanières sur la largeur. Les mettre dans la casserole, ajouter l'eau et porter au point d'ébullition à feu moyen. Laisser mijoter, en brassant souvent et en pressant la pochette pour en extraire la pectine, de 1 heure à 1 heure 30 minutes ou jusqu'à ce que les lanières d'écorce commencent à se défaire lorsqu'on les presse entre les doigts. Retirer la pochette, la laisser refroidir légèrement, puis la presser au-dessus de la casserole pour en extraire le liquide.

4. Mesurer 7 t (1,75 L) de la préparation d'agrumes (si la quantité obtenue est inférieure, ajouter de l'eau; si elle est supérieure, laisser mijoter la préparation jusqu'à ce qu'elle ait suffisamment réduit). Mettre la préparation dans la casserole propre. Ajouter le sucre et porter à pleine ébullition à feu vif en brassant souvent. Laisser bouillir à gros bouillons, en brassant sans arrêt, pendant 10 minutes ou jusqu'à ce que l'écume ait disparu et que la préparation ait atteint le point de gélification pour une marmelade ferme (voir Test de gélification, p. 57).

5. À l'aide d'une louche et d'un entonnoir, répartir la marmelade chaude dans huit pots en verre chauds d'une capacité de 1 t (250 ml) chacun jusqu'à 1/4 po (5 mm) du bord. À l'aide d'une spatule en caoutchouc, enlever les bulles d'air. Essuyer le bord de chaque pot, au besoin. Centrer le couvercle sur le pot et visser l'anneau jusqu'au point de résistance (ne pas trop serrer). Traiter à la chaleur pendant 10 minutes (voir L'abc de la mise en conserve, p. 10).

6. Éteindre le feu. Retirer le couvercle de la marmite et y laisser reposer les pots 5 minutes. Soulever le support et l'accrocher sur le bord de la marmite. À l'aide d'une pince à bocaux, déposer les pots sur une grille et les laisser refroidir pendant 24 heures, sans les toucher.

PAR PORTION DE 1 C. À TAB (15 ML): cal.: 46; prot.: aucune; m.g.: aucune (aucun sat.); chol.: aucun; gluc.: 12 g; fibres: traces; sodium: 1 mg.

Marmelade d'agrumes aux carottes

Donne environ 7 t (1,75 L) • Préparation: 40 min
Cuisson: 1 h • Traitement: 10 min

3	citrons	3
2	oranges	2
3 t	eau	750 ml
5 t	sucre	1,25 L
3 t	carottes râpées	750 ml

1. Mettre les citrons et les oranges dans un grand bol d'eau chaude légèrement savonneuse et les brosser vigoureusement. Bien les rincer. Retirer le pédoncule, s'il y a lieu. Couper les agrumes en deux sur la largeur, puis les presser pour en extraire le jus. Réserver.

2. Couper les demi-écorces en trois grandes bandes, puis couper les bandes en fines lanières sur la largeur. Les mettre dans une grande casserole à fond épais. Ajouter le jus réservé et l'eau et porter au point d'ébullition à feu moyen. Couvrir et laisser mijoter, en brassant souvent, pendant environ 45 minutes ou jusqu'à ce que les lanières d'écorce commencent à se défaire lorsqu'on les presse entre les doigts.

3. Ajouter le sucre et les carottes et porter à pleine ébullition à feu vif, à découvert et en brassant souvent. Laisser bouillir à gros bouillons, en brassant sans arrêt, de 8 à 12 minutes ou jusqu'à ce que la préparation ait atteint le point de gélification pour une marmelade ferme (voir Test de gélification, p. 57). Retirer la casserole du feu. Remuer pendant 5 minutes en écumant la marmelade.

4. À l'aide d'une louche et d'un entonnoir, répartir la marmelade chaude dans sept pots en verre chauds d'une capacité de 1 t (250 ml) chacun jusqu'à 1/4 po (5 mm) du bord. À l'aide d'une spatule en caoutchouc, enlever les bulles d'air. Essuyer le bord de chaque pot, au besoin. Centrer le couvercle sur le pot et visser l'anneau jusqu'au point de résistance (ne pas trop serrer). Traiter à la chaleur pendant 10 minutes (voir L'abc de la mise en conserve, p. 10).

5. Éteindre le feu. Retirer le couvercle de la marmite et y laisser reposer les pots 5 minutes. Soulever le support et l'accrocher sur le bord de la marmite. À l'aide d'une pince à bocaux, déposer les pots sur une grille et les laisser refroidir pendant 24 heures, sans les toucher.

PAR PORTION DE 1 C. À TAB (15 ML): cal.: 37; prot.: aucune; m.g.: aucune (aucun sat.); chol.: aucun; gluc.: 10 g; fibres: aucune; sodium: 2 mg.

Marmelade de citrons

Cette marmelade exquise est parfaite pour badigeonner du poulet grillé pendant la cuisson.

Donne environ 8 t (2 L) • Préparation: 1 h
Cuisson: 1 h 30 min • Traitement: 10 min

9	citrons	9
10 t	eau	2,5 L
8 t	sucre	2 L

1. Mettre les citrons dans un grand bol d'eau chaude légèrement savonneuse et les brosser vigoureusement. Bien les rincer. À l'aide d'un économe, retirer le zeste des citrons par larges bandes en travaillant de haut en bas (ne pas prendre la peau blanche). Couper les bandes de zeste en très fines lanières sur la largeur. Réserver.

2. Couper les citrons en deux sur la largeur, puis les presser pour en extraire le jus et les pépins. À l'aide d'une passoire fine, filtrer le jus dans une grande casserole à fond épais (réserver la pulpe et les pépins). Ajouter les lanières de zeste réservées.

3. Hacher la peau blanche et les membranes des citrons et les mettre sur un carré d'étamine (coton à fromage) double épaisseur de 15 po (38 cm) de côté. Ajouter la pulpe et les pépins réservés, puis attacher l'étamine avec de la ficelle de cuisine de manière à former une pochette. Mettre la pochette dans la casserole, ajouter l'eau et porter au point d'ébullition à feu moyen. Laisser mijoter, en brassant souvent et en pressant la pochette pour en extraire la pectine, pendant environ 1 heure ou jusqu'à ce que les lanières de zeste commencent à se défaire lorsqu'on les presse entre les doigts. Retirer la pochette, la laisser refroidir légèrement, puis la presser au-dessus de la casserole pour en extraire le liquide.

4. Mesurer 8 t (2 L) de la préparation de citron (si la quantité obtenue est inférieure, ajouter de l'eau; si elle est supérieure, laisser mijoter la préparation jusqu'à ce qu'elle ait suffisamment réduit). Diviser la préparation en deux portions. Dans la casserole propre, mettre une portion de la préparation et 4 t (1 L) du sucre. Porter à pleine ébullition à feu vif en brassant. Laisser bouillir à gros bouillons, en brassant sans arrêt, pendant 8 minutes ou jusqu'à ce que l'écume ait disparu et que la préparation ait atteint le point de gélification pour une marmelade ferme (voir Test de gélification, p. 57). Répéter avec le reste de la préparation de citron et du sucre.

5. À l'aide d'une louche et d'un entonnoir, répartir la marmelade chaude dans huit pots en verre chauds d'une capacité de 1 t (250 ml) chacun jusqu'à 1/4 po (5 mm) du bord. À l'aide d'une spatule en caoutchouc, enlever les bulles d'air. Essuyer le bord de chaque pot, au besoin. Centrer le couvercle sur le pot et visser l'anneau jusqu'au point de résistance (ne pas trop serrer). Traiter à la chaleur pendant 10 minutes (voir L'abc de la mise en conserve, p. 10).

6. Éteindre le feu. Retirer le couvercle de la marmite et y laisser reposer les pots 5 minutes. Soulever le support et l'accrocher sur le bord de la marmite. À l'aide d'une pince à bocaux, déposer les pots sur une grille et les laisser refroidir pendant 24 heures, sans les toucher.

PAR PORTION DE 1 C. À TAB (15 ML): cal.: 52; prot.: traces; m.g.: aucune (aucun sat.); chol.: aucun; gluc.: 14 g; fibres: 1 g; sodium: 1 mg.

Tartinade aux pommes

Donne environ 3 t (750 ml) • Préparation: 25 min
Cuisson: 1 h 15 min

2 lb	pommes rouges non pelées (avec le coeur), hachées	1 kg
1 1/2 t	eau	375 ml
1 1/2 t	sucre	375 ml
1/2 c. à thé	cannelle moulue	2 ml
1	pincée de clou de girofle moulu	1

1. Dans une casserole à fond épais, mélanger les pommes et l'eau et porter à ébullition. Réduire le feu, couvrir et laisser mijoter, en brassant souvent, pendant environ 30 minutes ou jusqu'à ce que les pommes soient très molles. Passer la préparation au moulin à légumes muni d'une grille fine (ou la filtrer dans une passoire fine), placé sur la casserole propre. Ajouter le sucre, la cannelle et le clou de girofle et laisser mijoter à découvert, en brassant souvent, pendant environ 35 minutes ou jusqu'à ce qu'une cuillère de bois passée dans le fond de la casserole laisse un sillon qui se remplit en 3 secondes.

2. À l'aide d'une cuillère, répartir la tartinade chaude dans trois pots chauds stérilisés d'une capacité de 1 t (250 ml) chacun jusqu'à 1/4 po (5 mm) du bord. Fermer les pots et réfrigérer. (La tartinade se conservera jusqu'à 1 mois au réfrigérateur.)

PAR PORTION DE 1 C. À TAB (15 ML): cal.: 31; prot.: aucune; m.g.: aucune (aucun sat.); chol.: aucun; gluc.: 8 g; fibres: traces; sodium: aucun.

Tartinade d'abricots aux amandes

Donne environ 6 t (1,5 L) • Préparation: 40 min
Cuisson: 1 h • Repos: 1 h • Traitement: 10 min

2 1/2 t	abricots séchés hachés, tassés (environ 1 lb/500 g en tout)	625 ml
6 t	eau	1,5 L
2	gros citrons	2
2 1/2 t	sucre	625 ml
1/2 t	amandes grillées, hachées	125 ml

1. Dans une grande casserole à fond épais, mélanger les abricots et l'eau. Couvrir et porter à ébullition à feu vif. Retirer la casserole du feu. Laisser reposer à la température ambiante pendant environ 1 heure ou jusqu'à ce que les abricots aient gonflé.

2. Entre-temps, mettre un des citrons dans un grand bol d'eau chaude légèrement savonneuse et le brosser vigoureusement. Bien le rincer. À l'aide d'un économe, prélever le zeste du citron par larges bandes en travaillant de haut en bas et en évitant de prendre la peau blanche. Couper les bandes de zeste en fines lanières sur la largeur. Presser les deux citrons pour en extraire le jus. Mesurer 1/2 t (125 ml) de jus de citron.

3. Égoutter les abricots en réservant le liquide de trempage. Mesurer 4 1/2 t (1,125 L) du liquide réservé (ajouter de l'eau, au besoin) et le verser dans la casserole propre. Ajouter les abricots, le zeste et le jus de citron. Porter à ébullition à feu moyen en brassant souvent. Réduire le feu et laisser mijoter, en brassant souvent et en pressant délicatement sur les abricots, pendant environ 15 minutes ou jusqu'à ce qu'ils commencent à se défaire. Ajouter le sucre petit à petit et porter à pleine ébullition à feu vif en brassant. Laisser bouillir à gros bouillons, en brassant sans arrêt, pendant environ 30 minutes ou jusqu'à ce que la préparation ait atteint le point de gélification pour une confiture coulante (voir Test de gélification, p. 57). Retirer la casserole du feu. Incorporer les amandes. Remuer pendant 5 minutes en écumant la tartinade.

4. À l'aide d'une louche, répartir la tartinade chaude dans six pots en verre chauds d'une capacité de 1 t (250 ml) chacun jusqu'à 1/4 po (5 mm) du bord. À l'aide d'une spatule en caoutchouc, enlever les bulles d'air. Essuyer le bord de chaque pot, au besoin. Centrer le couvercle sur le pot et visser l'anneau jusqu'au point de résistance (ne pas trop serrer). Traiter à la chaleur pendant 10 minutes (voir L'abc de la mise en conserve, p. 10).

5. Éteindre le feu. Retirer le couvercle de la marmite et y laisser reposer les pots 5 minutes. Soulever le support et l'accrocher sur le bord de la marmite. À l'aide d'une pince à bocaux, déposer les pots sur une grille et les laisser refroidir pendant 24 heures, sans les toucher.

PAR PORTION DE 1 C. À TAB (15 ML): cal.: 36; prot.: traces; m.g.: traces (aucun sat.); chol.: aucun; gluc.: 8 g; fibres: traces; sodium: 1 mg.

astuce

Lorsqu'on les fait griller, les amandes développent une saveur plus riche. Étendre des amandes entières non blanchies sur une plaque de cuisson et les cuire au four préchauffé à 375°F (190°C) de 8 à 10 minutes ou jusqu'à ce qu'elles soient dorées et qu'elles dégagent leur arôme. Laisser refroidir avant d'utiliser.

Tartinade de poires et de canneberges

Pour une délicieuse vinaigrette qui sort de l'ordinaire, mélanger 1/4 t (60 ml) de la tartinade, 2 c. à tab (30 ml) de vinaigre balsamique blanc et 1 c. à tab (15 ml) d'huile d'olive. Servir sur un mélange de verdures.

Donne environ 7 t (1,75 L) • Préparation: 25 min
Cuisson: 30 min • Traitement: 10 min

6	poires mûres mais fermes (de type Bosc ou Bartlett)	6
4 t	canneberges fraîches	1 L
4 t	sucre	1 L
1 1/4 t	eau	310 ml
2 c. à tab	jus de citron fraîchement pressé	30 ml
2 c. à tab	zeste d'orange râpé finement	30 ml
1/8 c. à thé	cannelle moulue	0,5 ml
1/8 c. à thé	piment de la Jamaïque moulu	0,5 ml

1. Peler les poires, retirer le coeur et les hacher. Dans une grande casserole à fond épais, mélanger les poires, les canneberges, le sucre, l'eau, le jus de citron, le zeste d'orange, la cannelle et le piment de la Jamaïque. Porter à ébullition à feu moyen en brassant jusqu'à ce que le sucre soit dissous. Laisser mijoter, en brassant souvent, de 20 à 25 minutes ou jusqu'à ce que la préparation ait atteint le point de gélification pour une confiture ferme (voir Test de gélification, p. 57).

2. À l'aide d'une louche, répartir la tartinade chaude dans sept pots en verre chauds d'une capacité de 1 t (250 ml) chacun jusqu'à 1/2 po (1 cm) du bord. À l'aide d'une spatule en caoutchouc, enlever les bulles d'air. Essuyer le bord de chaque pot, au besoin. Centrer le couvercle sur le pot et visser l'anneau jusqu'au point de résistance (ne pas trop serrer). Traiter à la chaleur pendant 10 minutes (voir L'abc de la mise en conserve, p. 10).

3. Éteindre le feu. Retirer le couvercle de la marmite et y laisser reposer les pots 5 minutes. Soulever le support et l'accrocher sur le bord de la marmite. À l'aide d'une pince à bocaux, déposer les pots sur une grille et les laisser refroidir pendant 24 heures, sans les toucher.

PAR PORTION DE 1 C. À TAB (15 ML): cal.: 37; prot.: aucune; m.g.: aucune (aucun sat.); chol.: aucun; gluc.: 10 g; fibres: 1 g; sodium: aucun.

Tartinade d'oranges, de prunes et de raisins

Donne environ 7 t (1,75 L) • Préparation: 30 min
Cuisson: 50 min • Traitement: 10 min

2	petites oranges navel	2
1 t	eau	250 ml
8 t	prunes coupées en tranches	2 L
5 t	sucre	1,25 L
3/4 t	raisins secs	180 ml
2 c. à tab	jus de citron fraîchement pressé	30 ml

1. Mettre les oranges dans un grand bol d'eau chaude légèrement savonneuse et les brosser vigoureusement. Bien les rincer. Retirer le pédoncule. Couper les oranges grossièrement. Au robot culinaire, hacher les oranges en morceaux moyennement fins, puis les mettre dans une grande casserole à fond épais peu profonde. Ajouter l'eau et porter à ébullition. Réduire le feu, couvrir et laisser mijoter doucement pendant environ 15 minutes ou jusqu'à ce que les oranges aient ramolli.

2. Ajouter les prunes et mélanger pour bien les enrober. Porter au point d'ébullition en brassant souvent. Réduire à feu doux, couvrir et laisser mijoter pendant environ 10 minutes ou jusqu'à ce que les prunes aient ramolli et commencent à rendre leur jus.

3. Ajouter le sucre, les raisins secs et le jus de citron. Porter à pleine ébullition en brassant sans arrêt. Laisser bouillir à gros bouillons, en brassant sans arrêt, pendant environ 15 minutes ou jusqu'à ce que la préparation ait atteint le point de gélification pour une confiture coulante (voir Test de gélification, p. 57). Retirer la casserole du feu. Remuer pendant 5 minutes en écumant la tartinade.

4. À l'aide d'une louche, répartir la tartinade chaude dans sept pots en verre chauds d'une capacité de 1 t (250 ml) chacun jusqu'à 1/4 po (5 mm) du bord. À l'aide d'une spatule en caoutchouc, enlever les bulles d'air. Essuyer le bord de chaque pot, au besoin. Centrer le couvercle sur le pot et visser l'anneau jusqu'au point de résistance (ne pas trop serrer). Traiter à la chaleur pendant 10 minutes (voir L'abc de la mise en conserve, p. 10).

5. Éteindre le feu. Retirer le couvercle de la marmite et y laisser reposer les pots 5 minutes. Soulever le support et l'accrocher sur le bord de la marmite. À l'aide d'une pince à bocaux, déposer les pots sur une grille et les laisser refroidir pendant 24 heures, sans les toucher.

PAR PORTION DE 1 C. À TAB (15 ML): cal.: 46; prot.: traces; m.g.: traces (aucun sat.); chol.: aucun; gluc.: 12 g; fibres: traces; sodium: aucun.

Tartinade d'agrumes aux abricots et aux prunes

Donne environ 8 t (2 L) • Préparation: 30 min
Cuisson: 1 h 40 min • Traitement: 10 min

2	grosses oranges	2
1	gros citron	1
1 t	eau	250 ml
4 t	abricots frais, coupés en quatre	1 L
4 t	prunes jaunes fraîches, coupées en quatre	1 L
1/3 t	jus d'orange fraîchement pressé	80 ml
7 t	sucre	1,75 L

1. Mettre les oranges et le citron dans un grand bol d'eau chaude légèrement savonneuse et les brosser vigoureusement. Bien les rincer. Retirer le pédoncule. Couper les agrumes en deux sur la longueur, puis en tranches fines. Mesurer 4 t (1 L) de tranches d'agrumes.

2. Dans une grande casserole à fond épais, mélanger les agrumes et l'eau. Couvrir et porter à ébullition. Réduire à feu doux et laisser mijoter, en brassant souvent, pendant environ 1 heure ou jusqu'à ce que l'écorce des agrumes commence à se défaire lorsqu'on la presse entre les doigts.

3. Ajouter les abricots, les prunes et le jus d'orange et porter à ébullition à feu moyen. Réduire le feu et laisser mijoter à découvert pendant environ 15 minutes ou jusqu'à ce que les abricots et les prunes commencent à ramollir.

4. Mesurer 7 t (1,75 L) du mélange de fruits (si la quantité obtenue est inférieure, ajouter de l'eau; si elle est supérieure, laisser mijoter la préparation jusqu'à ce qu'elle ait suffisamment réduit). Mettre la préparation dans la casserole propre. Ajouter le sucre et porter à pleine ébullition à feu vif en brassant sans arrêt. Laisser bouillir à gros bouillons, en brassant sans arrêt, pendant environ 10 minutes ou jusqu'à ce que la préparation ait atteint le point de gélification pour une confiture ferme (voir Test de gélification, p. 57). Retirer la casserole du feu. Remuer pendant 5 minutes en écumant la tartinade.

5. À l'aide d'une louche, répartir la tartinade chaude dans huit pots en verre chauds d'une capacité de 1 t (250 ml) chacun jusqu'à 1/4 po (5 mm) du bord. À l'aide d'une spatule en caoutchouc, enlever les bulles d'air. Essuyer le bord de chaque pot, au besoin. Centrer le couvercle sur le pot et visser l'anneau jusqu'au point de résistance (ne pas trop serrer). Traiter à la chaleur pendant 10 minutes (voir L'abc de la mise en conserve, p. 10).

6. Éteindre le feu. Retirer le couvercle de la marmite et y laisser reposer les pots 5 minutes. Soulever le support et l'accrocher sur le bord de la marmite. À l'aide d'une pince à bocaux, déposer les pots sur une grille et les laisser refroidir pendant 24 heures, sans les toucher.

PAR PORTION DE 1 C. À TAB (15 ML): cal.: 98; prot.: traces; m.g.: traces (aucun sat.); chol.: aucun; gluc.: 25 g; fibres: 1 g; sodium: 1 mg.

Tartinade de rhubarbe à l'orange

Donne environ 4 t (1 L) • Préparation: 30 min
Cuisson: 45 min • Traitement: 10 min

1	orange	1
1	citron	1
1 t	eau	250 ml
5 1/2 t	rhubarbe fraîche, coupée en morceaux de 1/2 po (1 cm)	1,375 L
3 1/2 t	sucre	875 ml
1 t	raisins secs dorés	250 ml

1. Mettre l'orange et le citron dans un grand bol d'eau chaude légèrement savonneuse et les brosser vigoureusement. Bien les rincer. Retirer le pédoncule. Couper l'orange en tranches fines. Couper quatre fines tranches dans le citron (réserver le reste du citron pour un usage ultérieur). Mettre les tranches d'orange et de citron dans une petite casserole et verser l'eau. Couvrir et cuire à feu doux de 20 à 30 minutes ou jusqu'à ce que l'écorce des agrumes soit tendre et translucide.

2. Mettre le mélange d'agrumes dans une grande casserole à fond épais. Ajouter la rhubarbe, le sucre et les raisins secs et porter à pleine ébullition en brassant sans arrêt. Laisser bouillir à gros bouillons, en brassant sans arrêt, pendant environ 15 minutes ou jusqu'à ce que la préparation ait atteint le point de gélification pour une confiture ferme (voir Test de gélification, p. 57). Retirer la casserole du feu. Remuer pendant 5 minutes en écumant la tartinade.

3. À l'aide d'une louche, répartir la tartinade chaude dans quatre pots en verre chauds d'une capacité de 1 t (250 ml) chacun jusqu'à 1/4 po (5 mm) du bord. À l'aide d'une spatule en caoutchouc, enlever les bulles d'air. Essuyer le bord de chaque pot, au besoin. Centrer le couvercle sur le pot et visser l'anneau jusqu'au point de résistance (ne pas trop serrer). Traiter à la chaleur pendant 10 minutes (voir L'abc de la mise en conserve, p. 10).

4. Éteindre le feu. Retirer le couvercle de la marmite et y laisser reposer les pots 5 minutes. Soulever le support et l'accrocher sur le bord de la marmite. À l'aide d'une pince à bocaux, déposer les pots sur une grille et les laisser refroidir pendant 24 heures, sans les toucher.

PAR PORTION DE 1 C. À TAB (15 ML): cal.: 53; prot.: traces; m.g.: aucune (aucun sat.); chol.: aucun; gluc.: 14 g; fibres: traces; sodium: 1 mg.

Tartinade de bleuets à l'érable et aux pacanes

Donne environ 5 t (1,25 L) • Préparation: 15 min
Cuisson: 45 min • Traitement: 10 min

4 t	bleuets frais	1 L
1 t	eau	250 ml
1 t	sirop d'érable	250 ml
2 c. à tab	jus de citron fraîchement pressé	30 ml
2 t	cassonade tassée	500 ml
1 t	raisins de Corinthe	250 ml
1 t	pacanes hachées	250 ml
1 c. à thé	cannelle moulue	5 ml

1. Dans une grande casserole à fond épais, mélanger les bleuets, l'eau, le sirop d'érable et le jus de citron. À l'aide d'un presse-purée, écraser légèrement les bleuets. Porter à ébullition. Réduire le feu, couvrir et laisser mijoter, en brassant de temps à autre, pendant environ 5 minutes ou jusqu'à ce que les bleuets soient tendres.

2. Dans la casserole, ajouter la cassonade et les raisins de Corinthe. Porter de nouveau à ébullition en brassant jusqu'à ce que la cassonade soit dissoute. Réduire le feu et laisser mijoter à découvert, en brassant de temps à autre, pendant environ 30 minutes ou jusqu'à ce que la préparation ait épaissi. Retirer la casserole du feu. Incorporer les pacanes et la cannelle.

3. À l'aide d'une louche, répartir la tartinade chaude dans cinq pots en verre chauds d'une capacité de 1 t (250 ml) chacun jusqu'à 1/4 po (5 mm) du bord. À l'aide d'une spatule en caoutchouc, enlever les bulles d'air. Essuyer le bord de chaque pot, au besoin. Centrer le couvercle sur le pot et visser l'anneau jusqu'au point de résistance (ne pas trop serrer). Traiter à la chaleur pendant 10 minutes (voir L'abc de la mise en conserve, p. 10).

4. Éteindre le feu. Retirer le couvercle de la marmite et y laisser reposer les pots 5 minutes. Soulever le support et l'accrocher sur le bord de la marmite. À l'aide d'une pince à bocaux, déposer les pots sur une grille et les laisser refroidir pendant 24 heures, sans les toucher.

PAR PORTION DE 2 C. À TAB (30 ML): cal.: 100; prot.: 1 g; m.g.: 2 g (aucun sat.); chol.: aucun; gluc.: 21 g; fibres: 1 g; sodium: 4 mg.

Tartinade de pommes à la muscade

Donne environ 6 t (1,5 L) • Préparation: 20 min
Cuisson: 20 min • Traitement: 5 min

5 t	pommes à cuire acidulées, pelées et hachées	1,25 L
1 t	eau	250 ml
1/3 t	jus de citron fraîchement pressé	80 ml
1	sachet de cristaux de pectine (57 g)	1
4 t	sucre	1 L
1 t	raisins secs dorés	250 ml
1/2 c. à thé	muscade moulue	2 ml

1. Dans une grande casserole à fond épais, mélanger les pommes, l'eau et le jus de citron. Porter à ébullition. Réduire le feu, couvrir et laisser mijoter pendant 10 minutes.

2. Incorporer la pectine et porter à pleine ébullition en brassant sans arrêt. Ajouter le sucre et les raisins secs et porter de nouveau à pleine ébullition en brassant sans arrêt. Laisser bouillir à gros bouillons pendant 1 minute en brassant sans arrêt. Retirer la casserole du feu. Incorporer la muscade. Écumer la tartinade.

3. À l'aide d'une louche, répartir la tartinade chaude dans six pots en verre chauds d'une capacité de 1 t (250 ml) chacun jusqu'à 1/4 po (5 mm) du bord. À l'aide d'une spatule en caoutchouc, enlever les bulles d'air. Essuyer le bord de chaque pot, au besoin. Centrer le couvercle sur le pot et visser l'anneau jusqu'au point de résistance (ne pas trop serrer). Traiter à la chaleur pendant 5 minutes (voir L'abc de la mise en conserve, p. 10).

4. Éteindre le feu. Retirer le couvercle de la marmite et y laisser reposer les pots 5 minutes. Soulever le support et l'accrocher sur le bord de la marmite. À l'aide d'une pince à bocaux, déposer les pots sur une grille et les laisser refroidir pendant 24 heures, sans les toucher.

PAR PORTION DE 1 C. À TAB (15 ML): cal.: 49; prot.: aucune; m.g.: aucune (aucun sat.); chol.: aucun; gluc.: 13 g; fibres: aucune; sodium: 1 mg.

Tartinade à la rhubarbe et aux cerises

Donne environ 5 t (1,25 L) • Préparation: 35 min
Cuisson: 15 min • Traitement: 10 min

3 t	rhubarbe fraîche, hachée	750 ml
2 t	cerises aigres fraîches, dénoyautées	500 ml
1	sachet de cristaux de pectine légère (49 g)	1
2 3/4 t	sucre	680 ml

1. Dans une grande casserole à fond épais, mélanger la rhubarbe et les cerises. Dans un petit bol, mélanger la pectine et 1/4 t (60 ml) du sucre. Incorporer le mélange de pectine au mélange de rhubarbe. Porter à ébullition à feu vif en brassant sans arrêt. Ajouter le reste du sucre et porter à pleine ébullition. Laisser bouillir à gros bouillons pendant 1 minute en brassant sans arrêt. Retirer la casserole du feu. Remuer pendant 5 minutes en écumant la confiture.

2. À l'aide d'une louche et d'un entonnoir, répartir la confiture chaude dans cinq pots en verre chauds d'une capacité de 1 t (250 ml) chacun jusqu'à 1/4 po (5 mm) du bord. À l'aide d'une spatule en caoutchouc, enlever les bulles d'air. Essuyer le bord de chaque pot, au besoin. Centrer le couvercle sur le pot et visser l'anneau jusqu'au point de résistance (ne pas trop serrer). Traiter à la chaleur pendant 10 minutes (voir L'abc de la mise en conserve, p. 10).

3. Éteindre le feu. Retirer le couvercle de la marmite et y laisser reposer les pots 5 minutes. Soulever le support et l'accrocher sur le bord de la marmite. À l'aide d'une pince à bocaux, déposer les pots sur une grille et les laisser refroidir pendant 24 heures, sans les toucher.

PAR PORTION DE 1 C. À TAB (15 ML): cal.: 31; prot.: aucune; m.g.: aucune (aucun sat.); chol.: aucun; gluc.: 8 g; fibres: traces; sodium: aucun.

Tartinade de poires au romarin

Donne environ 7 t (1,75 L) • Préparation: 30 min
Cuisson: 30 min • Traitement: 10 min

4 à 6 lb	poires mûres mais fermes (de type Bosc ou Bartlett) (environ 10 poires en tout)	2 à 3 kg
3 t	sucre	750 ml
1 t	miel liquide	250 ml
2 c. à thé	zeste de citron râpé finement	10 ml
1/2 t	jus de citron fraîchement pressé	125 ml
2 c. à thé	romarin frais, haché finement	10 ml

1. Peler les poires, retirer le coeur et les hacher finement. Mesurer 8 t (2 L) de poires hachées et les mettre dans une grande casserole à fond épais. Ajouter le sucre, le miel, le zeste et le jus de citron et mélanger. Porter à ébullition en brassant jusqu'à ce que le sucre soit dissous. Incorporer le romarin. Laisser mijoter à découvert, en brassant souvent, de 20 à 25 minutes ou jusqu'à ce que la préparation ait atteint le point de gélification pour une confiture ferme (voir Test de gélification, p. 57). Retirer la casserole du feu. Écumer la tartinade.

2. À l'aide d'une louche, répartir la tartinade chaude dans sept pots en verre chauds d'une capacité de 1 t (250 ml) chacun jusqu'à 1/2 po (1 cm) du bord. À l'aide d'une spatule en caoutchouc, enlever les bulles d'air. Essuyer le bord de chaque pot, au besoin. Centrer le couvercle sur le pot et visser l'anneau jusqu'au point de résistance (ne pas trop serrer). Traiter à la chaleur pendant 10 minutes (voir L'abc de la mise en conserve, p. 10).

3. Éteindre le feu. Retirer le couvercle de la marmite et y laisser reposer les pots 5 minutes. Soulever le support et l'accrocher sur le bord de la marmite. À l'aide d'une pince à bocaux, déposer les pots sur une grille et les laisser refroidir pendant 24 heures, sans les toucher.

PAR PORTION DE 1 C. À TAB (15 ML): cal.: 44; prot.: aucune; m.g.: aucune (aucun sat.); chol.: aucun; gluc.: 12 g; fibres: 1 g; sodium: aucun.

chapitre trois

Confitures sans cuisson et garnitures-desserts

Confiture de bleuets sauvages

Cette confiture peut aussi être préparée avec des bleuets cultivés. Cependant, sa saveur sera moins intense et sa couleur, moins profonde.

Donne environ 3 t (750 ml) • Préparation: 15 min
Cuisson: aucune • Repos: 30 min

3 t	bleuets sauvages frais, écrasés	750 ml
1 c. à tab	jus de citron fraîchement pressé	15 ml
2 c. à tab	sucre	30 ml
1	sachet de cristaux de pectine légère (49 g)	1

1. Dans un grand bol, mélanger les bleuets et le jus de citron. Incorporer le sucre, puis la pectine. Laisser reposer à la température ambiante pendant 30 minutes (remuer de temps à autre).

2. À l'aide d'une cuillère, répartir la confiture dans trois contenants conçus pour la congélation d'une capacité de 1 t (250 ml) chacun jusqu'à 1/4 po (5 mm) du bord. Fermer hermétiquement. Laisser reposer à la température ambiante, sans toucher les contenants, pendant environ 24 heures ou jusqu'à ce que la confiture ait pris. (La confiture se conservera jusqu'à 3 semaines au réfrigérateur ou jusqu'à 8 mois au congélateur.)

PAR PORTION DE 1 C. À TAB (15 ML): cal.: 14; prot.: traces; m.g.: traces (aucun sat.); chol.: aucun; gluc.: 4 g; fibres: 1 g; sodium: 2 mg.

Confiture de framboises extra

Avec son goût de framboises fraîches intense et sa consistance plus coulante, cette confiture séduira toutes les papilles.

Donne environ 5 t (1,25 L) • Préparation: 20 min
Cuisson: aucune

8 t	framboises fraîches	2 L
1 1/2 t	sucre	375 ml
1	sachet de pectine pour confiture à congeler (de type Bernardin) (45 g)	1

1. Dans un grand bol, à l'aide d'un presse-purée, écraser les framboises, 1 t (250 ml) à la fois. Mesurer 4 t (1 L) de framboises écrasées et les mettre dans le bol.

2. Dans un petit bol, mélanger le sucre et la pectine. Incorporer le mélange de pectine aux framboises écrasées et mélanger pendant 3 minutes.

3. À l'aide d'une cuillère, répartir la confiture dans cinq contenants conçus pour la congélation d'une capacité de 1 t (250 ml) chacun jusqu'à 1/2 po (1 cm) du bord. Fermer hermétiquement. Laisser reposer à la température ambiante, sans toucher les contenants, pendant environ 24 heures ou jusqu'à ce que la confiture ait pris. (La confiture se conservera jusqu'à 3 semaines au réfrigérateur ou jusqu'à 1 an au congélateur.)

PAR PORTION DE 1 C. À TAB (15 ML): cal.: 23; prot.: traces; m.g.: aucune (aucun sat.); chol.: aucun; gluc.: 6 g; fibres: 1 g; sodium: aucun.

Confiture de framboises extra

Confiture de petits fruits

Donne environ 3 t (750 ml) • Préparation: 20 min
Cuisson: aucune • Repos: 30 min

1 t	bleuets frais, écrasés	250 ml
1 t	framboises fraîches, écrasées	250 ml
1 t	mûres fraîches, écrasées	250 ml
4 c. à thé	jus de citron fraîchement pressé	20 ml
2 c. à tab	sucre	30 ml
1	sachet de cristaux de pectine légère (49 g)	1

1. Dans un grand bol, mélanger les bleuets, les framboises, les mûres et le jus de citron. Incorporer le sucre, puis la pectine. Laisser reposer à la température ambiante pendant 30 minutes (remuer de temps à autre).

2. À l'aide d'une cuillère, répartir la confiture dans trois contenants conçus pour la congélation d'une capacité de 1 t (250 ml) chacun jusqu'à 1/4 po (5 mm) du bord. Fermer hermétiquement. Laisser reposer à la température ambiante, sans toucher les contenants, pendant environ 24 heures ou jusqu'à ce que la confiture ait pris. (La confiture se conservera jusqu'à 3 semaines au réfrigérateur ou jusqu'à 8 mois au congélateur.)

PAR PORTION DE 1 C. À TAB (15 ML): cal.: 12; prot.: traces; m.g.: traces (aucun sat.); chol.: aucun; gluc.: 3 g; fibres: 1 g; sodium: 1 mg.

Confiture de cerises et de framboises

Donne environ 3 t (750 ml) • Préparation: 25 min
Cuisson: aucune • Repos: 30 min

1 1/2 t	cerises aigres fraîches, dénoyautées et hachées	375 ml
1 1/2 t	framboises fraîches, écrasées	375 ml
1 c. à tab	jus de citron fraîchement pressé	15 ml
1/4 t	sucre	60 ml
1	sachet de cristaux de pectine légère (49 g)	1

1. Dans un grand bol, mélanger les cerises, les framboises et le jus de citron. Incorporer le sucre, puis la pectine. Laisser reposer à la température ambiante pendant 30 minutes (remuer de temps à autre).

2. À l'aide d'une cuillère, répartir la confiture dans trois contenants conçus pour la congélation d'une capacité de 1 t (250 ml) chacun jusqu'à 1/4 po (5 mm) du bord. Fermer hermétiquement. Laisser reposer à la température ambiante, sans toucher les contenants, pendant environ 24 heures ou jusqu'à ce que la confiture ait pris. (La confiture se conservera jusqu'à 3 semaines au réfrigérateur ou jusqu'à 8 mois au congélateur.)

PAR PORTION DE 1 C. À TAB (15 ML): cal.: 14; prot.: traces; m.g.: traces (aucun sat.); chol.: aucun; gluc.: 4 g; fibres: 1 g; sodium: 2 mg.

Confiture de fraises

Donne environ 6 t (1,5 L) • Préparation: 45 min
Cuisson: aucune • Repos: 30 min

8 t	fraises fraîches, équeutées	2 L
1	sachet de cristaux de pectine légère (49 g)	1
3 1/4 t	sucre	810 ml

1. Dans un grand bol, à l'aide d'un presse-purée, écraser les fraises, 1 t (250 ml) à la fois. Mesurer 4 t (1 L) de fraises écrasées et les mettre dans le bol. Dans un petit bol, mélanger la pectine et 1/4 t (60 ml) du sucre. Incorporer le mélange de pectine aux fraises écrasées. Laisser reposer à la température ambiante pendant 30 minutes.

2. Dans le bol, ajouter le reste du sucre et brasser pendant environ 3 minutes ou jusqu'à ce qu'il soit dissous.

3. À l'aide d'une cuillère, répartir la confiture dans six contenants conçus pour la congélation d'une capacité de 1 t (250 ml) chacun jusqu'à 1/4 po (5 mm) du bord. Fermer hermétiquement. Laisser reposer à la température ambiante, sans toucher les contenants, pendant environ 24 heures ou jusqu'à ce que la confiture ait pris. (La confiture se conservera jusqu'à 3 semaines au réfrigérateur ou jusqu'à 8 mois au congélateur.)

PAR PORTION DE 1 C. À TAB (15 ML): cal.: 31; prot.: aucune; m.g.: aucune (aucun sat.); chol.: aucun; gluc.: 8 g; fibres: traces; sodium: aucun.

Variante

Confiture de fraises allégée:
Réduire la quantité de sucre à 1 1/2 t (375 ml). Écraser les fraises tel qu'indiqué. Incorporer le sucre. Laisser reposer pendant 15 minutes. En brassant sans arrêt, incorporer petit à petit 1 sachet de 45 g de pectine pour confiture à congeler (de type Bernardin). Continuer de brasser pendant 3 minutes. Laisser reposer à la température ambiante pendant 5 minutes. Répartir la confiture dans cinq contenants conçus pour la congélation d'une capacité de 1 t (250 ml) chacun jusqu'à 1/2 po (1 cm) du bord. Fermer hermétiquement. Laisser reposer tel qu'indiqué. (La confiture se conservera jusqu'à 3 semaines au réfrigérateur ou jusqu'à 1 an au congélateur.) Donne environ 5 t (1,25 L).

Confiture de fraises et de rhubarbe

Donne environ 5 t (1,25 L) • Préparation: 30 min
Cuisson: 5 min

3 t	fraises fraîches, équeutées	750 ml
1 t	rhubarbe fraîche, hachée	250 ml
5 t	sucre	1,25 L
1/2 c. à thé	zeste de citron râpé finement	2 ml
3/4 t	eau	180 ml
1	sachet de cristaux de pectine (57 g)	1

1. Dans un grand bol, à l'aide d'un presse-purée, écraser les fraises. Mesurer 1 1/2 t (375 ml) de fraises écrasées et les mettre dans le bol. Ajouter la rhubarbe, le sucre et le zeste de citron et mélanger. Laisser reposer à la température ambiante pendant 10 minutes (remuer de temps à autre).

2. Verser l'eau dans une petite casserole, ajouter la pectine et mélanger. Porter à ébullition en brassant sans arrêt. Laisser bouillir à gros bouillons pendant 1 minute en brassant sans arrêt. Retirer la casserole du feu. Incorporer aussitôt le mélange de pectine au mélange de fraises en brassant pendant 3 minutes ou jusqu'à ce que le sucre soit dissous.

3. À l'aide d'une cuillère, répartir la confiture dans cinq contenants conçus pour la congélation d'une capacité de 1 t (250 ml) chacun jusqu'à 1/2 po (1 cm) du bord. Fermer hermétiquement. Laisser reposer à la température ambiante, sans toucher les contenants, pendant environ 24 heures ou jusqu'à ce que la confiture ait pris. (La confiture se conservera jusqu'à 3 semaines au réfrigérateur ou jusqu'à 1 an au congélateur.)

PAR PORTION DE 1 C. À TAB (15 ML): cal.: 53; prot.: aucune; m.g.: aucune (aucun sat.); chol.: aucun; gluc.: 14 g; fibres: aucune; sodium: 1 mg.

Confiture de mûres à la lime

Donne environ 4 t (1 L) • Préparation: 30 min
Cuisson: 5 min

5 1/4 t	sucre	1,310 L
3 t	mûres fraîches, écrasées	750 ml
1/2 c. à thé	zeste de lime râpé finement	2 ml
3/4 t	eau	180 ml
1	sachet de cristaux de pectine (57 g)	1

1. Dans un grand bol, mélanger le sucre, les mûres et le zeste de lime. Laisser reposer à la température ambiante pendant 10 minutes (remuer de temps à autre).

2. Verser l'eau dans une petite casserole, ajouter la pectine et mélanger. Porter à ébullition en brassant sans arrêt. Laisser bouillir à gros bouillons pendant 1 minute en brassant sans arrêt. Retirer la casserole du feu. Incorporer aussitôt le mélange de pectine au mélange de mûres en brassant pendant environ 3 minutes ou jusqu'à ce que le sucre soit dissous.

3. À l'aide d'une cuillère, répartir la confiture dans quatre contenants conçus pour la congélation d'une capacité de 1 t (250 ml) chacun jusqu'à 1/2 po (1 cm) du bord. Fermer hermétiquement. Laisser reposer à la température ambiante, sans toucher les contenants, pendant environ 24 heures ou jusqu'à ce que la confiture ait pris. (La confiture se conservera jusqu'à 3 semaines au réfrigérateur ou jusqu'à 1 an au congélateur.)

PAR PORTION DE 1 C. À TAB (15 ML): cal.: 69; prot.: aucune; m.g.: aucune (aucun sat.); chol.: aucun; gluc.: 18 g; fibres: aucune; sodium: 1 mg.

Confiture de bleuets à la cannelle

Tartinée sur du pain aux raisins et à la cannelle grillé, cette confiture est un pur délice.

Donne environ 4 t (1 L) • Préparation: 25 min
Cuisson: 5 min

5 1/4 t	sucre	1,310 L
3 t	bleuets frais, écrasés	750 ml
1 c. à thé	cannelle moulue	5 ml
3/4 t	eau	180 ml
1	sachet de cristaux de pectine (57 g)	1

1. Dans un grand bol, mélanger le sucre, les bleuets et la cannelle. Laisser reposer à la température ambiante pendant 10 minutes (remuer de temps à autre).

2. Verser l'eau dans une petite casserole, ajouter la pectine et mélanger. Porter à ébullition en brassant sans arrêt. Laisser bouillir à gros bouillons pendant 1 minute en brassant sans arrêt. Retirer la casserole du feu. Incorporer aussitôt le mélange de pectine au mélange de bleuets en brassant pendant 3 minutes ou jusqu'à ce que le sucre soit dissous.

3. À l'aide d'une cuillère, répartir la confiture dans quatre contenants conçus pour la congélation d'une capacité de 1 t (250 ml) chacun jusqu'à 1/2 po (1 cm) du bord. Fermer hermétiquement. Laisser reposer à la température ambiante, sans toucher les contenants, pendant environ 24 heures ou jusqu'à ce que la confiture ait pris. (La confiture se conservera jusqu'à 3 semaines au réfrigérateur ou jusqu'à 1 an au congélateur.)

PAR PORTION DE 1 C. À TAB (15 ML): cal.: 70; prot.: aucune; m.g.: aucune (aucun sat.); chol.: aucun; gluc.: 18 g; fibres: aucune; sodium: 1 mg.

Confiture de cerises et de bleuets

Donne environ 5 t (1,25 L) • Préparation: 35 min
Cuisson: 5 min

1 1/2 t	cerises aigres (griottes) fraîches, dénoyautées et hachées finement	375 ml
1 t	bleuets frais, écrasés	250 ml
4 t	sucre	1 L
1/2 c. à thé	zeste de citron râpé finement	2 ml
3/4 t	eau	180 ml
1	sachet de cristaux de pectine (57 g)	1

1. Dans un grand bol, mélanger les cerises, les bleuets, le sucre et le zeste de citron. Laisser reposer à la température ambiante pendant 10 minutes (remuer de temps à autre).

2. Verser l'eau dans une petite casserole, ajouter la pectine et mélanger. Porter à ébullition en brassant sans arrêt. Laisser bouillir à gros bouillons pendant 1 minute en brassant sans arrêt. Retirer la casserole du feu. Incorporer aussitôt le mélange de pectine au mélange de fruits en brassant pendant 3 minutes ou jusqu'à ce que le sucre soit dissous.

3. À l'aide d'une cuillère, répartir la confiture dans cinq contenants conçus pour la congélation d'une capacité de 1 t (250 ml) chacun jusqu'à 1/2 po (1 cm) du bord. Fermer hermétiquement. Laisser reposer à la température ambiante, sans toucher les contenants, pendant environ 24 heures ou jusqu'à ce que la confiture ait pris. (La confiture se conservera jusqu'à 3 semaines au réfrigérateur ou jusqu'à 1 an au congélateur.)

PAR PORTION DE 1 C. À TAB (15 ML): cal.: 45; prot.: aucune; m.g.: aucune (aucun sat.); chol.: aucun; gluc.: 11 g; fibres: aucune; sodium: 1 mg.

Confiture de kiwis à la lime

Donne environ 5 t (1,25 L) • Préparation: 20 min
Repos: 25 min • Cuisson: 5 min

2 t	kiwis pelés et écrasés (8 ou 9 kiwis en tout)	500 ml
4 t	sucre	1 L
1 c. à thé	zeste de lime râpé finement	5 ml
1/2 t	eau	125 ml
1/4 t	jus de lime fraîchement pressé	60 ml
1	sachet de cristaux de pectine (57 g)	1

1. Dans un grand bol, mélanger les kiwis, le sucre et le zeste de lime. Laisser reposer à la température ambiante pendant 10 minutes (remuer de temps à autre).

2. Verser l'eau et le jus de lime dans une petite casserole, ajouter la pectine et mélanger. Porter à ébullition à feu vif. Laisser bouillir à gros bouillons pendant 1 minute en brassant sans arrêt. Retirer la casserole du feu. Incorporer aussitôt le mélange de pectine au mélange de kiwis en brassant pendant environ 3 minutes ou jusqu'à ce que le sucre soit dissous. Laisser refroidir à la température ambiante pendant 15 minutes.

3. À l'aide d'une cuillère, répartir la confiture dans cinq contenants conçus pour la congélation d'une capacité de 1 t (250 ml) chacun jusqu'à 1/2 po (1 cm) du bord. Fermer hermétiquement. Laisser reposer à la température ambiante, sans toucher les contenants, pendant environ 24 heures ou jusqu'à ce que la confiture ait pris. (La confiture se conservera jusqu'à 3 semaines au réfrigérateur ou jusqu'à 1 an au congélateur.)

PAR PORTION DE 1 C. À TAB (15 ML): cal.: 46; prot.: aucune; m.g.: aucune (aucun sat.); chol.: aucun; gluc.: 12 g; fibres: aucune; sodium: 1 mg.

Pêches piquantes à l'anis et au gingembre

Choisir des pêches mûres, mais fermes, dont la peau est légèrement teintée de rouge: elles donneront une belle couleur au sirop. Grâce à l'eau citronnée, la chair des pêches ne s'oxydera pas.

Donne environ 12 t (3 L) • Préparation: 40 min
Cuisson: 15 min • Traitement: 10 min

1/2 t	jus de citron fraîchement pressé	125 ml
11 t	eau	2,75 L
8	grosses pêches mûres (ou 12 petites) (environ 3 1/2 lb/1,75 kg en tout)	8
3 1/4 t	sucre	810 ml
6	piments chilis rouges séchés	6
4	clous de girofle entiers	4
2	bâtons de cannelle brisés en morceaux	2
2	anis étoilés entiers	2
4	lanières de zeste d'orange	4
4	tranches de gingembre frais	4

1. Dans un grand bol, mélanger 1/4 t (60 ml) du jus de citron et 6 t (1,5 L) de l'eau pour obtenir de l'eau citronnée. Réserver. À l'aide d'un petit couteau, faire une incision en forme de croix à la base des pêches. Dans une casserole d'eau bouillante, blanchir chaque pêche pendant 30 secondes. À l'aide d'une écumoire, les plonger aussitôt dans un bol d'eau froide. Peler les pêches et les mettre dans le bol d'eau citronnée réservée.

2. Dans une grande casserole à fond épais, mélanger le sucre avec le reste du jus de citron et de l'eau. Porter à ébullition. Ajouter les piments, les clous de girofle, la cannelle, les anis étoilés, le zeste d'orange et le gingembre et laisser bouillir pendant 4 minutes.

3. Couper les grosses pêches en quatre (couper les petites en deux) et les mettre dans la casserole. Cuire à feu moyen, en deux fois au besoin, pendant environ 3 minutes ou jusqu'à ce qu'elles soient tendres mais encore légèrement fermes.

4. À l'aide d'une écumoire, répartir les pêches chaudes dans six pots en verre chauds d'une capacité de 2 t (500 ml) chacun jusqu'à 3/4 po (2 cm) du bord, en les tassant bien.

5. Dans une passoire fine placée sur un bol à l'épreuve de la chaleur, filtrer le sirop. Répartir les épices dans les pots. À l'aide d'un entonnoir, couvrir les pêches du sirop chaud jusqu'à 1/2 po (1 cm) du bord. À l'aide d'une spatule en caoutchouc, enlever les bulles d'air. Essuyer le bord de chaque pot, au besoin. Centrer le couvercle sur le pot et visser l'anneau jusqu'au point de résistance (ne pas trop serrer). Traiter à la chaleur pendant 10 minutes (voir L'abc de la mise en conserve, p. 10).

6. Éteindre le feu. Retirer le couvercle de la marmite et y laisser reposer les pots 5 minutes. Soulever le support et l'accrocher sur le bord de la marmite. À l'aide d'une pince à bocaux, déposer les pots sur une grille et les laisser refroidir pendant 24 heures, sans les toucher.

PAR QUARTIER: cal.: 45; prot.: traces; m.g.: aucune (aucun sat.); chol.: aucun; gluc.: 11 g; fibres: 1 g; sodium: 1 mg.

Nectarines au beurre épicé

Donne environ 9 t (2,25 L) • Préparation: 25 min
Cuisson: 25 min • Traitement: 15 min

1/2 t	beurre	125 ml
1/2 t	sucre	125 ml
4 t	nectarines mûres, pelées et coupées en 8 quartiers chacune	1 L
1/2 t	eau	125 ml
2 c. à tab	jus de citron fraîchement pressé	30 ml
1 c. à thé	cannelle moulue	5 ml
1/4 c. à thé	muscade moulue	1 ml
1/4 c. à thé	clou de girofle moulu	1 ml

1. Dans une grande casserole à fond épais, mélanger le beurre et le sucre. Cuire à feu moyen, en brassant sans arrêt, de 5 à 8 minutes ou jusqu'à ce que le mélange commence à dorer. Ajouter les nectarines et mélanger pour bien les enrober. Cuire, en brassant délicatement de temps à autre, pendant 4 minutes ou jusqu'à ce que les nectarines commencent à ramollir, sans plus. Ajouter l'eau, le jus de citron, la cannelle, la muscade et le clou de girofle et mélanger. Porter à ébullition et laisser bouillir pendant 1 minute. Retirer la casserole du feu.

2. À l'aide d'une louche, répartir le mélange de nectarines et le liquide de cuisson chaud dans neuf pots en verre chauds d'une capacité de 1 t (250 ml) chacun jusqu'à 1/4 po (5 mm) du bord. À l'aide d'une spatule en caoutchouc, enlever les bulles d'air. Essuyer le bord de chaque pot, au besoin. Centrer le couvercle sur le pot et visser l'anneau jusqu'au point de résistance (ne pas trop serrer). Traiter à la chaleur pendant 15 minutes (voir L'abc de la mise en conserve, p. 10).

3. Éteindre le feu. Retirer le couvercle de la marmite et y laisser reposer les pots 5 minutes. Soulever le support et l'accrocher sur le bord de la marmite. À l'aide d'une pince à bocaux, déposer les pots sur une grille et les laisser refroidir pendant 24 heures, sans les toucher.

PAR PORTION DE 1/4 T (60 ML): cal.: 54; prot.: 1 g; m.g.: 3 g (2 g sat.); chol.: 7 mg; gluc.: 8 g; fibres: 1 g; sodium: 18 mg.

Cerises au brandy

Elles sont fabuleuses sur de la crème glacée ou un morceau de gâteau.

Donne environ 7 t (1,75 L) • Préparation: 30 min
Cuisson: aucune

7 t	cerises Bing fraîches	1,75 L
1 t	sucre	250 ml
1	bouteille de brandy (750 ml)	1

1. À l'aide de ciseaux, couper la moitié supérieure des queues de cerises. Piquer les cerises à deux ou trois endroits avec un cure-dents.

2. Dans sept pots en verre stérilisés d'une capacité de 1 t (250 ml) chacun, mettre 1 t (250 ml) des cerises et 2 c. à tab combles (environ 30 ml) du sucre. À l'aide d'un entonnoir, couvrir les cerises du brandy. Fermer les pots et les secouer légèrement pour dissoudre le sucre. Laisser reposer à la température ambiante pendant 24 heures (secouer les pots de temps à autre). Laisser reposer les cerises dans un endroit frais et sec, à l'abri de la lumière, pendant 2 mois avant de les consommer (retourner les pots de temps à autre). (Les cerises se conserveront pendant 1 an dans un endroit frais et sec, à l'abri de la lumière.)

PAR PORTION DE 1/4 T (60 ML): cal.: 107; prot.: traces; m.g.: aucune (aucun sat.); chol.: aucun; gluc.: 12 g; fibres: traces; sodium: aucun.

astuce

Il n'est pas nécessaire de stériliser les pots qui seront traités à la chaleur pendant 10 minutes ou plus dans une marmite à l'eau bouillante. Ici, les cerises ne subissent pas ce traitement (et les pots sont conservés à la température ambiante); c'est donc une bonne idée de stériliser les pots avant de les remplir pour s'assurer qu'ils sont exempts de bactéries. Voici comment: submerger les pots dans une grande marmite d'eau bouillante conçue pour le traitement des conserves. Laisser bouillir pendant 10 minutes. Éteindre le feu. Laisser les pots dans l'eau chaude et les assécher juste avant de les remplir.

Sauce au chocolat

Donne environ 1 t (250 ml) • Préparation: 10 min
Cuisson: 10 min

1/2 t	eau	125 ml
1/3 t	poudre de cacao non sucrée, tamisée	80 ml
1/3 t	sirop de maïs	80 ml
4 oz	chocolat mi-amer haché	125 g
1 c. à thé	vanille	5 ml

1. Dans une petite casserole, à l'aide d'un fouet, mélanger l'eau, la poudre de cacao et le sirop de maïs et porter à ébullition en fouettant sans arrêt. Laisser bouillir pendant 2 minutes. Réduire à feu doux, ajouter le chocolat et cuire, en brassant, jusqu'à ce qu'il ait fondu. Retirer la casserole du feu. Incorporer la vanille.

2. À l'aide d'une cuillère, mettre la sauce au chocolat dans un contenant hermétique. Fermer le contenant et réfrigérer. (La sauce se conservera jusqu'à 2 semaines au réfrigérateur. La servir froide, ou la réchauffer dans une casserole à feu doux ou au micro-ondes à très faible intensité jusqu'à ce qu'elle puisse se verser.)

PAR PORTION DE 2 C. À TAB (30 ML): cal.: 125; prot.: 2 g; m.g.: 7 g (4 g sat.); chol.: aucun; gluc.: 19 g; fibres: 2 g; sodium: 38 mg.

Sauce au caramel et au beurre d'arachides

Donne environ 1 2/3 t (410 ml)
Préparation: 10 min • Cuisson: 10 min

1/4 t	beurre non salé	60 ml
1/2 t	cassonade tassée	125 ml
1/4 t	sucre	60 ml
1/4 t	sirop de maïs	60 ml
2 c. à tab	eau	30 ml
1/4 c. à thé	sel	1 ml
1/3 t	crème à 35 %	80 ml
1/2 t	beurre d'arachides crémeux	125 ml

1. Dans une casserole, faire fondre le beurre à feu moyen-doux. Ajouter la cassonade, le sucre, le sirop de maïs, l'eau et le sel et cuire, en brassant, pendant environ 5 minutes ou jusqu'à ce que la préparation ait épaissi. Incorporer la crème et cuire pendant 30 secondes. Retirer la casserole du feu et incorporer le beurre d'arachides. Laisser refroidir légèrement.

2. À l'aide d'une cuillère, mettre la sauce dans un contenant hermétique. Fermer le contenant et réfrigérer. (La sauce se conservera jusqu'à 1 semaine au réfrigérateur. La servir à la température ambiante, ou la réchauffer dans une casserole à feu doux ou au micro-ondes à très faible intensité jusqu'à ce qu'elle puisse se verser.)

PAR PORTION DE 2 C. À TAB (30 ML): cal.: 170; prot.: 3 g; m.g.: 10 g (5 g sat.); chol.: 17 mg; gluc.: 19 g; fibres: 1 g; sodium: 101 mg.

Abricots à la vanille et au whisky

Choisir des abricots plutôt fermes: ils garderont mieux leur forme à la cuisson.

Donne environ 7 t (1,75 L) • Préparation: 25 min
Cuisson: 15 min • Traitement: 20 min

1 t	sucre	250 ml
1 t	eau	250 ml
8 t	abricots frais, coupés en deux	2 L
1	gousse de vanille coupée en deux sur la longueur	1
2/3 t	whisky, rhum ambré ou brandy	160 ml

1. Dans une grande casserole à fond épais peu profonde, mélanger le sucre et l'eau. Porter à ébullition. Ajouter les abricots et la gousse de vanille et réduire à feu moyen. Déposer un cercle de papier-parchemin sur les abricots et couvrir la casserole de son couvercle. Laisser mijoter, en brassant de temps à autre, pendant environ 5 minutes ou jusqu'à ce que les abricots commencent à ramollir.

2. Égoutter les abricots en réservant le liquide de cuisson. À l'aide d'une louche, répartir les abricots chauds dans sept pots en verre chauds d'une capacité de 1 t (250 ml) chacun. À l'aide d'un entonnoir, répartir le whisky dans les pots.

3. Verser le liquide réservé dans la casserole. Porter à ébullition à feu vif et laisser bouillir pendant environ 4 minutes ou jusqu'à ce qu'il ait réduit à environ 1 1/4 t (310 ml). Couvrir les abricots du liquide chaud jusqu'à 1/2 po (1 cm) du bord. À l'aide d'une spatule en caoutchouc, enlever les bulles d'air. Essuyer le bord de chaque pot, au besoin. Centrer le couvercle sur le pot et visser l'anneau jusqu'au point de résistance (ne pas trop serrer). Traiter à la chaleur pendant 20 minutes (voir L'abc de la mise en conserve, p. 10).

4. Éteindre le feu. Retirer le couvercle de la marmite et y laisser reposer les pots 5 minutes. Soulever le support et l'accrocher sur le bord de la marmite. À l'aide d'une pince à bocaux, déposer les pots sur une grille et les laisser refroidir pendant 24 heures, sans les toucher.

PAR PORTION DE 1/2 T (125 ML): cal.: 105; prot.: 1 g; m.g.: traces (aucun sat.); chol.: aucun; gluc.: 24 g; fibres: 2 g; sodium: 2 mg.

astuce

Pas de gousse de vanille? On ajoute 2 c. à thé (10 ml) d'essence de vanille au sirop bouilli.

Garniture aux fraises pour coupe glacée

Donne environ 6 t (1,5 L) • Préparation: 30 min
Cuisson: 35 min • Traitement: 10 min

8 t	fraises fraîches, équeutées et coupées en deux	2 L
1/4 t	eau	60 ml
1 c. à tab	zeste d'orange râpé grossièrement	15 ml
1 t	sucre	250 ml
1/2 t	sirop de maïs	125 ml
1/2 t	jus d'orange fraîchement pressé	125 ml

1. Dans une grande casserole à fond épais, mélanger les fraises, l'eau et le zeste d'orange. Porter à ébullition à feu moyen. Réduire à feu moyen-doux, couvrir et laisser mijoter pendant 10 minutes. Ajouter le sucre, le sirop de maïs et le jus d'orange et porter de nouveau à ébullition. Laisser bouillir à découvert, en brassant souvent, pendant 10 minutes.

2. À l'aide d'une louche, répartir la garniture chaude dans six pots en verre chauds d'une capacité de 1 t (250 ml) chacun jusqu'à 1/4 po (5 mm) du bord. À l'aide d'une spatule en caoutchouc, enlever les bulles d'air. Essuyer le bord de chaque pot, au besoin. Centrer le couvercle sur le pot et visser l'anneau jusqu'au point de résistance (ne pas trop serrer). Traiter à la chaleur pendant 10 minutes (voir L'abc de la mise en conserve, p. 10).

3. Éteindre le feu. Retirer le couvercle de la marmite et y laisser reposer les pots 5 minutes. Soulever le support et l'accrocher sur le bord de la marmite. À l'aide d'une pince à bocaux, déposer les pots sur une grille et les laisser refroidir pendant 24 heures, sans les toucher.

PAR PORTION DE 1 C. À TAB (15 ML): cal.: 18; prot.: traces; m.g.: aucune (aucun sat.); chol.: aucun; gluc.: 5 g; fibres: traces; sodium: 2 mg.

Garniture aux bleuets

Exquise sur les gaufres, les crêpes et la crème glacée, cette garniture, une fois réchauffée, peut aussi servir de sirop.

Donne environ 4 t (1 L) • Préparation: 45 min
Cuisson: 50 à 55 min • Traitement: 20 min

1	citron	1
6 t	bleuets frais ou surgelés, décongelés (environ 1 1/2 lb/750 g en tout)	1,5 L
1 1/2 t + 3 t	eau	1,125 L
3 t	sucre	750 ml

1. Mettre le citron dans un bol d'eau chaude légèrement savonneuse et le brosser vigoureusement. Bien le rincer. À l'aide d'un économe, retirer le zeste du citron en longues lanières (ne pas prendre la peau blanche). Couper le citron en deux sur la largeur, puis le presser pour en extraire le jus (jeter les pépins). Mesurer 1/4 t (60 ml) de jus. Réserver le jus et le zeste de citron.

2. Dans une grande casserole, mélanger les bleuets et 1 1/2 t (375 ml) de l'eau et porter à ébullition à feu moyen-vif. Réduire le feu, couvrir et laisser mijoter, en brassant souvent, pendant environ 10 minutes ou jusqu'à ce que les bleuets aient ramolli. Laisser refroidir légèrement. Au robot culinaire ou au mélangeur, hacher grossièrement la préparation de bleuets refroidie, en plusieurs fois. Dans une passoire fine placée sur un bol, filtrer la purée (vous devriez en obtenir environ 3 1/2 t/875 ml). Réserver.

3. Dans une casserole, mélanger le reste de l'eau, le sucre et le zeste de citron réservé et porter à ébullition à feu vif en brassant sans arrêt jusqu'à ce que le sucre soit dissous. Laisser bouillir, sans brasser, de 15 à 20 minutes ou jusqu'à ce que le sirop ait réduit à environ 2 t (500 ml) et qu'un thermomètre à bonbons indique 240°F (116°C) ou que 1 c. à thé (5 ml) de sirop qu'on laisse tomber dans un verre d'eau froide forme une boule molle. Retirer la casserole du feu. Retirer le zeste de citron. À l'aide d'un fouet, incorporer la purée de bleuets réservée au sirop. Porter de nouveau à ébullition et laisser bouillir, en brassant, pendant environ 10 minutes ou jusqu'à ce que la préparation ait réduit à environ 4 t (1 L). Écumer la préparation, puis incorporer le jus de citron réservé.

4. À l'aide d'une louche, répartir la garniture chaude dans quatre pots en verre chauds d'une capacité de 1 t (250 ml) chacun jusqu'à 1/2 po (1 cm) du bord. À l'aide d'une spatule en caoutchouc, enlever les bulles d'air. Essuyer le bord de chaque pot, au besoin. Centrer le couvercle sur le pot et visser l'anneau jusqu'au point de résistance (ne pas trop serrer). Traiter à la chaleur pendant 20 minutes (voir L'abc de la mise en conserve, p. 10).

5. Éteindre le feu. Retirer le couvercle de la marmite et y laisser reposer les pots 5 minutes. Soulever le support et l'accrocher sur le bord de la marmite. À l'aide d'une pince à bocaux, déposer les pots sur une grille et les laisser refroidir pendant 24 heures, sans les toucher.

PAR PORTION DE 1 C. À TAB (15 ML): cal.: 41; prot.: aucune; m.g.: aucune (aucun sat.); chol.: aucun; gluc.: 11 g; fibres: aucune; sodium: 1 mg.

Dulce de leche

Cette sauce caramel typique de l'Amérique du Sud est si facile à préparer qu'on ne voudra plus s'en passer. Divine sur du gâteau et de la crème glacée, elle se laisse aussi déguster à la petite cuillère.

Donne environ 2 t (500 ml)
Préparation: 20 min • Cuisson: 1 h 30 min à 2 h

2	boîtes de lait concentré à 2 % (370 ml chacune)	2
1 1/4 t	lait	310 ml
1 c. à tab	fécule de maïs	15 ml
1/2 c. à thé	bicarbonate de sodium	2 ml
1 t	sucre	250 ml
3/4 t	eau	180 ml

1. Dans une grande casserole à fond épais, mélanger le lait concentré et 3/4 t (180 ml) du lait et porter à ébullition. Dans un petit bol, à l'aide d'un fouet, mélanger le reste du lait, la fécule de maïs et le bicarbonate de sodium. Verser ce mélange dans le lait bouillant. Réduire à feu doux et laisser mijoter en brassant de temps à autre.

2. Entre-temps, dans une grande casserole, mélanger le sucre et l'eau et chauffer à feu moyen jusqu'à ce que le sucre soit dissous (à l'aide d'un pinceau à pâtisserie trempé dans l'eau froide, badigeonner de temps à autre la paroi de la casserole pour faire tomber les cristaux). Porter à ébullition et laisser bouillir, sans brasser, pendant environ 15 minutes ou jusqu'à ce que le sirop soit légèrement doré (badigeonner souvent d'eau la paroi de la casserole). Retirer la casserole du feu.

3. En se détournant le visage (pour éviter les éclaboussures), verser doucement la préparation de lait chaud sur le sirop en la passant dans une passoire fine. À l'aide d'un fouet, mélanger vigoureusement jusqu'à ce que la préparation soit homogène. Remettre sur le feu et laisser mijoter, en brassant de temps à autre, de 1 heure à 1 heure 30 minutes ou jusqu'à ce que le caramel prenne une teinte foncée et qu'il ait suffisamment épaissi pour napper le dos d'une cuillère de bois.

4. À l'aide de la passoire propre, filtrer le caramel chaud dans un joli pot en verre chaud (ou un contenant hermétique). Fermer le pot et laisser refroidir. (Le caramel se conservera jusqu'à 1 mois au réfrigérateur. Réchauffer dans une casserole à feu doux jusqu'à ce qu'il puisse se verser.)

PAR PORTION DE 2 C. À TAB (30 ML): cal.: 107; prot.: 4 g; m.g.: 1 g (1 g sat.); chol.: 5 mg; gluc.: 19 g; fibres: aucune; sodium: 104 mg.

Beurre de pêches

Donne environ 7 t (1,75 L) • Préparation: 45 min
Cuisson: 1 h 30 min • Traitement: 20 min

4 1/2 lb	pêches mûres (environ 16 pêches)	2,25 kg
1/2 t	eau	125 ml
1/4 t	jus de citron fraîchement pressé	60 ml
3 t	sucre	750 ml
3/4 t	cassonade tassée	180 ml
1/2 c. à thé	cannelle moulue (facultatif)	2 ml

1. Frotter les pêches sous l'eau du robinet pour enlever l'excédent de duvet. Couper les pêches en deux, les dénoyauter et couper chaque moitié en deux (ou en trois si les fruits sont gros). Dans une grande casserole à fond épais, mélanger les pêches, l'eau et le jus de citron. À l'aide d'un presse-purée, écraser les pêches. Couvrir partiellement la casserole et porter à ébullition à feu moyen-vif. Réduire à feu moyen-doux, couvrir partiellement et laisser mijoter, en brassant souvent, pendant environ 25 minutes ou jusqu'à ce que les pêches soient très tendres et faciles à écraser avec une cuillère.

2. Au robot culinaire ou au mélangeur (ou au moulin à légumes muni d'une grille fine), réduire le mélange de pêches en purée lisse. Dans la casserole propre, mélanger la purée de pêches, le sucre, la cassonade et la cannelle, si désiré. Porter à ébullition à feu moyen en brassant jusqu'à ce que le sucre soit dissous. Réduire le feu et laisser mijoter, en brassant souvent, pendant environ 1 heure ou jusqu'à ce que la préparation ait suffisamment épaissi pour former un petit monticule dans une cuillère.

3. Pour vérifier la cuisson, verser 1 c. à thé (5 ml) de la préparation chaude sur une assiette refroidie au congélateur. Elle devrait figer sans s'aplatir ni couler sur les côtés. Si elle n'a pas la consistance requise, poursuivre la cuisson et refaire le test toutes les 2 minutes (utiliser deux assiettes en alternance et les remettre au congélateur après chaque test; toujours utiliser l'assiette propre la plus froide).

4. À l'aide d'une louche, répartir le beurre de pêches chaud dans sept pots en verre chauds d'une capacité de 1 t (250 ml) chacun jusqu'à 1/4 po (5 mm) du bord. À l'aide d'une spatule en caoutchouc, enlever les bulles d'air. Essuyer le bord de chaque pot, au besoin. Centrer le couvercle sur le pot et visser l'anneau jusqu'au point de résistance (ne pas trop serrer). Traiter à la chaleur pendant 20 minutes (voir L'abc de la mise en conserve, p. 10).

5. Éteindre le feu. Retirer le couvercle de la marmite et y laisser reposer les pots 5 minutes. Soulever le support et l'accrocher sur le bord de la marmite. À l'aide d'une pince à bocaux, déposer les pots sur une grille et les laisser refroidir pendant 24 heures, sans les toucher.

PAR PORTION DE 1 C. À TAB (15 ML): cal.: 33; prot.: traces; m.g.: aucune (aucun sat.); chol.: aucun; gluc.: 9 g; fibres: traces; sodium: 1 mg.

astuces

• Ici, on utilise des pêches non pelées: leur pelure donne au beurre sa belle couleur. Comme les fruits sont réduits en purée, la pelure passe inaperçue.

• Si la purée obtenue à l'aide du moulin à légumes n'est pas assez lisse, passer la préparation au mélangeur à main après l'ajout du sucre et de la cassonade.

• À mesure que la préparation épaissit, il faut la surveiller de près pour l'empêcher de brûler. Réduire graduellement le feu pour maintenir un léger frémissement et remuer plus souvent.

chapitre quatre

Gelées

Gelée de pommes épicée

Délicieuse sur les bagels et les petits pains, cette gelée fait aussi une glace exquise sur du quatre-quarts, lorsque réchauffée.

Donne environ 7 t (1,75 L) • Préparation: 15 min
Cuisson: 35 min • Traitement: 5 min

5 t	jus de pomme brut (de type Tradition)	1,25 L
2	bâtons de cannelle de 3 po (7 cm) de longueur, brisés en morceaux	2
8	grains de piment de la Jamaïque	8
8	clous de girofle entiers	8
7 1/2 t	sucre	1,875 L
1	sachet de pectine liquide (85 ml)	1

1. Dans une grande casserole à fond épais, mélanger le jus de pomme, la cannelle, le piment de la Jamaïque et les clous de girofle. Couvrir et porter à ébullition. Réduire à feu moyen-doux et laisser mijoter pendant 20 minutes. Dans une passoire fine tapissée d'une double épaisseur d'étamine (coton à fromage) et placée sur un grand bol, filtrer le mélange de jus de pomme (si désiré, réserver les épices pour les mettre dans les pots).

2. Dans la casserole propre, verser le mélange de jus filtré. Ajouter le sucre et porter à pleine ébullition en brassant sans arrêt. Incorporer la pectine et porter de nouveau à pleine ébullition en brassant sans arrêt. Laisser bouillir à gros bouillons, en brassant sans arrêt, pendant 1 minute. Retirer la casserole du feu et écumer la gelée.

3. À l'aide d'une louche et d'un entonnoir, répartir la gelée chaude dans sept pots en verre chauds d'une capacité de 1 t (250 ml) chacun jusqu'à 1/4 po (5 mm) du bord. Ajouter un peu des épices réservées dans chaque pot, si désiré. À l'aide d'une spatule en caoutchouc, enlever les bulles d'air. Essuyer le bord de chaque pot, au besoin. Centrer le couvercle sur le pot et visser l'anneau jusqu'au point de résistance (ne pas trop serrer). Traiter à la chaleur pendant 5 minutes (voir L'abc de la mise en conserve, p. 10).

4. Éteindre le feu. Retirer le couvercle de la marmite et y laisser reposer les pots 5 minutes. Soulever le support et l'accrocher sur le bord de la marmite. À l'aide d'une pince à bocaux, déposer les pots sur une grille et les laisser refroidir pendant 24 heures, sans les toucher.

PAR PORTION DE 1 C. À TAB (15 ML): cal.: 57; prot.: aucune; m.g.: aucune (aucun sat.); chol.: aucun; gluc.: 14 g; fibres: aucune; sodium: aucun.

Gelée de cerises à l'amande

Donne environ 8 t (2 L) • Préparation: 45 min
Cuisson: 30 min • Repos: 20 min
Réfrigération: 4 à 12 h • Traitement: 5 min

3 1/2 lb	cerises aigres (griottes) fraîches, dénoyautées	1,75 kg
1/2 t	eau	125 ml
5 t	sucre	1,25 L
2 t	cassonade tassée	500 ml
1 c. à tab	jus de citron fraîchement pressé	15 ml
2	sachets de pectine liquide (85 ml chacun)	2
1/2 t	liqueur d'amande (de type Amaretto)	125 ml

1. Dans une grande casserole à fond épais, mettre les cerises et l'eau. Porter à ébullition en brassant de temps à autre. Réduire le feu, couvrir et laisser mijoter pendant 10 minutes. Retirer la casserole du feu. À l'aide d'un presse-purée, écraser les cerises. Laisser reposer pendant 20 minutes.

2. Verser la préparation de cerises dans une passoire fine placée sur un grand bol et laisser s'égoutter le jus (jeter la pulpe). Rincer la passoire, la tapisser d'une étamine (coton à fromage) et la remettre sur le bol. Filtrer le jus de cerises dans la passoire. Au besoin, rincer l'étamine pour enlever les particules, puis filtrer de nouveau. Couvrir le bol contenant le jus de cerises et réfrigérer de 4 à 12 heures pour permettre aux particules de se déposer au fond. Tapisser la passoire d'une nouvelle étamine et la mettre sur un autre grand bol. Filtrer le jus de cerises refroidi (en prenant soin de laisser les particules au fond du bol). Mesurer 3 1/2 t (875 ml) du jus de cerises.

3. Dans la casserole propre, verser le jus de cerises. Ajouter le sucre, la cassonade et le jus de citron. Porter à ébullition à feu moyen en brassant sans arrêt jusqu'à ce que le sucre soit dissous. Augmenter à feu moyen-vif et porter à pleine ébullition en brassant sans arrêt. Incorporer la pectine et porter de nouveau à pleine ébullition en brassant sans arrêt. Laisser bouillir à gros bouillons pendant 1 minute. Retirer la casserole du feu. Incorporer la liqueur d'amande et écumer la gelée.

4. À l'aide d'une louche et d'un entonnoir, répartir la gelée chaude dans huit pots en verre chauds d'une capacité de 1 t (250 ml) chacun jusqu'à 1/4 po (5 mm) du bord. À l'aide d'une spatule en caoutchouc, enlever les bulles d'air. Essuyer le bord de chaque pot, au besoin. Centrer le couvercle sur le pot et visser l'anneau jusqu'au point de résistance (ne pas trop serrer). Traiter à la chaleur pendant 5 minutes (voir L'abc de la mise en conserve, p. 10).

5. Éteindre le feu. Retirer le couvercle de la marmite et y laisser reposer les pots 5 minutes. Soulever le support et l'accrocher sur le bord de la marmite. À l'aide d'une pince à bocaux, déposer les pots sur une grille et les laisser refroidir pendant 24 heures, sans les toucher.

PAR PORTION DE 1 C. À TAB (15 ML): cal.: 48; prot.: aucune; m.g.: aucune (aucun sat.); chol.: aucun; gluc.: 12 g; fibres: aucune; sodium: 1 mg.

Gelée de raisins

Donne environ 7 t (1,75 L) • Préparation: 45 min
Cuisson: 35 min • Égouttage: 2 h
Traitement: 10 min

3 lb	raisins bleus (de type Concord ou Coronation)	1,5 kg
1 t	eau	250 ml
1	sachet de cristaux de pectine (57 g)	1
5 t	sucre	1,25 L

1. Rincer les raisins et bien les égoutter. Détacher suffisamment de raisins des grappes pour en obtenir 10 t (2,5 L) en tout (jeter les raisins plissés ou meurtris). Dans une grande casserole à fond épais, à l'aide d'un presse-purée, écraser les raisins. Ajouter l'eau et porter à ébullition en brassant souvent. Réduire le feu, couvrir et laisser mijoter pendant 10 minutes.

2. Verser la préparation de raisins dans un sac à gelée humide suspendu au-dessus d'un grand bol ou la verser dans une passoire tapissée d'une triple épaisseur d'étamine (coton à fromage) humide placée sur un grand bol (attacher l'étamine avec de la ficelle de cuisine de manière à former un sac et suspendre le sac à une poignée d'armoire en plaçant le bol dessous). Laisser égoutter, sans presser le sac, pendant environ 2 heures. Mesurer 4 t (1 L) du jus de raisins accumulé dans le bol (voir Astuce, p. 122).

3. Dans la casserole propre, verser le jus de raisins. Incorporer la pectine et porter à ébullition. Ajouter le sucre et porter à pleine ébullition à feu vif en brassant souvent. Laisser bouillir à gros bouillons, en brassant sans arrêt, pendant 1 minute. Retirer la casserole du feu et écumer la gelée.

4. À l'aide d'une louche et d'un entonnoir, répartir la gelée chaude dans sept pots en verre chauds d'une capacité de 1 t (250 ml) chacun jusqu'à 1/4 po (5 mm) du bord. À l'aide d'une spatule en caoutchouc, enlever les bulles d'air. Essuyer le bord de chaque pot, au besoin. Centrer le couvercle sur le pot et visser l'anneau jusqu'au point de résistance (ne pas trop serrer). Traiter à la chaleur pendant 10 minutes (voir L'abc de la mise en conserve, p. 10).

5. Éteindre le feu. Retirer le couvercle de la marmite et y laisser reposer les pots 5 minutes. Soulever le support et l'accrocher sur le bord de la marmite. À l'aide d'une pince à bocaux, déposer les pots sur une grille et les laisser refroidir pendant 24 heures, sans les toucher.

PAR PORTION DE 1 C. À TAB (15 ML): cal.: 42; prot.: aucune; m.g.: aucune (aucun sat.); chol.: aucun; gluc.: 11 g; fibres: aucune; sodium: aucun.

Gelées

Gelée de raisins et de prunes

Donne environ 8 t (2 L) • Préparation: 1 h
Cuisson: 50 min • Égouttage: 2 h
Traitement: 10 min

3 lb	raisins bleus (de type Coronation ou Concord)	1,5 kg
2 lb	prunes italiennes ou prunes bleues fraîches, dénoyautées et coupées en quatre	1 kg
2 t	eau	500 ml
1	sachet de cristaux de pectine légère (49 g)	1
4 1/2 t	sucre	1,125 L

1. Rincer les raisins et bien les égoutter. Détacher suffisamment de raisins des grappes pour en obtenir 10 t (2,5 L) en tout (jeter les raisins plissés ou meurtris). Dans une grande casserole à fond épais, à l'aide d'un presse-purée, écraser les raisins. Ajouter les prunes et l'eau et porter à ébullition en brassant souvent. Réduire le feu, couvrir et laisser mijoter pendant environ 25 minutes ou jusqu'à ce que les fruits aient ramolli.

2. Verser la préparation de fruits dans un sac à gelée humide suspendu au-dessus d'un grand bol ou la verser dans une passoire tapissée d'une triple épaisseur d'étamine (coton à fromage) humide placée sur un grand bol (attacher l'étamine avec de la ficelle de cuisine de manière à former un sac et suspendre le sac à une poignée d'armoire en plaçant le bol dessous). Laisser égoutter, sans presser le sac, pendant environ 2 heures. Mesurer 6 1/2 t (1,625 L) du jus de fruits accumulé dans le bol (voir Astuce, p. 122).

3. Dans un petit bol, mélanger la pectine et 1/4 t (60 ml) du sucre. Dans la casserole propre, verser le jus de fruits et incorporer le mélange de pectine. Porter à pleine ébullition à feu vif. Ajouter le reste du sucre et porter de nouveau à pleine ébullition en brassant. Laisser bouillir à gros bouillons, en brassant sans arrêt, pendant 1 minute. Retirer la casserole du feu et écumer la gelée.

4. À l'aide d'une louche et d'un entonnoir, répartir la gelée chaude dans huit pots en verre chauds d'une capacité de 1 t (250 ml) chacun jusqu'à 1/4 po (5 mm) du bord. À l'aide d'une spatule en caoutchouc, enlever les bulles d'air. Essuyer le bord de chaque pot, au besoin. Centrer le couvercle sur le pot et visser l'anneau jusqu'au point de résistance (ne pas trop serrer). Traiter à la chaleur pendant 10 minutes (voir L'abc de la mise en conserve, p. 10).

5. Éteindre le feu. Retirer le couvercle de la marmite et y laisser reposer les pots 5 minutes. Soulever le support et l'accrocher sur le bord de la marmite. À l'aide d'une pince à bocaux, déposer les pots sur une grille et les laisser refroidir pendant 24 heures, sans les toucher.

PAR PORTION DE 1 C. À TAB (15 ML): cal.: 34; prot.: aucune; m.g.: aucune (aucun sat.); chol.: aucun; gluc.: 9 g; fibres: aucune; sodium: 1 mg.

astuce

Pour réduire l'écume, ajouter 1/2 c. à thé (2 ml) de beurre non salé au jus de fruits égoutté avant de le faire bouillir.

Gelée de cerises à la vanille

Donne environ 6 t (1,5 L) • Préparation: 45 min
Cuisson: 35 min • Égouttage: 4 h
Traitement: 10 min

3 3/4 t	cerises aigres (griottes) fraîches, dénoyautées	930 ml
1/2 t	eau	125 ml
1/2	gousse de vanille	1/2
1	sachet de cristaux de pectine (57 g)	1
4 t	sucre	1 L

1. Dans une grande casserole à fond épais, mélanger les cerises et l'eau. Couper la demi-gousse de vanille en deux sur la longueur et racler les graines dans la casserole (jeter la gousse). À l'aide d'un presse-purée, écraser les cerises. Porter à ébullition à feu moyen en brassant souvent. Réduire le feu et laisser mijoter pendant 10 minutes ou jusqu'à ce que les cerises aient ramolli et soient bien écrasées (brasser souvent en écrasant les cerises).

2. Verser la préparation de cerises dans un sac à gelée humide suspendu au-dessus d'un grand bol ou la verser dans une passoire tapissée d'une triple épaisseur d'étamine (coton à fromage) humide placée sur un grand bol (attacher l'étamine avec de la ficelle de cuisine de manière à former un sac et suspendre le sac à une poignée d'armoire en plaçant le bol dessous). Laisser égoutter, sans presser le sac, pendant environ 4 heures. Mesurer 3 3/4 t (930 ml) du jus de cerises accumulé dans le bol (voir Astuce). Si la quantité est insuffisante, verser doucement de l'eau bouillante sur la préparation de cerises dans le sac à gelée et laisser égoutter pour obtenir la quantité de jus requise.

3. Dans la casserole propre, verser le jus de cerises et incorporer la pectine. Porter à ébullition à feu vif en brassant souvent. Ajouter le sucre petit à petit et porter à pleine ébullition en brassant souvent. Laisser bouillir à gros bouillons, en brassant sans arrêt, pendant 1 minute. Retirer la casserole du feu. Remuer pendant 5 minutes en écumant la gelée.

4. À l'aide d'une louche et d'un entonnoir, répartir la gelée chaude dans six pots en verre chauds d'une capacité de 1 t (250 ml) chacun jusqu'à 1/4 po (5 mm) du bord. À l'aide d'une spatule en caoutchouc, enlever les bulles d'air. Essuyer le bord de chaque pot, au besoin. Centrer le couvercle sur le pot et visser l'anneau jusqu'au point de résistance (ne pas trop serrer). Traiter à la chaleur pendant 10 minutes (voir L'abc de la mise en conserve, p. 10).

5. Éteindre le feu. Retirer le couvercle de la marmite et y laisser reposer les pots 5 minutes. Soulever le support et l'accrocher sur le bord de la marmite. À l'aide d'une pince à bocaux, déposer les pots sur une grille et les laisser refroidir pendant 24 heures, sans les toucher.

PAR PORTION DE 1 C. À TAB (15 ML): cal.: 37; prot.: traces; m.g.: aucune (aucun sat.); chol.: aucun; gluc.: 10 g; fibres: aucune; sodium: aucun.

astuce

Lorsqu'on mesure du jus de fruits ou une infusion d'herbes pour une gelée, il est préférable d'utiliser une tasse à mesurer d'une capacité de 1 t (250 ml) plutôt qu'une tasse à mesurer de grande capacité (comme celle de 4 t/1 L), car les grandes tasses ont tendance à être moins précises. La différence de liquide pourrait briser l'équilibre entre les ingrédients.

Gelée de pêches aux piments jalapeños

Donne environ 5 t (1,25 L) • Préparation: 45 min
Cuisson: 40 min • Égouttage: 2 à 4 h
Traitement: 5 min

2 lb	pêches mûres, pelées et hachées	1 kg
1 t	vinaigre de cidre	250 ml
3 à 4	piments jalapeños frais, épépinés et hachés grossièrement	3 à 4
5 t	sucre	1,25 L
1	sachet de pectine liquide (85 ml)	1

1. Dans une grande casserole à fond épais, à l'aide d'un presse-purée, écraser les pêches. Ajouter le vinaigre et les piments et porter à ébullition à feu vif. Réduire le feu, couvrir et laisser mijoter pendant environ 20 minutes ou jusqu'à ce que les pêches et les piments soient très tendres.

2. Verser la préparation de pêches dans un sac à gelée humide suspendu au-dessus d'un grand bol ou la verser dans une passoire tapissée d'une triple épaisseur d'étamine (coton à fromage) humide placée sur un grand bol (attacher l'étamine avec de la ficelle de cuisine de manière à former un sac et suspendre le sac à une poignée d'armoire en plaçant le bol dessous). Laisser égoutter, sans presser le sac de 2 à 4 heures. Mesurer 2 t (500 ml) du jus de pêches accumulé dans le bol (voir Astuce, p. 122).

3. Dans la casserole propre, verser le jus de pêches. Ajouter le sucre et porter à pleine ébullition à feu vif en brassant sans arrêt. Incorporer la pectine et porter de nouveau à pleine ébullition. Laisser bouillir à gros bouillons, en brassant sans arrêt, pendant 1 minute. Retirer la casserole du feu et écumer la gelée.

4. À l'aide d'une louche et d'un entonnoir, répartir la gelée chaude dans cinq pots en verre chauds d'une capacité de 1 t (250 ml) chacun jusqu'à 1/4 po (5 mm) du bord. Essuyer le bord de chaque pot, au besoin. Centrer le couvercle sur le pot et visser l'anneau jusqu'au point de résistance (ne pas trop serrer). Traiter à la chaleur pendant 5 minutes (voir L'abc de la mise en conserve, p. 10).

5. Éteindre le feu. Retirer le couvercle de la marmite et y laisser reposer les pots 5 minutes. Soulever le support et l'accrocher sur le bord de la marmite. À l'aide d'une pince à bocaux, déposer les pots sur une grille et les laisser refroidir pendant 24 heures, sans les toucher. Laisser reposer la gelée à la température ambiante de 2 à 3 jours ou jusqu'à ce qu'elle ait pris avant de la consommer.

PAR PORTION DE 1 C. À TAB (15 ML): cal.: 54; prot.: aucune; m.g.: aucune (aucun sat.); chol.: aucun; gluc.: 14 g; fibres: aucune; sodium: aucun.

Gelée de groseilles et de framboises

Donne environ 8 t (2 L) • Préparation: 35 min
Cuisson: 35 min • Égouttage: 2 h
Traitement: 10 min

6 t	groseilles rouges fraîches, détachées	1,5 L
6 t	framboises fraîches	1,5 L
1 1/2 t	eau	375 ml
1	sachet de cristaux de pectine légère (49 g)	1
4 1/2 t	sucre	1,125 L

1. Dans une grande casserole à fond épais, à l'aide d'un presse-purée, écraser les groseilles et les framboises. Ajouter l'eau et porter à ébullition en brassant de temps à autre. Réduire le feu, couvrir et laisser mijoter pendant 10 minutes.

2. Verser la préparation de groseilles dans un sac à gelée humide suspendu au-dessus d'un grand bol ou la verser dans une passoire tapissée d'une triple épaisseur d'étamine (coton à fromage) humide placée sur un grand bol (attacher l'étamine avec de la ficelle de cuisine de manière à former un sac et suspendre le sac à une poignée d'armoire en plaçant le bol dessous). Laisser égoutter, sans presser le sac, pendant environ 2 heures. Mesurer 6 1/2 t (1,625 L) du jus de fruits accumulé dans le bol (voir Astuce, p. 122). Si la quantité est insuffisante, verser doucement jusqu'à 1 1/2 t (375 ml) d'eau bouillante sur la préparation de groseilles dans le sac à gelée pour obtenir la quantité de jus requise.

3. Dans un petit bol, mélanger la pectine et 1/4 t (60 ml) du sucre. Dans la casserole propre, verser le jus de fruits et incorporer le mélange de pectine. Porter à pleine ébullition à feu vif. Ajouter le reste du sucre et porter de nouveau à pleine ébullition en brassant souvent. Laisser bouillir à gros bouillons, en brassant sans arrêt, pendant 1 minute. Retirer la casserole du feu et écumer la gelée.

4. À l'aide d'une louche et d'un entonnoir, répartir la gelée chaude dans huit pots en verre chauds d'une capacité de 1 t (250 ml) chacun jusqu'à 1/4 po (5 mm) du bord. À l'aide d'une spatule en caoutchouc, enlever les bulles d'air. Essuyer le bord de chaque pot, au besoin. Centrer le couvercle sur le pot et visser l'anneau jusqu'au point de résistance (ne pas trop serrer). Traiter à la chaleur pendant 10 minutes (voir L'abc de la mise en conserve, p. 10).

5. Éteindre le feu. Retirer le couvercle de la marmite et y laisser reposer les pots 5 minutes. Soulever le support et l'accrocher sur le bord de la marmite. À l'aide d'une pince à bocaux, déposer les pots sur une grille et les laisser refroidir pendant 24 heures, sans les toucher.

PAR PORTION DE 1 C. À TAB (15 ML): cal.: 33; prot.: traces; m.g.: aucune (aucun sat.); chol.: aucun; gluc.: 8 g; fibres: aucune; sodium: 1 mg.

Gelée de canneberges au vermouth

Donne environ 4 t (1 L) • Préparation: 15 min
Cuisson: 10 min • Traitement: 10 min

3 1/2 t	sucre	875 ml
2 t	jus de canneberge	500 ml
1	sachet de pectine liquide (85 ml)	1
1/4 t	vodka	60 ml
1/4 t	vermouth blanc	60 ml

1. Dans une grande casserole, mélanger le sucre et le jus de canneberge. Porter à pleine ébullition à feu vif en brassant sans arrêt. Laisser bouillir à gros bouillons, en brassant sans arrêt, pendant 1 minute. Retirer la casserole du feu. Incorporer la pectine, la vodka et le vermouth.

2. À l'aide d'une louche et d'un entonnoir, répartir la gelée chaude dans quatre pots en verre chauds d'une capacité de 1 t (250 ml) chacun jusqu'à 1/4 po (5 mm) du bord. À l'aide d'une spatule en caoutchouc, enlever les bulles d'air. Essuyer le bord de chaque pot, au besoin. Centrer le couvercle sur le pot et visser l'anneau jusqu'au point de résistance (ne pas trop serrer). Traiter à la chaleur pendant 10 minutes (voir L'abc de la mise en conserve, p. 10).

3. Éteindre le feu. Retirer le couvercle de la marmite et y laisser reposer les pots 5 minutes. Soulever le support et l'accrocher sur le bord de la marmite. À l'aide d'une pince à bocaux, déposer les pots sur une grille et les laisser refroidir pendant 24 heures, sans les toucher.

PAR PORTION DE 1 C. À TAB (15 ML): cal.: 49; prot.: aucune; m.g.: aucune (aucun sat.); chol.: aucun; gluc.: 12 g; fibres: aucune; sodium: aucun.

Gelée de groseilles

La saveur douce des groseilles blanches se marie bien au côté acidulé des baies rouges. Pour un souper délicieux, badigeonner un rôti de porc de cette belle gelée rouge clair. On trouve les groseilles blanches dans les marchés publics ou directement chez les producteurs.

Donne environ 10 t (2,5 L) • Préparation: 30 min
Cuisson: 35 min • Égouttage: 2 h
Traitement: 10 min

6 t	groseilles rouges fraîches, détachées	1,5 L
6 t	groseilles blanches fraîches, détachées	1,5 L
1 1/2 t	eau	375 ml
1	sachet de cristaux de pectine (57 g)	1
7 t	sucre	1,75 L

1. Dans une grande casserole à fond épais, à l'aide d'un presse-purée, écraser les groseilles rouges et blanches. Ajouter l'eau et porter à ébullition en brassant de temps à autre. Réduire le feu, couvrir et laisser mijoter pendant environ 10 minutes ou jusqu'à ce que les groseilles aient ramolli et dégonflé.

2. Verser la préparation de groseilles dans un sac à gelée humide suspendu au-dessus d'un grand bol ou la verser dans une passoire tapissée d'une triple épaisseur d'étamine (coton à fromage) humide placée sur un grand bol (attacher l'étamine avec de la ficelle de cuisine de manière à former un sac et suspendre le sac à une poignée d'armoire en plaçant le bol dessous). Laisser égoutter, en pressant le sac légèrement pendant environ 2 heures. Mesurer 6 1/2 t (1,625 L) du jus de groseilles accumulé dans le bol (voir Astuce, p. 122).

3. Dans la casserole propre, verser le jus de groseilles et incorporer la pectine. Porter à ébullition en brassant. Ajouter le sucre et porter à pleine ébullition en brassant sans arrêt. Laisser bouillir à gros bouillons, en brassant sans arrêt, pendant 1 minute. Retirer la casserole du feu et écumer la gelée.

4. À l'aide d'une louche et d'un entonnoir, répartir la gelée chaude dans dix pots en verre chauds d'une capacité de 1 t (250 ml) chacun jusqu'à 1/4 po (5 mm) du bord. À l'aide d'une spatule en caoutchouc, enlever les bulles d'air. Essuyer le bord de chaque pot, au besoin. Centrer le couvercle sur le pot et visser l'anneau jusqu'au point de résistance (ne pas trop serrer). Traiter à la chaleur pendant 10 minutes (voir L'abc de la mise en conserve, p. 10).

5. Éteindre le feu. Retirer le couvercle de la marmite et y laisser reposer les pots 5 minutes. Soulever le support et l'accrocher sur le bord de la marmite. À l'aide d'une pince à bocaux, déposer les pots sur une grille et les laisser refroidir pendant 24 heures, sans les toucher.

PAR PORTION DE 1 C. À TAB (15 ML): cal.: 39; prot.: traces; m.g.: aucune (aucun sat.); chol.: aucun; gluc.: 10 g; fibres: aucune; sodium: aucun.

Variante

Gelée de groseilles rouges: Remplacer les groseilles blanches par des groseilles rouges.

Gelée de pêches au gingembre

Cette superbe gelée est délicieuse avec du pain grillé et des scones. Elle fait aussi une glace savoureuse à badigeonner sur les tartes aux fruits et même sur le jambon.

Donne environ 6 t (1,5 L) • Préparation: 45 min
Cuisson: 50 min • Égouttage: 4 h
Traitement: 10 min

4 1/2 lb	pêches mûres (environ 16 pêches)	2,25 kg
1 t	eau	250 ml
2/3 t	gingembre frais, coupé en tranches fines (un morceau d'environ 6 po/15 cm)	160 ml
2 c. à tab	jus de citron fraîchement pressé	30 ml
1	sachet de cristaux de pectine (57 g)	1
6 t	sucre	1,5 L

1. Frotter les pêches sous l'eau du robinet pour enlever l'excédent de duvet. Couper les pêches en deux, les dénoyauter et couper chaque moitié en deux (ou en trois si les pêches sont grosses). Dans une grande casserole à fond épais, mélanger les pêches, l'eau et le gingembre. À l'aide d'un presse-purée, écraser les pêches. Porter à ébullition à feu vif en brassant souvent. Réduire le feu et laisser mijoter pendant environ 25 minutes ou jusqu'à ce que les pêches soient très tendres et bien écrasées et que le gingembre soit translucide (brasser souvent en écrasant les pêches).

2. Verser la préparation de pêches dans un sac à gelée humide suspendu au-dessus d'un grand bol ou la verser dans une passoire tapissée d'une triple épaisseur d'étamine (coton à fromage) humide placée sur un grand bol (attacher l'étamine avec de la ficelle de cuisine de manière à former un sac et suspendre le sac à une poignée d'armoire en plaçant le bol dessous). Laisser égoutter, sans presser le sac, pendant environ 4 heures. Mesurer 4 t (1 L) du jus de pêches accumulé dans le bol (voir Astuce, p. 122). Si la quantité est insuffisante,

verser doucement jusqu'à 3 t (750 ml) d'eau bouillante sur la préparation de pêches dans le sac à gelée pour obtenir la quantité de jus requise.

3. Dans la casserole propre, verser le jus de pêches. Incorporer le jus de citron et la pectine. Porter à ébullition à feu vif en brassant souvent. Ajouter le sucre petit à petit et porter à pleine ébullition à feu vif en brassant souvent. Laisser bouillir à gros bouillons, en brassant sans arrêt, pendant 1 minute. Retirer la casserole du feu. Remuer pendant 5 minutes en écumant la gelée.

4. À l'aide d'une louche et d'un entonnoir, répartir la gelée chaude dans six pots en verre chauds d'une capacité de 1 t (250 ml) chacun jusqu'à 1/4 po (5 mm) du bord. À l'aide d'une spatule en caoutchouc, enlever les bulles d'air. Essuyer le bord de chaque pot, au besoin. Centrer le couvercle sur le pot et visser l'anneau jusqu'au point de résistance (ne pas trop serrer). Traiter à la chaleur pendant 10 minutes (voir L'abc de la mise en conserve, p. 10).

5. Éteindre le feu. Retirer le couvercle de la marmite et y laisser reposer les pots 5 minutes. Soulever le support et l'accrocher sur le bord de la marmite. À l'aide d'une pince à bocaux, déposer les pots sur une grille et les laisser refroidir pendant 24 heures, sans les toucher.

PAR PORTION DE 1 C. À TAB (15 ML): cal.: 53; prot.: traces; m.g.: aucune (aucun sat.); chol.: aucun; gluc.: 14 g; fibres: aucune; sodium: aucun.

astuce

Le gingembre doit être le plus frais possible pour que la gelée soit vraiment savoureuse. Sa peau doit être brillante et ferme, et sa chair, parfumée et juteuse.

Gelée de vin rouge au miel

Donne environ 6 t (1,5 L) • Préparation: 15 min
Cuisson: 15 min • Traitement: 5 min

1	sachet de cristaux de pectine (57 g)	1
2 t	vin rouge italien (de type chianti ou sangiovese)	500 ml
3 1/2 t	miel liquide	875 ml
1/4 c. à thé	beurre	1 ml

1. Dans une grande casserole à fond épais, mélanger la pectine et le vin. Laisser reposer à la température ambiante de 1 à 2 minutes en brassant jusqu'à ce que la pectine soit dissoute. Porter à pleine ébullition en brassant sans arrêt. Incorporer le miel et porter de nouveau à ébullition. Ajouter le beurre et laisser bouillir, en brassant sans arrêt, pendant 2 minutes. Retirer la casserole du feu et écumer la gelée.

2. À l'aide d'une louche et d'un entonnoir, répartir la gelée chaude dans six pots en verre chauds d'une capacité de 1 t (250 ml) chacun jusqu'à 1/4 po (5 mm) du bord. À l'aide d'une spatule en caoutchouc, enlever les bulles d'air. Essuyer le bord de chaque pot, au besoin. Centrer le couvercle sur le pot et visser l'anneau jusqu'au point de résistance (ne pas trop serrer). Traiter à la chaleur pendant 5 minutes (voir L'abc de la mise en conserve, p. 10).

3. Éteindre le feu. Retirer le couvercle de la marmite et y laisser reposer les pots 5 minutes. Soulever le support et l'accrocher sur le bord de la marmite. À l'aide d'une pince à bocaux, déposer les pots sur une grille et les laisser refroidir pendant 24 heures, sans les toucher.

PAR PORTION DE 1 C. À TAB (15 ML): cal.: 45; prot.: aucune; m.g.: aucune (aucun sat.); chol.: aucun; gluc.: 11 g; fibres: aucune; sodium: 1 mg.

Gelée de porto

Une gelée divine qui accompagne à merveille volaille, jambon, rôtis et fromages.
On peut en préparer deux versions: une blanche (porto blanc et vinaigre balsamique
blanc) et une rouge (porto rouge et vinaigre balsamique ordinaire).

Donne environ 5 t (1,25 L) • Préparation: 45 min
Cuisson: 15 min • Traitement: 10 min

1/3 t	vinaigre balsamique ordinaire ou blanc	80 ml
1/4 t	lanières de zeste d'orange	60 ml
3 t	sucre	750 ml
2 t	porto rouge ou blanc	500 ml
1	sachet de pectine liquide (85 g)	1

1. Dans une petite casserole, mélanger le vinaigre balsamique et le zeste d'orange et porter à ébullition. Laisser mijoter jusqu'à ce que la préparation ait réduit à environ 1/4 t (60 ml). Couvrir et laisser refroidir complètement.

2. À l'aide d'une passoire fine placée sur une grande casserole, filtrer la préparation de vinaigre refroidie. Ajouter le sucre et le porto et porter à ébullition à feu vif en brassant sans arrêt. Laisser bouillir pendant 1 minute. Retirer la casserole du feu. Ajouter la pectine et mélanger.

3. À l'aide d'une louche et d'un entonnoir, répartir la gelée chaude dans cinq pots en verre chauds d'une capacité de 1 t (250 ml) chacun jusqu'à 1/4 po (5 mm) du bord. À l'aide d'une spatule en caoutchouc, enlever les bulles d'air. Essuyer le bord de chaque pot, au besoin. Centrer le couvercle sur le pot et visser l'anneau jusqu'au point de résistance (ne pas trop serrer). Traiter à la chaleur pendant 10 minutes (voir L'abc de la mise en conserve, p. 10).

4. Éteindre le feu. Retirer le couvercle de la marmite et y laisser reposer les pots 5 minutes. Soulever le support et l'accrocher sur le bord de la marmite. À l'aide d'une pince à bocaux, déposer les pots sur une grille et laisser refroidir pendant 24 heures, sans les toucher. (La gelée se conservera jusqu'à 6 mois dans un endroit frais et sec, et jusqu'à 3 semaines au réfrigérateur une fois le pot ouvert.)

PAR PORTION DE 1 C. À TAB (15 ML): cal.: 33; prot.: aucune; m.g.: aucune (aucun sat.); chol.: aucun; gluc.: 8 g; fibres: aucune; sodium: 1 mg.

Gelée de poivrons piquante

À servir sur des craquelins et du fromage.

Donne environ 3 t (750 ml)
Préparation: 20 min • Cuisson: 10 min
Traitement: 10 min

3 t	sucre	750 ml
1/3 t	poivron rouge coupé en petits dés	80 ml
1/3 t	poivron orange coupé en petits dés	80 ml
1/3 t	poivron jaune coupé en petits dés	80 ml
3/4 t	vinaigre de vin blanc	180 ml
1 c. à thé	piment chili rouge frais, haché finement	5 ml
1/4 t	tequila	60 ml
1	sachet de pectine liquide (85 ml)	1

1. Dans une grande casserole, mélanger le sucre, les poivrons, le vinaigre et le piment. Porter à pleine ébullition à feu moyen-vif en brassant. Laisser bouillir pendant 5 minutes. Incorporer la tequila et la pectine. Retirer la casserole du feu et écumer la gelée.

2. À l'aide d'une louche et d'un entonnoir, répartir la gelée chaude dans six pots en verre chauds d'une capacité de 1/2 t (125 ml) chacun jusqu'à 1/4 po (5 mm) du bord. À l'aide d'une spatule en caoutchouc, enlever les bulles d'air. Essuyer le bord de chaque pot, au besoin. Centrer le couvercle sur le pot et visser l'anneau jusqu'au point de résistance (ne pas trop serrer). Traiter à la chaleur pendant 10 minutes (voir L'abc de la mise en conserve, p. 10).

3. Éteindre le feu. Retirer le couvercle de la marmite et attendre que l'eau cesse de bouillir. Soulever le support et l'accrocher sur le bord de la marmite. À l'aide d'une pince à bocaux, déposer les pots sur une grille et les laisser refroidir pendant 30 minutes. En se protégeant les mains avec des mitaines isolantes, retourner les pots à l'envers ou les incliner et les faire tourner (sans faire bouger l'anneau ou le couvercle) pour répartir également les morceaux de poivrons dans la gelée. Retourner les pots à l'endroit et les laisser refroidir pendant 24 heures (retourner les pots de temps à autre jusqu'à ce que les morceaux de poivrons soient en suspension dans la gelée).

PAR PORTION DE 1 C. À TAB (15 ML): cal.: 38; prot.: aucune; m.g.: aucune (aucun sat.); chol.: aucun; gluc.: 10 g; fibres: aucune; sodium: aucun.

Variantes

Gelée de poivrons verte: Omettre les poivrons, le piment rouge et la tequila et les remplacer par 1 t (250 ml) de poivron vert haché finement, 1 c. à tab (15 ml) de piment jalapeño frais, haché finement et 1/4 c. à thé (1 ml) de sauce tabasco ordinaire ou aux piments jalapeños.

Gelée de poivrons rouge: Omettre les poivrons, le vinaigre de vin blanc et la tequila et les remplacer par 1 t (250 ml) de poivron rouge haché finement, 1/4 c. à thé (1 ml) de sauce tabasco et 3/4 t (180 ml) de vinaigre de cidre. Augmenter la quantité de piment rouge à 1 c. à tab (15 ml).

Gelée de menthe fraîche

Cette gelée maison est bien meilleure que les versions du commerce!
À essayer non seulement sur de l'agneau, mais aussi sur des canapés au fromage,
dans des vinaigrettes ou dans des salades de fruits.

Donne environ 5 t (1,25 L) • Préparation: 20 min
Cuisson: 20 min • Repos: 15 min • Égouttage: 2 h
Traitement: 10 min

2 t	feuilles de menthe fraîche, légèrement tassées	500 ml
3 1/2 t	eau	875 ml
1/2 t	vinaigre de vin blanc	125 ml
1	sachet de cristaux de pectine (57 g)	1
4 t	sucre	1 L

1. Dans une grande casserole, mélanger la menthe et l'eau. Porter à ébullition à feu vif en écrasant délicatement les feuilles de menthe avec une cuillère de bois. Retirer la casserole du feu, couvrir et laisser reposer pendant 15 minutes.

2. Verser la préparation de menthe dans un sac à gelée humide suspendu au-dessus d'un grand bol ou la verser dans une passoire tapissée d'une triple épaisseur d'étamine (coton à fromage) humide placée sur un grand bol (attacher l'étamine avec de la ficelle de cuisine de manière à former un sac et suspendre le sac à une poignée d'armoire en plaçant le bol dessous). Laisser égoutter, sans presser le sac, pendant environ 2 heures. Mesurer 3 t (750 ml) de l'infusion de menthe accumulée dans le bol (voir Astuce, p. 122).

3. Dans une grande casserole à fond épais, verser l'infusion de menthe. Incorporer le vinaigre et la pectine et porter à ébullition à feu vif en brassant souvent. Ajouter le sucre petit à petit et porter à pleine ébullition à feu vif en brassant souvent. Laisser bouillir à gros bouillons, en brassant sans arrêt, pendant 1 minute. Retirer la casserole du feu. Remuer pendant 5 minutes en écumant la gelée.

4. À l'aide d'une louche et d'un entonnoir, répartir la gelée chaude dans cinq pots en verre chauds d'une capacité de 1 t (250 ml) chacun jusqu'à 1/4 po (5 mm) du bord. À l'aide d'une spatule en caoutchouc, enlever les bulles d'air. Essuyer le bord de chaque pot, au besoin. Centrer le couvercle sur le pot et visser l'anneau jusqu'au point de résistance (ne pas trop serrer). Traiter à la chaleur pendant 10 minutes (voir L'abc de la mise en conserve, p. 10).

5. Éteindre le feu. Retirer le couvercle de la marmite et y laisser reposer les pots 5 minutes. Soulever le support et l'accrocher sur le bord de la marmite. À l'aide d'une pince à bocaux, déposer les pots sur une grille et les laisser refroidir pendant 24 heures, sans les toucher.

PAR PORTION DE 1 C. À TAB (15 ML): cal.: 42; prot.: aucune; m.g.: aucune (aucun sat.); chol.: aucun; gluc.: 11 g; fibres: aucune; sodium: 1 mg.

astuce

Dans les marchés publics, on trouve différentes sortes de menthe (citronnée, poivrée, chocolatée, etc.) qui peuvent aromatiser cette gelée. On peut en choisir une seule ou les combiner; le mieux est de faire un test de goût en en faisant infuser une petite quantité.

Gelée de canneberges au vin rouge

Il est important d'utiliser ici un jus de canneberge pur à 100 %. On met la gelée dans de petits pots, qui font de jolis cadeaux.

Donne environ 3 1/2 t (875 ml)
Préparation: 15 min • Cuisson: 15 min
Traitement: 10 min

1 t	jus de canneberge	250 ml
1 t	vin rouge fruité (de type merlot)	250 ml
2 c. à tab	jus de citron fraîchement pressé	30 ml
1	sachet de cristaux de pectine (57 g)	1
3 1/2 t	sucre	875 ml

1. Dans une grande casserole, mélanger le jus de canneberge, le vin et le jus de citron. Incorporer la pectine et porter à ébullition à feu vif en brassant sans arrêt. Ajouter le sucre et porter à pleine ébullition en brassant souvent. Laisser bouillir à gros bouillons, en brassant sans arrêt, pendant 1 minute. Retirer la casserole du feu et écumer la gelée.

2. À l'aide d'une louche et d'un entonnoir, répartir la gelée chaude dans sept pots en verre chauds d'une capacité de 1/2 t (125 ml) chacun jusqu'à 1/4 po (5 mm) du bord. À l'aide d'une spatule en caoutchouc, enlever les bulles d'air. Essuyer le bord de chaque pot, au besoin. Centrer le couvercle sur le pot et visser l'anneau jusqu'au point de résistance (ne pas trop serrer).

Traiter à la chaleur pendant 10 minutes (voir L'abc de la mise en conserve, p. 10).

3. Éteindre le feu. Retirer le couvercle de la marmite et y laisser reposer les pots 5 minutes. Soulever le support et l'accrocher sur le bord de la marmite. À l'aide d'une pince à bocaux, déposer les pots sur une grille et les laisser refroidir pendant 24 heures, sans les toucher.

PAR PORTION DE 1 C. À TAB (15 ML): cal.: 57; prot.: aucune; m.g.: aucune (aucun sat.); chol.: aucun; gluc.: 14 g; fibres: aucune; sodium: 1 mg.

astuce

Cette gelée est vraiment polyvalente. On peut la servir avec du dindon, du poulet, du canard ou de l'oie rôtis, ou en ajouter une cuillerée à la sauce qui accompagne ces volailles. On peut également l'utiliser comme glace : il suffit de la réchauffer et de badigeonner un rôti de porc ou un jambon de quelques cuillerées, deux ou trois fois pendant les 30 dernières minutes de cuisson. Enfin, on peut aussi la servir avec du fromage à la crème et des craquelins, en guise d'amuse-gueule.

Gelée de canneberges au vin blanc

Cette délicieuse gelée accompagnera bien les volailles rôties, le porc et les fromages.

Donne environ 5 t (1,25 L) • Préparation: 30 min
Cuisson: 30 min • Égouttage: 4 h
Traitement: 10 min

8 t	canneberges fraîches (environ 2 lb/1 kg en tout)	2 L
5 t	eau	1,25 L
1 t	vin blanc demi-sec (de type riesling ou sauternes)	250 ml
6 t	sucre	1,5 L
2	sachets de pectine liquide (85 ml chacun)	2

1. Dans une grande casserole à fond épais, mélanger les canneberges et l'eau. Porter à ébullition à feu vif en brassant souvent. Réduire le feu, couvrir et laisser mijoter pendant 10 minutes ou jusqu'à ce que les canneberges soient très molles et bien écrasées et qu'il reste encore un peu de liquide (brasser souvent en écrasant les canneberges à l'aide d'un presse-purée).

2. Verser la préparation de canneberges dans un sac à gelée humide suspendu au-dessus d'un grand bol ou la verser dans une passoire tapissée d'une triple épaisseur d'étamine (coton à fromage) humide placée sur un grand bol (attacher l'étamine avec de la ficelle de cuisine de manière à former un sac et suspendre le sac à une poignée d'armoire en plaçant le bol dessous). Laisser égoutter, sans presser le sac, pendant environ 4 heures. Mesurer 3 t (750 ml) du jus de canneberge accumulé dans le bol (voir Astuce, p. 122). Si la quantité est insuffisante, verser doucement de l'eau bouillante sur la préparation de canneberges dans le sac à gelée pour obtenir la quantité de jus requise.

3. Dans la casserole propre, verser le jus de canneberge et le vin. Ajouter le sucre et porter à pleine ébullition à feu vif en brassant souvent. Laisser bouillir à gros bouillons, en brassant sans arrêt, pendant 1 minute. Retirer la casserole du feu. Incorporer la pectine et laisser reposer pendant 5 minutes. Écumer la gelée.

4. À l'aide d'une louche et d'un entonnoir, répartir la gelée chaude dans cinq pots en verre chauds d'une capacité de 1 t (250 ml) chacun jusqu'à 1/4 po (5 mm) du bord. À l'aide d'une spatule en caoutchouc, enlever les bulles d'air. Essuyer le bord de chaque pot, au besoin. Centrer le couvercle sur le pot et visser l'anneau jusqu'au point de résistance (ne pas trop serrer). Traiter à la chaleur pendant 10 minutes (voir L'abc de la mise en conserve, p. 10).

5. Éteindre le feu. Retirer le couvercle de la marmite et y laisser reposer les pots 5 minutes. Soulever le support et l'accrocher sur le bord de la marmite. À l'aide d'une pince à bocaux, déposer les pots sur une grille et les laisser refroidir pendant 24 heures, sans les toucher.

PAR PORTION DE 1 C. À TAB (15 ML): cal.: 61; prot.: aucune; m.g.: aucune (aucun sat.); chol.: aucun; gluc.: 15 g; fibres: aucune; sodium: 1 mg.

astuce

Les canneberges fraîches produisent beaucoup d'écume; c'est pourquoi il est important de laisser reposer la gelée pendant les 5 minutes requises avant de commencer à l'écumer, afin que toute l'écume ait le temps de remonter à la surface. On pourra ainsi en enlever le plus possible. Trop d'écume dans la gelée pourrait la brouiller et la faire gonfler, et les pots pourraient couler dans la marmite à l'eau bouillante. On peut utiliser l'écume comme glace à badigeonner sur le poulet rôti, l'ajouter à une sauce d'accompagnement, ou encore l'incorporer à du fromage à la crème ramolli pour en faire une tartinade.

Gelée de vin blanc au romarin et au poivre

Cette gelée aux accents poivrés accompagnera parfaitement le gigot d'agneau et le poulet rôti, ainsi que les fromages comme le manchego et le gruyère.

Donne environ 3 t (750 ml) • Préparation: 15 min
Cuisson: 15 min • Traitement: 10 min

3 t	sucre	750 ml
1 t	vin blanc	250 ml
3/4 t	vinaigre de cidre	180 ml
2	brins de romarin frais (environ 6 po/15 cm de longueur)	2
1	sachet de pectine liquide (85 ml)	1
11/2 c. à thé	grains de poivre rose ou vert (ou un mélange des deux), broyés	7 ml

1. Dans une grande casserole, mélanger le sucre, le vin, le vinaigre et le romarin et porter à ébullition à feu moyen. Laisser bouillir pendant 5 minutes. Retirer les brins de romarin (les jeter). Incorporer la pectine, puis le poivre. Retirer la casserole du feu et écumer la gelée.

2. À l'aide d'une louche et d'un entonnoir, répartir la gelée chaude dans six pots en verre chauds d'une capacité de 1/2 t (125 ml) chacun jusqu'à 1/4 po (5 mm) du bord. À l'aide d'une spatule en caoutchouc, enlever les bulles d'air. Essuyer le bord de chaque pot, au besoin.

Centrer le couvercle sur le pot et visser l'anneau jusqu'au point de résistance (ne pas trop serrer). Traiter à la chaleur pendant 10 minutes (voir L'abc de la mise en conserve, p. 10).

3. Éteindre le feu. Retirer le couvercle de la marmite et y laisser reposer les pots 5 minutes. Soulever le support et l'accrocher sur le bord de la marmite. À l'aide d'une pince à bocaux, déposer les pots sur une grille et les laisser refroidir pendant 24 heures, sans les toucher.

PAR PORTION DE 1 C. À TAB (15 ML): cal.: 49; prot.: aucune; m.g.: aucune (aucun sat.); chol.: aucun; gluc.: 13 g; fibres: aucune; sodium: aucun.

astuce

Pour bien répartir les grains de poivre dans la gelée, incliner et faire tourner les pots de temps à autre pendant qu'ils refroidissent (ne pas les retourner à l'envers pendant le refroidissement).

Gelée de vin rouge

Une incontournable pour le plateau de fromages.

Donne environ 4 t (1 L) • Préparation: 15 min
Repos: 20 min • Cuisson: 15 min
Traitement: 10 min

1 3/4 t	vin rouge (de type cabernet franc ou merlot)	430 ml
1/4 t	vinaigre de vin rouge	60 ml
2	gros brins de thym frais	2
3 1/2 t	sucre	875 ml
1	sachet de pectine liquide (85 ml)	1

1. Dans une grande casserole, mélanger le vin rouge, le vinaigre et le thym et porter à ébullition à feu vif. Retirer la casserole du feu, couvrir et laisser reposer pendant 20 minutes.

2. Dans une passoire fine tapissée d'étamine (coton à fromage) placée sur un bol, filtrer le mélange de vin (jeter le thym). Remettre le mélange de vin dans la casserole propre. Ajouter le sucre et porter à pleine ébullition à feu vif en brassant souvent. Laisser bouillir, en brassant sans arrêt, pendant 1 minute. Retirer la casserole du feu. Incorporer la pectine. Remuer pendant 1 minute en écumant la gelée.

3. À l'aide d'une louche et d'un entonnoir, répartir la gelée chaude dans huit pots en verre chauds d'une capacité de 1/2 t (125 ml) chacun jusqu'à 1/4 po (5 mm) du bord. À l'aide d'une spatule en caoutchouc, enlever les bulles d'air. Essuyer le bord de chaque pot, au besoin. Centrer le couvercle sur le pot et visser l'anneau jusqu'au point de résistance (ne pas trop serrer). Traiter à la chaleur pendant 10 minutes (voir L'abc de la mise en conserve, p. 10).

4. Éteindre le feu. Retirer le couvercle de la marmite et y laisser reposer les pots 5 minutes. Soulever le support et l'accrocher sur le bord de la marmite. À l'aide d'une pince à bocaux, déposer les pots sur une grille et les laisser refroidir pendant 24 heures, sans les toucher.

PAR PORTION DE 1 C. À TAB (15 ML): cal.: 47; prot.: aucune; m.g.: aucune (aucun sat.); chol.: aucun; gluc.: 11 g; fibres: aucune; sodium: aucun.

Variante

Gelée de vin blanc: Remplacer le vin rouge par un vin blanc (de type gewurztraminer ou riesling) et le vinaigre par du jus de citron fraîchement pressé. Remplacer le thym par 1 lanière chacun de zeste de lime et de pelure de pomme verte (de type Granny Smith) et 2 abricots séchés coupés en deux.

Gelée de rhubarbe à l'orange

À essayer sur des rôties, ou encore avec la volaille ou le porc. Utiliser de la rhubarbe d'une couleur bien vive.

Donne environ 6 t (1,5 L) • Préparation: 45 min
Cuisson: 35 min • Égouttage: 2 h
Traitement: 10 min

1	orange	1
10 t	rhubarbe fraîche, hachée	2,5 L
1 1/2 t	eau	375 ml
1	sachet de cristaux de pectine légère (49 g)	1
3 1/4 t	sucre	810 ml

1. Mettre l'orange dans un bol d'eau chaude légèrement savonneuse et la brosser vigoureusement. Bien la rincer. Couper l'orange en deux sur la largeur et la presser pour en extraire le jus. À l'aide d'une passoire fine, filtrer le jus dans une casserole à fond épais (jeter la pulpe et les pépins). Couper les demi-écorces en quartiers et les mettre dans la casserole. Ajouter la rhubarbe et l'eau et porter à ébullition en brassant de temps à autre. Réduire le feu, couvrir et laisser mijoter pendant environ 10 minutes ou jusqu'à ce que la rhubarbe soit tendre. À l'aide d'un presse-purée, écraser les morceaux de rhubarbe qui restent.

2. Verser la préparation de rhubarbe dans un sac à gelée humide suspendu au-dessus d'un grand bol ou la verser dans une passoire tapissée d'une triple épaisseur d'étamine (coton à fromage) humide placée sur un grand bol (attacher l'étamine avec de la ficelle de cuisine de manière à former un sac et suspendre le sac à une poignée d'armoire en plaçant le bol dessous). Laisser égoutter, sans presser le sac,

pendant environ 2 heures. Mesurer 4 t (1 L) du jus de rhubarbe accumulé dans le bol (voir Astuce, p. 122).

3. Dans un petit bol, mélanger la pectine et 1/4 t (60 ml) du sucre. Dans la casserole propre, verser le jus de rhubarbe et incorporer le mélange de pectine. Porter à pleine ébullition à feu vif. Ajouter le reste du sucre et porter de nouveau à pleine ébullition en brassant souvent. Laisser bouillir à gros bouillons, en brassant sans arrêt, pendant 1 minute. Retirer la casserole du feu et écumer la gelée.

4. À l'aide d'une louche et d'un entonnoir, répartir la gelée chaude dans six pots en verre chauds d'une capacité de 1 t (250 ml) chacun jusqu'à 1/4 po (5 mm) du bord. À l'aide d'une spatule en caoutchouc, enlever les bulles d'air. Essuyer le bord de chaque pot, au besoin. Centrer le couvercle sur le pot et visser l'anneau jusqu'au point de résistance (ne pas trop serrer). Traiter à la chaleur pendant 10 minutes (voir L'abc de la mise en conserve, p. 10).

5. Éteindre le feu. Retirer le couvercle de la marmite et y laisser reposer les pots 5 minutes. Soulever le support et l'accrocher sur le bord de la marmite. À l'aide d'une pince à bocaux, déposer les pots sur une grille et les laisser refroidir pendant 24 heures, sans les toucher.

PAR PORTION DE 1 C. À TAB (15 ML): cal.: 30; prot.: traces; m.g.: aucune (aucun sat.); chol.: aucun; gluc.: 8 g; fibres: aucune; sodium: 1 mg.

Gelée de fines herbes

Donne environ 5 t (1,25 L) • Préparation: 30 min
Cuisson: 25 min • Repos: 10 min
Traitement: 5 min

2 à 3 oz	fines herbes fraîches ou pétales de fleurs comestibles (pensées, violettes, rose ou géraniums) mélangés, ou un mélange des deux	60 à 90 g
3 t	jus de pomme (environ)	750 ml
1/4 t	jus de citron fraîchement pressé	60 ml
	quelques gouttes de colorant jaune (facultatif)	
1	sachet de cristaux de pectine (57 g)	1
4 t	sucre	1 L

1. Laver délicatement les fines herbes et les égoutter. Éponger doucement à l'aide d'essuie-tout. Hacher les fines herbes (avec les tiges). Mesurer 1 à 1 1/2 t (250 à 375 ml) de fines herbes bien tassées et les mettre dans une grande casserole à fond épais. Ajouter le jus de pomme et porter à ébullition en brassant de temps à autre. Laisser bouillir pendant 5 minutes. Retirer la casserole du feu. Couvrir et laisser reposer pendant 10 minutes.

2. Dans une passoire fine tapissée d'une double épaisseur d'étamine (coton à fromage) et placée sur un grand bol, filtrer le mélange de fines herbes en pressant avec une cuillère pour extraire tout le liquide (jeter les fines herbes).

Mesurer 3 t (750 ml) de l'infusion de fines herbes (voir Astuce, p. 122). Si la quantité est insuffisante, ajouter du jus de pomme.

3. Dans la casserole propre, verser l'infusion de fines herbes. Ajouter le jus de citron et le colorant, si désiré, et mélanger. Incorporer la pectine et porter à pleine ébullition en brassant sans arrêt. Ajouter le sucre et porter de nouveau à pleine ébullition en brassant sans arrêt. Laisser bouillir, en brassant sans arrêt, pendant 1 minute. Retirer la casserole du feu et écumer la gelée.

4. À l'aide d'une louche et d'un entonnoir, répartir la gelée chaude dans cinq pots en verre chauds d'une capacité de 1 t (250 ml) chacun jusqu'à 1/4 po (5 mm) du bord. À l'aide d'une spatule en caoutchouc, enlever les bulles d'air. Essuyer le bord de chaque pot, au besoin. Centrer le couvercle sur le pot et visser l'anneau jusqu'au point de résistance (ne pas trop serrer). Traiter à la chaleur pendant 5 minutes (voir L'abc de la mise en conserve, p. 10).

5. Éteindre le feu. Retirer le couvercle de la marmite et y laisser reposer les pots 5 minutes. Soulever le support et l'accrocher sur le bord de la marmite. À l'aide d'une pince à bocaux, déposer les pots sur une grille et les laisser refroidir pendant 24 heures, sans les toucher.

PAR PORTION DE 1 C. À TAB (15 ML): cal.: 44; prot.: aucune; m.g.: aucune (aucun sat.); chol.: aucun; gluc.: 11 g; fibres: aucune; sodium: 2 mg.

Gelée de canneberges aux piments jalapeños

Donne environ 5 t (1,25 L) • Préparation: 20 min
Cuisson: 25 min • Traitement: 5 min

1 1/2 t	jus de canneberge	375 ml
1 t	vinaigre	250 ml
2 à 4	piments jalapeños frais, coupés en deux et épépinés (ou non)	2 à 4
5 t	sucre	1,25 L
1	sachet de pectine liquide (85 ml)	1
5	piments chilis rouges frais (de type serrano ou thaï)	5

1. Dans une grande casserole à fond épais, mélanger le jus de canneberge, le vinaigre et les piments jalapeños et porter à ébullition. Réduire le feu, couvrir et laisser mijoter pendant 10 minutes. Dans une passoire fine tapissée d'une double épaisseur d'étamine (coton à fromage) et placée sur un grand bol, filtrer le mélange de jus de canneberge en pressant avec une cuillère pour extraire tout le liquide. Mesurer 2 t (500 ml) du liquide (voir Astuce, p. 122).

2. Dans la casserole propre, verser le mélange de jus filtré. Ajouter le sucre et porter à pleine ébullition en brassant sans arrêt jusqu'à ce que le sucre soit dissous. Incorporer la pectine et les piments rouges et porter de nouveau à pleine ébullition en brassant sans arrêt. Laisser bouillir à gros bouillons, en brassant sans arrêt, pendant 1 minute. Retirer la casserole du feu et écumer la gelée.

3. À l'aide d'une louche et d'un entonnoir, répartir la gelée chaude dans cinq pots en verre chauds d'une capacité de 1 t (250 ml) chacun jusqu'à 1/4 po (5 mm) du bord. Mettre un piment rouge dans chaque pot. À l'aide d'une spatule en caoutchouc, enlever les bulles d'air. Essuyer le bord de chaque pot, au besoin. Centrer le couvercle sur le pot et visser l'anneau jusqu'au point de résistance (ne pas trop serrer). Traiter à la chaleur pendant 5 minutes (voir L'abc de la mise en conserve, p. 10).

4. Éteindre le feu. Retirer le couvercle de la marmite et y laisser reposer les pots 5 minutes. Soulever le support et l'accrocher sur le bord de la marmite. À l'aide d'une pince à bocaux, déposer les pots sur une grille et les laisser refroidir pendant 24 heures, sans les toucher.

PAR PORTION DE 1 C. À TAB (15 ML): cal.: 57; prot.: aucune; m.g.: aucune (aucun sat.); chol.: aucun; gluc.: 15 g; fibres: aucune; sodium: aucun.

Gelée de citron au miel

Pour un goût de miel discret, utiliser du miel de trèfle. Pour une saveur plus prononcée, choisir du miel de sarrasin.

Donne environ 5 t (1,25 L) • Préparation: 30 min
Cuisson: 15 min • Traitement: 5 min

2 à 3	citrons	2 à 3
1 1/2 t	eau	375 ml
3 1/2 t	sucre	875 ml
3/4 t	miel liquide	180 ml
1	sachet de pectine liquide (85 ml)	1

1. Mettre un des citrons dans un grand bol d'eau chaude légèrement savonneuse et le brosser vigoureusement. Bien le rincer. À l'aide d'un économe, retirer tout le zeste du citron par larges bandes en travaillant de haut en bas (ne pas prendre la peau blanche). Couper les bandes de zeste en fines lanières. Réserver. Couper le reste des citrons en deux sur la largeur, puis les presser pour en extraire le jus (jeter les pépins). Mesurer 1/2 t (125 ml) de jus.

2. Dans une grande casserole à fond épais, mélanger le jus de citron, les lanières de zeste réservées et l'eau. Ajouter le sucre et chauffer à feu moyen en brassant jusqu'à ce que le sucre soit dissous. Incorporer le miel et porter à pleine ébullition en brassant sans arrêt. Incorporer la pectine et porter de nouveau à pleine ébullition en brassant sans arrêt. Laisser bouillir à gros bouillons, en brassant sans arrêt, pendant 1 minute. Retirer la casserole du feu et écumer la gelée. À l'aide d'une écumoire, retirer les lanières de zeste (les jeter).

3. À l'aide d'une louche et d'un entonnoir, répartir la gelée chaude dans cinq pots en verre chauds d'une capacité de 1 t (250 ml) chacun jusqu'à 1/4 po (5 mm) du bord. À l'aide d'une spatule en caoutchouc, enlever les bulles d'air. Essuyer le bord de chaque pot, au besoin. Centrer le couvercle sur le pot et visser l'anneau jusqu'au point de résistance (ne pas trop serrer). Traiter à la chaleur pendant 5 minutes (voir L'abc de la mise en conserve, p. 10).

4. Éteindre le feu. Retirer le couvercle de la marmite et y laisser reposer les pots 5 minutes. Soulever le support et l'accrocher sur le bord de la marmite. À l'aide d'une pince à bocaux, déposer les pots sur une grille et les laisser refroidir pendant 24 heures, sans les toucher.

PAR PORTION DE 1 C. À TAB (15 ML): cal.: 44; prot.: aucune; m.g.: aucune (aucun sat.); chol.: aucun; gluc.: 12 g; fibres: aucune; sodium: aucun.

Gelée de grenade au vin rouge

Cette gelée d'un rouge profond accompagnera bien les volailles et fera aussi bonne figure avec des fromages, notamment le cheddar fort et le fromage de chèvre.

Donne environ 5 t (1,25 L) • Préparation: 15 min
Cuisson: 15 min • Traitement: 10 min

3 t	jus de grenade	750 ml
1 t	vin rouge	250 ml
1	sachet de cristaux de pectine légère (49 g)	1
3 1/2 t	sucre	875 ml

1. Dans une grande casserole, mélanger le jus de grenade et le vin. Dans un petit bol, mélanger la pectine et 1/4 t (60 ml) du sucre. Incorporer le mélange de pectine au mélange de jus de grenade. Porter à pleine ébullition à feu moyen-vif en brassant sans arrêt. Ajouter le reste du sucre et porter de nouveau à pleine ébullition. Laisser bouillir à gros bouillons, en brassant sans arrêt, pendant 1 minute. Retirer la casserole du feu et écumer la gelée.

2. À l'aide d'une louche et d'un entonnoir, répartir la gelée chaude dans cinq pots en verre chauds d'une capacité de 1 t (250 ml) chacun jusqu'à 1/4 po (5 mm) du bord. À l'aide d'une spatule en caoutchouc, enlever les bulles d'air. Essuyer le bord de chaque pot, au besoin. Centrer le couvercle sur le pot et visser l'anneau jusqu'au point de résistance (ne pas trop serrer). Traiter à la chaleur pendant 10 minutes (voir L'abc de la mise en conserve, p. 10).

3. Éteindre le feu. Retirer le couvercle de la marmite et y laisser reposer les pots 5 minutes. Soulever le support et l'accrocher sur le bord de la marmite. À l'aide d'une pince à bocaux, déposer les pots sur une grille et les laisser refroidir pendant 24 heures, sans les toucher.

PAR PORTION DE 1 C. À TAB (15 ML): cal.: 42; prot.: aucune; m.g.: aucune (aucun sat.); chol.: aucun; gluc.: 11 g; fibres: aucune; sodium: 1 mg.

Gelée de citron et de lime au romarin

Parfaite sur une viande ou un poisson grillés.

Donne environ 4 t (1 L) • Préparation: 30 min
Cuisson: 20 min

4	limes	4
2	citrons	2
2 1/2 t	eau froide	625 ml
6	brins de romarin frais (environ 4 po/10 cm de longueur)	6
3 3/4 t	sucre	930 ml
1	sachet de pectine liquide (85 ml)	1

1. Mettre une lime et un citron dans un bol d'eau chaude légèrement savonneuse et les brosser vigoureusement. Bien les rincer et les couper en tranches fines. Couper le reste des agrumes en deux sur la largeur et les presser pour en extraire le jus. Mesurer 1/2 t (125 ml) de jus.

2. Dans une casserole, mélanger l'eau, les tranches et le jus d'agrumes et 2 des brins de romarin. Porter à ébullition. Réduire le feu et laisser mijoter pendant environ 10 minutes ou jusqu'à ce que la préparation ait réduit à 2 t (500 ml). Filtrer la préparation d'agrumes dans un sac à gelée humide suspendu au-dessus d'un grand bol ou dans une passoire fine tapissée d'une triple épaisseur d'étamine (coton à fromage) humide placée sur un grand bol. Remettre le liquide dans la casserole propre. Ajouter le sucre et porter à pleine ébullition à feu vif en brassant sans arrêt. Incorporer la pectine et porter de nouveau à pleine ébullition. Laisser bouillir à gros bouillons, en brassant sans arrêt, pendant 1 minute. Retirer la casserole du feu et écumer la gelée.

3. Répartir le reste des brins de romarin dans quatre pots en verre chauds stérilisés d'une capacité de 1 t (250 ml) chacun. À l'aide d'une louche et d'un entonnoir, verser la gelée chaude dans les pots jusqu'à 1/8 po (3 mm) du bord. Fermer les pots. (La gelée se conservera jusqu'à 2 mois au réfrigérateur.)

PAR PORTION DE 1 C. À TAB (15 ML): cal.: 46; prot.: aucune; m.g.: aucune (aucun sat.); chol.: aucun; gluc.: 12 g; fibres: aucune; sodium: 1 mg.

Gelée de lavande au miel

Une bouchée de Provence! Cette gelée herbacée aux notes de miel et de citron s'harmonisera à merveille au fromage de chèvre. À servir sur des craquelins ou des tranches de baguette.

Donne environ 5 t (1,25 L) • Préparation: 20 min
Cuisson: 15 min • Repos: 20 min • Égouttage: 2 h
Traitement: 10 min

3 1/2 t	eau	875 ml
1/2 t	lavande séchée	125 ml
1/4 t	jus de citron fraîchement pressé	60 ml
1	sachet de cristaux de pectine (57 g)	1
3 1/2 t	sucre	875 ml
1/2 t	miel liquide	125 ml

1. Dans une casserole, porter l'eau à ébullition à feu vif. Ajouter la lavande et porter de nouveau à ébullition. Retirer la casserole du feu, couvrir et laisser reposer pendant 20 minutes.

2. Verser la préparation de lavande dans un sac à gelée humide suspendu au-dessus d'un grand bol ou la verser dans une passoire tapissée d'une triple épaisseur d'étamine (coton à fromage) humide placée sur un grand bol (attacher l'étamine avec de la ficelle de cuisine de manière à former un sac et suspendre le sac à une poignée d'armoire en plaçant le bol dessous). Laisser égoutter, sans presser le sac, pendant environ 2 heures. Mesurer 3 t (750 ml) de l'infusion de lavande accumulée dans le bol (voir Astuce, p. 122).

3. Dans une grande casserole à fond épais, verser l'infusion de lavande. Incorporer le jus de citron et la pectine. Porter à ébullition à feu vif en brassant souvent. Ajouter petit à petit le sucre et le miel et porter à pleine ébullition à feu vif en brassant souvent. Laisser bouillir à gros bouillons, en brassant sans arrêt, pendant

1 minute. Retirer la casserole du feu. Remuer pendant 5 minutes en écumant la gelée.

4. À l'aide d'une louche et d'un entonnoir, répartir la gelée chaude dans cinq pots en verre chauds d'une capacité de 1 t (250 ml) chacun jusqu'à 1/4 po (5 mm) du bord. À l'aide d'une spatule en caoutchouc, enlever les bulles d'air. Essuyer le bord de chaque pot, au besoin. Centrer le couvercle sur le pot et visser l'anneau jusqu'au point de résistance (ne pas trop serrer). Traiter à la chaleur pendant 10 minutes (voir L'abc de la mise en conserve, p. 10).

5. Éteindre le feu. Retirer le couvercle de la marmite et y laisser reposer les pots 5 minutes. Soulever le support et l'accrocher sur le bord de la marmite. À l'aide d'une pince à bocaux, déposer les pots sur une grille et les laisser refroidir pendant 24 heures, sans les toucher.

PAR PORTION DE 1 C. À TAB (15 ML): cal.: 43; prot.: aucune; m.g.: aucune (aucun sat.); chol.: aucun; gluc.: 11 g; fibres: aucune; sodium: 1 mg.

astuces

• Pour une saveur plus douce, diminuer la quantité de lavande à 1/3 t (80 ml) ou à 1/4 t (60 ml).

• Il est important d'utiliser de la lavande à usage culinaire (qu'on trouve dans les épiceries fines). La lavande vendue dans les boutiques de cadeaux ou chez les fleuristes a souvent été traitée avec des agents de conservation non comestibles.

chapitre cinq

Marinades et relishs

Choisir et conserver les légumes de saison

Comme il faut des légumes bien mûrs pour préparer de bonnes marinades et conserves maison, on s'approvisionne idéalement dans les marchés publics et les kiosques des producteurs.

TOMATES

Rechercher des tomates fermes, non meurtries et bien colorées. Éviter celles qui présentent des parties molles. Les conserver côte à côte à la température ambiante : pour éviter toute détérioration, elles ne doivent pas se toucher. Elles se conserveront ainsi plus d'une semaine.

CONCOMBRES

Choisir des concombres vert foncé à la chair ferme et croustillante. Éviter les très gros concombres et ceux qui présentent des parties molles ou décolorées. Envelopper chaque concombre individuellement dans un essuie-tout et les mettre dans un sac de plastique (ne pas le fermer hermétiquement). Ils se conserveront jusqu'à 5 jours au réfrigérateur.

BETTERAVES

Choisir des betteraves fermes et bien rouges, à la peau lisse. Si les feuilles sont présentes, elles doivent être brillantes et croquantes. Les couper en laissant 1 1/2 po (4 cm) des tiges. Ranger les betteraves et les feuilles séparément au réfrigérateur dans des sacs perforés. Les betteraves se conserveront 2 semaines; les feuilles, 2 ou 3 jours.

AUBERGINES

Choisir des aubergines fermes et d'une couleur riche et brillante, exemptes de parties meurtries ou ramollies. Envelopper les aubergines dans des essuie-tout et les mettre dans un sac de plastique. Elles se conserveront jusqu'à 4 jours au réfrigérateur.

POIVRONS ET PIMENTS

Rechercher des poivrons et des piments de couleur éclatante, à la peau brillante, exempts de parties noircies ou ramollies. Mettre les piments et les poivrons entiers dans un sac de plastique, sans les laver. Ils se conserveront jusqu'à 5 jours au réfrigérateur. Les poivrons verts se conservent plus longtemps.

MAÏS

Rechercher des épis aux feuilles vert vif et aux soies humides. Les grains doivent sembler charnus et à pleine maturité à travers les feuilles. Le maïs doit être consommé le plus tôt possible après sa cueillette. Au besoin, envelopper les épis non épluchés dans des essuie-tout et les mettre dans un sac de plastique. Ils se conserveront jusqu'à 2 jours au réfrigérateur.

CAROTTES

Rechercher des carottes croustillantes, d'un orange vif. Si les fanes sont présentes, elles doivent être vertes et sembler fraîches. Les enlever en les tordant pour que les carottes ne s'assèchent pas. Envelopper les carottes dans des essuie-tout, sans serrer, et les mettre dans un sac de plastique ou un contenant hermétique. Elles se conserveront 1 semaine ou plus au réfrigérateur.

HARICOTS

Choisir des haricots fermes et fins, vert foncé ou jaune vif, selon la variété. Éviter les haricots flétris, tachetés ou renfermant de grosses fèves. Mettre les haricots dans un sac de plastique et le placer dans le tiroir à légumes. Ils se conserveront de 3 à 4 jours au réfrigérateur.

COURGETTES

Rechercher des courgettes vert foncé ou jaune vif, à la peau brillante, exemptes de parties meurtries ou ramollies. Envelopper les courgettes dans des essuie-tout et les mettre dans un sac de plastique. Elles se conserveront jusqu'à 3 jours au réfrigérateur.

Cornichons marinés à l'ail

Donne environ 16 t (4 L) • Préparation: 25 min
Cuisson: 10 min • Traitement: 10 min

4 lb	petits concombres à mariner de 3 à 4 po (8 à 10 cm) de longueur	2 kg
	ombelles d'aneth	
	gousses d'ail	
6 t	eau	1,5 L
2 t	vinaigre blanc	500 ml
1/4 t	sel pour marinades	60 ml

1. Bien brosser les concombres. Couper l'extrémité opposée à la queue.

2. Dans huit pots en verre chauds d'une capacité de 2 t (500 ml) chacun, mettre 1 ombelle d'aneth et 1 gousse d'ail. Répartir les concombres dans les pots jusqu'à 3/4 po (2 cm) du bord en les tassant bien. Si désiré, ajouter 1 ombelle d'aneth et d'autres gousses d'ail.

3. Dans une casserole, mélanger l'eau, le vinaigre et le sel. Porter à ébullition. À l'aide d'un entonnoir, couvrir les concombres du mélange de vinaigre chaud jusqu'à 1/2 po (1 cm) du bord. À l'aide d'une spatule en caoutchouc, enlever les bulles d'air. Essuyer le bord de chaque pot, au besoin. Centrer le couvercle sur le pot et visser l'anneau jusqu'au point de résistance (ne pas trop serrer). Traiter à la chaleur pendant 10 minutes (voir L'abc de la mise en conserve, p. 10).

4. Éteindre le feu. Retirer le couvercle de la marmite et y laisser reposer les pots 5 minutes. Soulever le support et l'accrocher sur le bord de la marmite. À l'aide d'une pince à bocaux, déposer les pots sur une grille et les laisser refroidir pendant 24 heures, sans les toucher. Laisser reposer les cornichons à la température ambiante de 4 à 6 semaines avant de les consommer.

PAR CORNICHON: cal.: 16; prot.: 1 g; m.g.: traces (aucun sat.); chol.: aucun; gluc.: 4 g; fibres: 1 g; sodium: 716 mg.

Cornichons au vinaigre à la française

Donne environ 8 t (2 L) • Préparation: 45 min
Repos: 4 à 6 h • Cuisson: 5 min
Traitement: 12 min

2 1/2 lb	concombres gherkin ou petits concombres à mariner	1,25 kg
1/3 t	sel pour marinades	80 ml
4 1/4 t	vinaigre de vin blanc	1,06 L
4	feuilles de vigne fraîches (facultatif)	4
12	brins d'estragon frais	12
4	petites feuilles de laurier	4
4	échalotes françaises coupées en rondelles	4
2	petites gousses d'ail coupées en quatre tranches chacune	2
24	grains de poivre noir	24
12	grains de piment de la Jamaïque	12
4	clous de girofle entiers	4

1. Dans un grand bol d'eau froide, bien brosser les concombres en retirant les aiguillons et les parties meurtries (changer l'eau deux fois). Couper l'extrémité opposée à la queue. Éponger les concombres avec des essuie-tout.

2. Dans un grand bol en verre ou en acier inoxydable, mélanger délicatement les concombres et le sel. Laisser reposer à la température ambiante de 4 à 6 heures en brassant souvent. Égoutter les concombres, les rincer sous l'eau froide et les remettre dans le bol. Couvrir d'eau froide et laisser tremper pendant 8 minutes. Égoutter et bien éponger avec des essuie-tout.

3. Dans une casserole, porter le vinaigre à ébullition. Dans quatre pots en verre chauds d'une capacité de 2 t (500 ml) chacun, mettre 1 feuille de vigne, si désiré, 3 brins d'estragon, 1 feuille de laurier, le huitième des échalotes, 1 tranche d'ail, 6 grains de poivre noir, 3 grains de piment de la Jamaïque et 1 clou de girofle. Répartir les concombres dans les pots jusqu'à 3/4 po (2 cm) du bord en les tassant bien. Terminer par le reste des échalotes et de l'ail. À l'aide d'un entonnoir, couvrir les concombres du vinaigre chaud jusqu'à 1/2 po (1 cm) du bord. À l'aide d'une spatule en caoutchouc, enlever les bulles d'air. Essuyer le bord de chaque pot, au besoin. Centrer le couvercle sur le pot et visser l'anneau jusqu'au point de résistance (ne pas trop serrer). Traiter à la chaleur pendant 12 minutes (voir L'abc de la mise en conserve, p. 10).

4. Éteindre le feu. Retirer le couvercle de la marmite et y laisser reposer les pots 5 minutes. Soulever le support et l'accrocher sur le bord de la marmite. À l'aide d'une pince à bocaux, déposer les pots sur une grille et les laisser refroidir pendant 24 heures, sans les toucher.

PAR CORNICHON: cal.: 8; prot.: traces; m.g.: traces (aucun sat.); chol.: aucun; gluc.: 1 g; fibres: traces; sodium: 289 mg.

astuce

Les feuilles de vigne, cultivées ou sauvages, sont traditionnellement ajoutées aux marinades, car elles conservent le croquant des cornichons. Toutefois, comme on retire ici l'apicule des concombres – l'extrémité du côté opposé à la queue, qui contient une enzyme qui amollit –, les feuilles de vigne ne sont pas absolument nécessaires.

astuce

En saison, on peut se procurer de l'aneth entier, avec ses ombelles de petites fleurs, dans certains marchés publics ou supermarchés. Si on n'en trouve pas, on remplace chaque ombelle par quatre brins d'aneth frais.

Cornichons marinés à l'aneth et à l'ail

Donne environ 18 t (4,5 L) • Préparation: 45 min
Repos: 4 h • Cuisson: 20 min
Traitement: 10 min

Cornichons

6 lb	petits concombres à mariner de 4 po (10 cm) de longueur	3 kg
12 t	glaçons	3 L
1/3 t	sel pour marinades	80 ml
3 t	eau froide	750 ml
3 c. à tab	graines de moutarde	45 ml
9	ombelles d'aneth frais	9
9	gousses d'ail	9

Mélange de vinaigre

4 t	vinaigre blanc	1 L
4 t	eau	1 L
1/2 t	sel pour marinades	125 ml
2 c. à tab	épices pour marinades	30 ml

Préparation des cornichons

1. Bien brosser les concombres. Retirer une tranche de 1/8 po (3 mm) à chaque extrémité. Dans un grand bol profond en verre ou en acier inoxydable, étendre les concombres en couches successives en alternant avec les glaçons.

2. Dans un autre bol, dissoudre le sel dans l'eau froide. Verser cette saumure sur les concombres. Ajouter suffisamment d'eau froide dans le bol pour couvrir les concombres, sans plus. Remplir d'eau des sacs de plastique refermables et les déposer sur les concombres pour qu'ils restent submergés. Laisser reposer au réfrigérateur pendant 4 heures. (Vous pouvez préparer les cornichons jusqu'à cette étape. Ils se conserveront jusqu'à 8 heures au réfrigérateur.)

3. Égoutter les concombres et couper les extrémités de façon à obtenir des concombres de 3 1/2 po (9 cm). Couper chacun en six bâtonnets sur la longueur.

Préparation du mélange de vinaigre

4. Dans une casserole, mélanger tous les ingrédients et porter à ébullition. Réduire le feu et laisser mijoter pendant 15 minutes. Dans une passoire fine placée sur un bol à l'épreuve de la chaleur, filtrer le mélange de vinaigre.

5. Dans neuf pots en verre chauds d'une capacité de 2 t (500 ml) chacun, mettre 1 c. à thé (5 ml) des graines de moutarde, 1 ombelle d'aneth et 1 gousse d'ail. Répartir les concombres dans les pots jusqu'à 3/4 po (2 cm) du bord en les tassant bien. À l'aide d'un entonnoir, les couvrir du mélange de vinaigre chaud jusqu'à 1/2 po (1 cm) du bord. À l'aide d'une spatule en caoutchouc, enlever les bulles d'air. Essuyer le bord de chaque pot, au besoin. Centrer le couvercle sur le pot et visser l'anneau jusqu'au point de résistance (ne pas trop serrer). Traiter à la chaleur pendant 10 minutes (voir L'abc de la mise en conserve, p. 10).

6. Éteindre le feu. Retirer le couvercle de la marmite et y laisser reposer les pots 5 minutes. Soulever le support et l'accrocher sur le bord de la marmite. À l'aide d'une pince à bocaux, déposer les pots sur une grille et les laisser refroidir pendant 24 heures, sans les toucher. Laisser reposer les cornichons à la température ambiante pendant 3 semaines avant de les consommer.

PAR CORNICHON: cal.: 3; prot.: aucune; m.g.: aucune (aucun sat.); chol.: aucun; gluc.: 1 g; fibres: traces; sodium: 318 mg.

Cornichons en tranches à l'ancienne

Donne environ 12 t (3 L) • Préparation: 40 min
Repos: 30 min à 1 h • Cuisson: 5 min
Traitement: 10 min

Cornichons

4 lb	petits concombres à mariner	2 kg
2 t	échalotes françaises coupées en tranches	500 ml
2	piments rouges frais, épépinés et coupés en rondelles	2
8 t	glaçons	2 L
1/3 t	sel pour marinades	80 ml
12 t	eau froide	3 L

Mélange de vinaigre

2 1/2 t	vinaigre de cidre	625 ml
2 t	eau	500 ml
1 t	sucre	250 ml
2 c. à tab	graines de moutarde	30 ml
1 c. à tab	sel pour marinades	15 ml
1 c. à tab	graines de céleri	15 ml
1 c. à thé	coriandre moulue	5 ml
1/2 c. à thé	curcuma	2 ml
1	pincée de clou de girofle moulu	1

Préparation des cornichons

1. Bien brosser les concombres. Retirer une tranche de 1/8 po (3 mm) à chaque extrémité. À l'aide d'un petit couteau ou d'un couteau à lame ondulée, couper les concombres sur la largeur en tranches de 1/4 po (5 mm) d'épaisseur. Dans un grand bol profond en verre ou en acier inoxydable, étendre en couches successives les concombres, les échalotes, les piments et les glaçons.

2. Dans un autre bol, dissoudre le sel dans l'eau froide. Verser cette saumure sur la préparation de concombres. Au besoin, ajouter suffisamment d'eau froide dans le bol pour couvrir les ingrédients, sans plus. Couvrir la préparation d'une assiette et ajouter une boîte de conserve pour s'assurer que les ingrédients restent submergés. Laisser reposer à la température ambiante de 30 minutes à 1 heure.

3. Égoutter la préparation de concombres et bien la rincer. Égoutter de nouveau en pressant délicatement. Dans six pots en verre chauds d'une capacité de 2 t (500 ml) chacun, répartir la préparation jusqu'à 1 po (2,5 cm) du bord en la tassant bien.

Préparation du mélange de vinaigre

4. Dans une casserole, mélanger le vinaigre de cidre, l'eau, le sucre, les graines de moutarde, le sel, les graines de céleri, la coriandre, le curcuma et le clou de girofle. Porter à ébullition en brassant jusqu'à ce que le sucre soit dissous. À l'aide d'un entonnoir, couvrir la préparation de concombres du mélange de vinaigre chaud jusqu'à 1/2 po (1 cm) du bord. À l'aide d'une spatule en caoutchouc, enlever les bulles d'air. Essuyer le bord de chaque pot, au besoin. Centrer le couvercle sur le pot et visser l'anneau jusqu'au point de résistance (ne pas trop serrer). Traiter à la chaleur pendant 10 minutes (voir L'abc de la mise en conserve, p. 10).

5. Éteindre le feu. Retirer le couvercle de la marmite et y laisser reposer les pots 5 minutes. Soulever le support et l'accrocher sur le bord de la marmite. À l'aide d'une pince à bocaux, déposer les pots sur une grille et les laisser refroidir pendant 24 heures, sans les toucher. Laisser reposer les cornichons à la température ambiante pendant 1 semaine avant de les consommer.

PAR PORTION DE 2 C. À TAB (30 ML): cal.: 12; prot.: traces; m.g.: traces (aucun sat.); chol.: aucun; gluc.: 3 g; fibres: traces; sodium: 232 mg.

Concombres sucrés à la moutarde

Donne environ 8 t (2 L) • Préparation: 30 min
Repos: 4 h • Cuisson: 10 min • Traitement: 10 min

4 lb	concombres des champs	2 kg
1	gros oignon rouge, haché	1
7 c. à thé	sel	35 ml
2 1/4 t	vinaigre de malt ou vinaigre de cidre	560 ml
3/4 t	sucre	180 ml
2/3 t	eau	160 ml
1/3 t	moutarde en poudre	80 ml
3 c. à tab	gingembre moulu	45 ml
2 c. à thé	curcuma	10 ml
1/2 c. à thé	piment de la Jamaïque moulu	2 ml
1/2 c. à thé	piment de Cayenne	2 ml
1/4 c. à thé	clou de girofle moulu	1 ml
1	poivron rouge haché	1

1. Peler les concombres, les couper en deux sur la longueur et les épépiner. Les couper en morceaux d'environ 1 po (2,5 cm) de longueur et les mettre dans un grand bol. Ajouter l'oignon, parsemer de 6 c. à thé (30 ml) du sel et mélanger délicatement. Mettre la préparation de concombres dans une passoire placée sur un bol. Couvrir la préparation d'une assiette et ajouter une boîte de conserve. Laisser reposer à la température ambiante pendant 4 heures. (Vous pouvez préparer les cornichons jusqu'à cette étape. Ils se conserveront jusqu'à 8 heures à la température ambiante.) Jeter le liquide.

2. Dans une casserole, mélanger le vinaigre, le sucre, l'eau, la moutarde, le gingembre, le curcuma, le reste du sel, le piment de la Jamaïque, le piment de Cayenne et le clou de girofle. Porter à ébullition. Ajouter la préparation de concombres et le poivron et porter de nouveau à ébullition. Retirer la casserole du feu.

3. À l'aide d'une louche et d'un entonnoir, répartir la préparation de concombres et le mélange de vinaigre chaud dans quatre pots en verre chauds d'une capacité de 2 t (500 ml) chacun jusqu'à 1/2 po (1 cm) du bord. À l'aide d'une spatule en caoutchouc, enlever les bulles d'air. Essuyer le bord de chaque pot, au besoin. Centrer le couvercle sur le pot et visser l'anneau jusqu'au point de résistance (ne pas trop serrer). Traiter à la chaleur pendant 10 minutes (voir L'abc de la mise en conserve, p. 10).

4. Éteindre le feu. Retirer le couvercle de la marmite et y laisser reposer les pots 5 minutes. Soulever le support et l'accrocher sur le bord de la marmite. À l'aide d'une pince à bocaux, déposer les pots sur une grille et les laisser refroidir pendant 24 heures, sans les toucher. Laisser reposer les cornichons à la température ambiante pendant 3 jours avant de les consommer.

PAR PORTION DE 1/4 t (60 ML): cal.: 28; prot.: traces; m.g.: traces (aucun sat.); chol.: aucun; gluc.: 8 g; fibres: traces; sodium: 172 mg.

Courgettes marinées express

Donne environ 8 t (2 L) • Préparation: 15 min
Cuisson: 15 min

6	courgettes jaunes ou vertes	6
4	gousses d'ail	4
4 c. à thé	graines de moutarde	20 ml
2 c. à thé	flocons de piment fort	10 ml
3 t	vinaigre blanc	750 ml
1 t	eau	250 ml
1 t	sucre	250 ml
1/4 t	sel pour marinades	60 ml

1. Couper chaque courgette en six bâtonnets de 4 po x 1/2 po x 1/2 po (10 cm x 1 cm x 1 cm), en conservant un peu de pelure sur chacun.

2. Dans quatre pots en verre chauds d'une capacité de 2 t (500 ml) chacun, mettre 1 gousse d'ail, 1 c. à thé (5 ml) de graines de moutarde et 1/2 c. à thé (2 ml) de flocons de piment fort. Répartir les bâtonnets de courgettes dans les pots en les tassant bien.

3. Dans une petite casserole, mélanger le vinaigre, l'eau, le sucre et le sel et porter à ébullition. Laisser bouillir pendant 10 minutes. À l'aide d'un entonnoir, couvrir les courgettes du mélange de vinaigre chaud. Fermer les pots et laisser refroidir à la température ambiante. Réfrigérer les courgettes pendant 1 semaine avant de les consommer. (Les courgettes marinées se conserveront jusqu'à 1 mois au réfrigérateur.)

PAR BÂTONNET: cal.: 17; prot.: traces; m.g.: aucune (aucun sat.); chol.: aucun; gluc.: 5 g; fibres: traces; sodium: 419 mg.

Courgettes marinées

Donne environ 4 t (1 L) • Préparation: 20 min
Repos: 1 h • Cuisson: 5 min

3 t	courgettes jaunes coupées en tranches de 1/2 po (1 cm) (environ 3 courgettes)	750 ml
1/2 t	oignon haché grossièrement	125 ml
1	gros poivron rouge, épépiné et coupé en lanières de 1/4 po (5 mm)	1
1 c. à tab	sel pour marinades	15 ml
1 t	sucre	250 ml
3/4 t	vinaigre blanc	180 ml
3/4 c. à thé	graines de moutarde	4 ml
3/4 c. à thé	graines de céleri	4 ml
1/4 c. à thé	moutarde en poudre	1 ml

1. Dans un grand bol en verre ou en acier inoxydable, mélanger délicatement les courgettes, l'oignon, le poivron et le sel. Couvrir et laisser reposer au réfrigérateur pendant 1 heure. Bien égoutter.

2. Dans une casserole à fond épais, mélanger le sucre, le vinaigre, les graines de moutarde et de céleri et la moutarde en poudre. Porter à ébullition en brassant jusqu'à ce que le sucre soit dissous. Ajouter le mélange de courgettes et porter de nouveau à ébullition. Retirer la casserole du feu.

3. À l'aide d'une louche, répartir le mélange de courgettes et le liquide chaud dans deux pots en verre chauds d'une capacité de 2 t (500 ml) chacun. Laisser refroidir à la température ambiante pendant 30 minutes. Fermer les pots. Réfrigérer les marinades pendant au moins 24 heures avant de les consommer. (Les courgettes marinées se conserveront jusqu'à 1 mois au réfrigérateur.)

PAR PORTION DE 1/4 T (60 ML): cal.: 57; prot.: aucune; m.g.: aucune (aucun sat.); chol.: aucun; gluc.: 15 g; fibres: aucune; sodium: 201 mg.

Courge musquée marinée aux épices et au miel

Donne environ 8 t (2 L) • Préparation: 20 min
Repos: 3 à 4 h • Cuisson: 15 min
Traitement: 10 min

3 lb	courge musquée pelée, épépinée et coupée en cubes de 3/4 po (2 cm)	1,5 kg
2 c. à tab	sel pour marinades	30 ml
8	brins d'origan frais	8
2 1/2 t	vinaigre de vin blanc	625 ml
1 t	miel liquide	250 ml
2 c. à thé	graines de fenouil	10 ml
1 c. à thé	flocons de piment fort	5 ml
8	grains de poivre noir	8
3	gousses d'ail hachées grossièrement	3
1	feuille de laurier	1

1. Dans un grand bol en verre ou en acier inoxydable, mélanger la courge et le sel. Laisser reposer à la température ambiante de 3 à 4 heures. Mettre la courge dans une passoire et la rincer sous l'eau froide. Bien égoutter.

2. Répartir la courge et les brins d'origan dans quatre pots en verre chauds d'une capacité de 2 t (500 ml) chacun jusqu'à 3/4 po (2 cm) du bord.

3. Dans une casserole à fond épais, mélanger le vinaigre, le miel, les graines de fenouil, les flocons de piment fort, les grains de poivre, l'ail et la feuille de laurier. Porter à ébullition à feu moyen-vif en brassant jusqu'à ce que le miel soit dissous. Réduire à feu doux, couvrir et laisser mijoter pendant 10 minutes. Retirer la casserole du feu. Retirer la feuille de laurier.

4. À l'aide d'un entonnoir, couvrir la courge du mélange de vinaigre chaud jusqu'à 1/2 po (1 cm) du bord en répartissant les aromates dans les pots. À l'aide d'une spatule en caoutchouc, enlever les bulles d'air. Essuyer le bord de chaque pot, au besoin. Centrer le couvercle sur le pot et visser l'anneau jusqu'au point de résistance (ne pas trop serrer). Traiter à la chaleur pendant 10 minutes (voir L'abc de la mise en conserve, p. 10).

5. Éteindre le feu. Retirer le couvercle de la marmite et y laisser reposer les pots 5 minutes. Soulever le support et l'accrocher sur le bord de la marmite. À l'aide d'une pince à bocaux, déposer les pots sur une grille et les laisser refroidir pendant 24 heures, sans les toucher. Laisser reposer la courge marinée à la température ambiante pendant 3 semaines avant de la consommer.

PAR PORTION DE 1/4 T (60 ML): cal.: 56; prot.: aucune; m.g.: aucune (aucun sat.); chol.: aucun; gluc.: 13 g; fibres: 1 g; sodium: 94 mg.

Asperges marinées

Donne environ 6 t (1,5 L) • Préparation: 30 min
Cuisson: 10 min • Traitement: 10 min

4 lb	asperges	2 kg
12	brins d'aneth frais	12
6	gousses d'ail	6
1 c. à tab	graines de moutarde	15 ml
2 t	vinaigre blanc	500 ml
2 t	eau	500 ml
2 c. à tab	sucre	30 ml
1 c. à tab	sel pour marinades	15 ml

1. Couper les asperges à la hauteur de pots à large ouverture d'une capacité de 2 t (500 ml), en prévoyant un espace de tête de 3/4 po (2 cm).

2. Dans trois pots en verre chauds d'une capacité de 2 t (500 ml) chacun, mettre 4 brins d'aneth, 2 gousses d'ail et 1 c. à thé (5 ml) de graines de moutarde. Répartir les asperges dans les pots, les pointes vers le bas, en les tassant bien.

3. Dans une casserole, mélanger le vinaigre, l'eau, le sucre et le sel. Porter à ébullition. Réduire le feu et laisser mijoter pendant 3 minutes. À l'aide d'un entonnoir, couvrir les asperges du mélange de vinaigre chaud jusqu'à 1/2 po (1 cm) du bord. À l'aide d'une spatule en caoutchouc, enlever les bulles d'air. Essuyer le bord de chaque pot, au besoin. Centrer le couvercle sur le pot et visser l'anneau jusqu'au point de résistance (ne pas trop serrer). Traiter à la chaleur pendant 10 minutes (voir L'abc de la mise en conserve, p. 10).

4. Éteindre le feu. Retirer le couvercle de la marmite et y laisser reposer les pots 5 minutes. Soulever le support et l'accrocher sur le bord de la marmite. À l'aide d'une pince à bocaux, déposer les pots sur une grille et les laisser refroidir pendant 24 heures, sans les toucher.

PAR ASPERGE: cal.: 3; prot.: traces; m.g.: aucune (aucun sat.); chol.: aucun; gluc.: 1 g; fibres: traces; sodium: 33 mg.

Ail mariné

L'ail mariné garde tout son croquant et n'est pas aussi puissant que l'ail cru.
On peut l'ajouter à nos salades et à nos sauces pour pâtes, ou l'intégrer
à nos assiettes d'antipasti.

Donne environ 6 t (1,5 L) • Préparation: 30 min
Cuisson: 10 min • Traitement: 10 min

12	bulbes d'ail	12
2 1/2 t	vinaigre blanc	625 ml
1 t	vin blanc sec	250 ml
1 c. à tab	sel pour marinades	15 ml
1 c. à tab	sucre	15 ml
1 c. à tab	origan, basilic ou thym séché	15 ml
5	piments chilis séchés	5

1. Défaire les bulbes d'ail en gousses. Dans une casserole d'eau bouillante, blanchir les gousses d'ail pendant 30 secondes. Les plonger aussitôt dans un bol d'eau froide, puis les égoutter et les peler.

2. Dans une casserole, mélanger le vinaigre, le vin, le sel, le sucre et l'origan. Porter à ébullition et laisser bouillir pendant 1 minute. Retirer la casserole du feu. Ajouter l'ail pelé et brasser sans arrêt pendant 1 minute.

3. À l'aide d'une écumoire, répartir les gousses d'ail et les piments dans six pots en verre chauds d'une capacité de 1 t (250 ml) chacun jusqu'à 3/4 po (2 cm) du bord. À l'aide d'un entonnoir, les couvrir du mélange de vinaigre chaud jusqu'à 1/2 po (1 cm) du bord. À l'aide d'une spatule en caoutchouc, enlever les bulles d'air. Essuyer le bord de chaque pot, au besoin. Centrer le couvercle sur le pot et visser l'anneau jusqu'au point de résistance (ne pas trop serrer). Traiter à la chaleur pendant 10 minutes (voir L'abc de la mise en conserve, p. 10).

4. Éteindre le feu. Retirer le couvercle de la marmite et y laisser reposer les pots 5 minutes. Soulever le support et l'accrocher sur le bord de la marmite. À l'aide d'une pince à bocaux, déposer les pots sur une grille et les laisser refroidir pendant 24 heures, sans les toucher.

PAR PORTION DE 1 C. À TAB (15 ML): cal.: 18; prot.: 1 g; m.g.: aucune (aucun sat.); chol.: aucun; gluc.: 4 g; fibres: aucune; sodium: 24 mg.

Haricots verts et piments marinés

À servir en accompagnement des grillades ou en garniture dans les Bloody Caesar. Elle apporte aussi un brin de nouveauté dans les assortiments de marinades.

Donne environ 6 t (1,5 L) • Préparation: 10 min
Cuisson: 10 min

1 lb	haricots verts parés	500 g
3	piments chilis rouges frais	3
10	gousses d'ail coupées en deux	10
2 t	vinaigre de cidre	500 ml
1 1/2 t	eau	375 ml
1/2 t	sucre	125 ml
2 c. à tab	sel	30 ml
2 c. à thé	graines de moutarde	10 ml
1 c. à thé	grains de poivre noir	5 ml

1. Dans une grande casserole d'eau bouillante salée, cuire les haricots verts pendant 3 minutes. Égoutter les haricots, les passer sous l'eau froide pour les refroidir et bien les égoutter. Mettre les haricots dans un grand pot chaud stérilisé.

2. Inciser les piments sur la longueur sans aller jusqu'au bout. Dans une casserole, mélanger les piments, l'ail, le vinaigre, l'eau, le sucre, le sel, les graines de moutarde et les grains de poivre.

Porter à ébullition. Verser le mélange de vinaigre sur les haricots. Laisser refroidir à la température ambiante. Fermer le pot et réfrigérer les haricots pendant 3 jours avant de les consommer. (Les haricots marinés se conserveront jusqu'à 1 semaine au réfrigérateur.)

PAR PORTION DE 1/4 T (60 ML): cal.: 12; prot.: traces; m.g.: aucune (aucun sat.); chol.: aucun; gluc.: 3 g; fibres: traces; sodium: 212 mg.

astuce

Il nous reste un peu de mélange de vinaigre? On l'ajoute à notre sauce à salade maison pour un petit extra de saveur.

Haricots verts marinés aux piments et à l'ail

Si on ne trouve pas de piments frais ou d'ombelles d'aneth fraîches, on utilise des piments séchés et on remplace chaque ombelle par quatre brins d'aneth frais.

Donne environ 8 t (2 L) • Préparation: 25 min
Cuisson: 10 min • Traitement: 10 min

1 lb	haricots verts	500 g
1 lb	haricots jaunes	500 g
4	petits piments chilis rouges frais	4
4	ombelles d'aneth frais	4
4	gousses d'ail	4
4 c. à thé	graines de moutarde	20 ml
2 1/2 t	eau	625 ml
2 1/2 t	vinaigre blanc	625 ml
2 c. à tab	sel pour marinades	30 ml

1. Couper l'extrémité des haricots verts et jaunes de façon à obtenir des haricots de 3 1/2 po (9 cm). Inciser les piments sur la longueur.

2. Dans quatre pots en verre chauds d'une capacité de 2 t (500 ml) chacun, mettre 1 piment, 1 ombelle d'aneth, 1 gousse d'ail et 1 c. à thé (5 ml) de graines de moutarde. Répartir les haricots dans les pots, le côté coupé vers le haut, en les tassant bien.

3. Dans une casserole, mélanger l'eau, le vinaigre et le sel et porter à ébullition. Réduire le feu et laisser mijoter pendant 3 minutes. À l'aide d'un entonnoir, couvrir les haricots du mélange de vinaigre chaud jusqu'à 1/2 po (1 cm) du bord. À l'aide d'une spatule en caoutchouc, enlever les bulles d'air. Essuyer le bord de chaque pot, au besoin. Centrer le couvercle sur le pot et visser l'anneau jusqu'au point de résistance (ne pas trop serrer). Traiter à la chaleur pendant 10 minutes (voir L'abc de la mise en conserve, p. 10).

4. Éteindre le feu. Retirer le couvercle de la marmite et y laisser reposer les pots 5 minutes. Soulever le support et l'accrocher sur le bord de la marmite. À l'aide d'une pince à bocaux, déposer les pots sur une grille et les laisser refroidir pendant 24 heures, sans les toucher.

PAR PORTION DE 1/4 T (60 ML): cal.: 10; prot.: traces; m.g.: aucune (aucun sat.); chol.: aucun; gluc.: 2 g; fibres: 1 g; sodium: 250 mg.

Haricots marinés au citron

Donne environ 8 t (2 L) • Préparation: 20 min
Cuisson: 10 min • Traitement: 10 min

2 3/4 t	eau	680 ml
2 t	vinaigre de vin blanc	500 ml
1/2 t	sucre	125 ml
1/3 t	jus de citron fraîchement pressé	80 ml
1 c. à tab	sel pour marinades	15 ml
2 1/4 lb	haricots verts ou jaunes parés	1,125 kg
8	feuilles de laurier	8
4 c. à thé	grains de poivre noir	20 ml
8	lanières de zeste de citron	8

1. Dans une grande casserole à fond épais, mélanger l'eau, le vinaigre, le sucre, le jus de citron et le sel. Porter à ébullition à feu moyen-vif en brassant sans arrêt jusqu'à ce que le sucre et le sel soient dissous. Ajouter les haricots, porter de nouveau à ébullition et laisser bouillir pendant 1 minute. Égoutter les haricots en réservant le mélange de vinaigre. Remettre le mélange de vinaigre réservé dans la casserole et porter au point d'ébullition. Couvrir.

2. Répartir les haricots dans quatre pots en verre chauds d'une capacité de 2 t (500 ml) chacun en les tassant bien. Mettre 2 feuilles de laurier, 1 c. à thé (5 ml) de grains de poivre et 2 lanières de zeste de citron dans chaque pot. À l'aide d'un entonnoir, couvrir les haricots du mélange de vinaigre chaud jusqu'à 1/2 po (1 cm) du bord. À l'aide d'une spatule en caoutchouc, enlever les bulles d'air. Essuyer le bord de chaque pot, au besoin. Centrer le couvercle sur le pot et visser l'anneau jusqu'au point de résistance (ne pas trop serrer). Traiter à la chaleur pendant 10 minutes (voir L'abc de la mise en conserve, p. 10).

3. Éteindre le feu. Retirer le couvercle de la marmite et y laisser reposer les pots 5 minutes. Soulever le support et l'accrocher sur le bord de la marmite. À l'aide d'une pince à bocaux, déposer les pots sur une grille et les laisser refroidir pendant 24 heures, sans les toucher.

PAR PORTION DE 1/4 T (60 ML): cal.: 27; prot.: 1 g; m.g.: aucune (aucun sat.); chol.: aucun; gluc.: 6 g; fibres: 1 g; sodium: 184 mg.

Légumes marinés à l'italienne

Ces marinades colorées sont encore plus jolies lorsque les légumes sont coupés uniformément. Ici, on recommande d'utiliser du vinaigre de vin blanc qui contient 6 % d'acide acétique (de type Maille, par exemple).

Donne environ 12 t (3 L) • Préparation: 45 min
Cuisson: 20 min • Traitement: 10 min

4	gousses d'ail écrasées	4
3	feuilles de laurier	3
1 c. à tab	graines de coriandre	15 ml
2 c. à thé	graines de fenouil	10 ml
1 c. à thé	grains de poivre noir	5 ml
2 1/2 t	vinaigre de vin blanc	625 ml
1 1/2 t	vin blanc	375 ml
1 1/2 t	eau	375 ml
1/4 t	sucre	60 ml
4 c. à thé	sel pour marinades	20 ml
3 t	aubergine pelée et coupée en dés	750 ml
3 t	bouquets de chou-fleur	750 ml
2 1/2 t	haricots verts coupés en morceaux de 1/4 po (5 mm)	625 ml
2 t	oignons hachés	500 ml
2 t	poivrons rouges hachés	500 ml
2 t	poivrons verts hachés	500 ml
1 1/2 t	carottes hachées	375 ml
1 1/2 t	céleri haché	375 ml
1 1/2 c. à thé	origan séché	7 ml
3/4 c. à thé	flocons de piment fort	4 ml

1. Mettre les gousses d'ail, les feuilles de laurier, les graines de coriandre et de fenouil et les grains de poivre sur un carré d'étamine (coton à fromage). Nouer les extrémités de façon à former une pochette.

2. Dans une très grande casserole à fond épais, mélanger le vinaigre, le vin, l'eau, le sucre et le sel, puis ajouter la pochette d'aromates. Porter à ébullition et laisser bouillir, en brassant de temps à autre, pendant environ 5 minutes ou jusqu'à ce que le sucre et le sel soient dissous. Ajouter l'aubergine, le chou-fleur, les haricots, les oignons, les poivrons rouges et verts, les carottes et le céleri. Porter de nouveau à ébullition et laisser bouillir, en brassant de temps à autre, pendant 5 minutes ou jusqu'à ce que les légumes aient ramolli. Retirer la casserole du feu. Retirer la pochette d'aromates.

3. Dans six pots en verre chauds d'une capacité de 2 t (500 ml) chacun, mettre 1/4 c. à thé (1 ml) d'origan et 1 pincée de flocons de piment fort. À l'aide d'une écumoire, répartir les légumes dans les pots jusqu'à 3/4 po (2 cm) du bord. Dans une passoire fine placée sur un bol à l'épreuve de la chaleur, filtrer le liquide. À l'aide d'un entonnoir, couvrir les légumes du liquide filtré jusqu'à 1/2 po (1 cm) du bord. À l'aide d'une spatule en caoutchouc, enlever les bulles d'air. Essuyer le bord de chaque pot, au besoin. Centrer le couvercle sur le pot et visser l'anneau jusqu'au point de résistance (ne pas trop serrer). Traiter à la chaleur pendant 10 minutes (voir L'abc de la mise en conserve, p. 10).

4. Éteindre le feu. Retirer le couvercle de la marmite et y laisser reposer les pots 5 minutes. Soulever le support et l'accrocher sur le bord de la marmite. À l'aide d'une pince à bocaux, déposer les pots sur une grille et les laisser refroidir pendant 24 heures, sans les toucher.

PAR PORTION DE 1 C. À TAB (15 ML): cal.: 5; prot.: traces; m.g.: aucune (aucun sat.); chol.: aucun; gluc.: 1 g; fibres: traces; sodium: 50 mg.

Oignons doux marinés

Donne environ 14 t (3,5 L) • Préparation: 45 min
Cuisson: 20 min • Traitement: 10 min

5 1/2 lb	oignons doux (de type Vidalia)	2,75 kg
4	poivrons rouges ou verts	4
4 1/2 t	vinaigre de cidre	1,125 L
2/3 t	miel liquide	160 ml
1 c. à thé	graines de moutarde	5 ml
1 c. à thé	grains de piment de la Jamaïque	5 ml
1/2 c. à thé	graines d'anis	2 ml
7	feuilles de laurier	7

1. Couper les oignons en tranches de 1/4 po (5 mm) d'épaisseur et les défaire en rondelles. Mesurer 22 t (5,5 L) de rondelles d'oignons. Épépiner les poivrons et les couper sur la largeur en tranches de 1/4 po (5 mm) d'épaisseur. Mesurer 6 t (1,5 L) de tranches de poivrons tassées légèrement. Réserver.

2. Dans une grande casserole à fond épais, mélanger le vinaigre, le miel, les graines de moutarde, les grains de piment de la Jamaïque et les graines d'anis. Porter à ébullition et laisser bouillir pendant 3 minutes. Ajouter les oignons et poursuivre la cuisson, en brassant délicatement, pendant environ 8 minutes ou jusqu'à ce qu'ils commencent à ramollir. Retirer la casserole du feu, ajouter les poivrons réservés et mélanger.

3. Répartir les feuilles de laurier dans sept pots en verre chauds d'une capacité de 2 t (500 ml) chacun. À l'aide d'une pince, répartir les oignons et les poivrons dans les pots jusqu'à 3/4 po (2 cm) du bord en les tassant bien. À l'aide d'un entonnoir, couvrir les oignons et les poivrons du mélange de vinaigre chaud jusqu'à

1/4 po (5 mm) du bord. À l'aide d'une spatule en caoutchouc, enlever les bulles d'air. Essuyer le bord de chaque pot, au besoin. Centrer le couvercle sur le pot et visser l'anneau jusqu'au point de résistance (ne pas trop serrer). Traiter à la chaleur pendant 10 minutes (voir L'abc de la mise en conserve, p. 10).

4. Éteindre le feu. Retirer le couvercle de la marmite et y laisser reposer les pots 5 minutes. Soulever le support et l'accrocher sur le bord de la marmite. À l'aide d'une pince à bocaux, déposer les pots sur une grille et les laisser refroidir pendant 24 heures, sans les toucher.

PAR PORTION DE 1/4 T (60 ML): cal.: 37; prot.: 1 g; m.g.: aucune (aucun sat.); chol.: aucun; gluc.: 10 g; fibres: 1 g; sodium: 2 mg.

Oignons perlés marinés à l'orientale

Donne environ 6 t (1,5 L) • Préparation: 25 min
Cuisson: 10 min

1 1/2 c. à thé	grains de poivre noir	7 ml
1 1/2 c. à thé	graines de coriandre	7 ml
1 1/2 t	vinaigre de riz	375 ml
1 t	sucre	250 ml
1 t	eau	250 ml
1/4 t	sauce de poisson	60 ml
2	paquets d'oignons perlés, pelés, parés et coupés en deux (10 oz/284 g chacun)	2
3	tranches de gingembre frais	3

1. Mettre les grains de poivre et les graines de coriandre sur un carré d'étamine (coton à fromage). Nouer les extrémités de façon à former une pochette.

2. Dans une casserole, mélanger le vinaigre, le sucre, l'eau et la sauce de poisson, puis ajouter la pochette d'épices. Porter à ébullition et laisser bouillir, en brassant de temps à autre, jusqu'à ce que le sucre soit dissous. Ajouter les oignons perlés et le gingembre. Porter de nouveau à ébullition et laisser bouillir pendant 1 minute. Retirer la casserole du feu. Retirer la pochette d'épices.

3. À l'aide d'une louche et d'un entonnoir, répartir les oignons perlés et le mélange de vinaigre chaud dans de grands pots chauds stérilisés. Laisser refroidir à la température ambiante. Fermer les pots et réfrigérer les oignons pendant 2 jours avant de les consommer. (Les oignons perlés se conserveront jusqu'à 2 semaines au réfrigérateur.)

PAR PORTION DE 1/4 T (60 ML): cal.: 21; prot.: traces; m.g.: aucune (aucun sat.); chol.: aucun; gluc.: 5 g; fibres: traces; sodium: 85 mg.

Chou-fleur mariné à l'aigre-douce

Donne environ 12 t (3 L) • Préparation: 35 min
Cuisson: 15 min • Traitement: 15 min

10 oz	oignons perlés rouges ou blancs	300 g
1	gros chou-fleur (2 1/2 à 3 lb/1,25 à 1,5 kg)	1
2	poivrons rouges épépinés et coupés en morceaux	2
4	piments bananes frais, épépinés et coupés en rondelles de 1 po (2,5 cm)	4
3	gousses d'ail coupées en deux	3
6	clous de girofle entiers	6
2 c. à tab	graines de coriandre	30 ml
4 t	vinaigre de cidre	1 L
2 t	eau	500 ml
1 1/3 t	sucre	330 ml
1/4 t	sel pour marinades	60 ml
1/4 t	graines de moutarde	60 ml

1. Parer et peler les oignons perlés (ne pas les blanchir). Défaire le chou-fleur en bouquets et en mesurer 12 t (3 L).

2. Dans trois pots en verre chauds d'une capacité de 4 t (1 L) chacun, répartir les oignons perlés, le chou-fleur, les poivrons et les piments bananes jusqu'à 3/4 po (2 cm) du bord en les tassant bien. Répartir l'ail et les clous de girofle dans les pots.

3. Dans une casserole, faire griller les graines de coriandre à feu moyen-doux jusqu'à ce qu'elles dégagent leur arôme et qu'elles soient légèrement dorées. Ajouter le vinaigre, l'eau, le sucre, le sel et les graines de moutarde et porter à ébullition. Réduire le feu et laisser mijoter pendant 3 minutes. À l'aide d'un entonnoir, couvrir les légumes du mélange de vinaigre chaud jusqu'à 1/2 po (1 cm) du bord. À l'aide d'une spatule en caoutchouc, enlever les bulles d'air. Essuyer le bord de chaque pot, au besoin. Centrer le couvercle sur le pot et visser l'anneau jusqu'au point de résistance (ne pas trop serrer). Traiter à la chaleur pendant 15 minutes (voir L'abc de la mise en conserve, p. 10).

4. Éteindre le feu. Retirer le couvercle de la marmite et y laisser reposer les pots 5 minutes. Soulever le support et l'accrocher sur le bord de la marmite. À l'aide d'une pince à bocaux, déposer les pots sur une grille et les laisser refroidir pendant 24 heures, sans les toucher. Laisser reposer les marinades à la température ambiante pendant 5 jours avant de les consommer.

PAR PORTION DE 1/4 T (60 ML): cal.: 22; prot.: 1 g; m.g.: traces (aucun sat.); chol.: aucun; gluc.: 5 g; fibres: 1 g; sodium: 301 mg.

Radis marinés à la coréenne

Donne environ 10 t (2,5 L) • Préparation: 45 min
Cuisson: aucune • Repos: 30 min

Sauce aux piments

1	petit oignon, haché grossièrement	1
3	piments chilis rouges frais, hachés grossièrement	3
2	piments thaïs frais (de type oiseau), hachés grossièrement	2
4	gousses d'ail hachées grossièrement	4
1 c. à tab	gingembre frais, haché grossièrement	15 ml

Radis saumurés

4 1/2 lb	radis coréens (ou daïkon) pelés et coupés en cubes de 1 po (2,5 cm)	2,25 kg
3 c. à tab	sel de mer fin (environ)	45 ml
4 c. à thé	sucre	20 ml
2 c. à tab	poudre de piment rouge grossière	30 ml
1 c. à tab	crevettes fermentées, hachées finement	15 ml
1 c. à tab	sauce de poisson	15 ml
3	oignons verts coupés en deux sur la longueur, puis en morceaux de 1 po (2,5 cm)	3

Préparation de la sauce

1. Au robot culinaire, réduire en purée lisse l'oignon, les piments, l'ail et le gingembre pendant environ 30 secondes. Verser la sauce dans un petit bol.

Préparation des radis

2. Mettre les radis dans un grand bol en verre ou en acier inoxydable, les parsemer de 3 c. à tab (45 ml) du sel et du sucre et mélanger pour bien les enrober. Laisser reposer pendant 30 minutes (brasser deux fois). Égoutter les radis en réservant 1/4 t (60 ml) du liquide et les remettre dans le bol. Ajouter la poudre de piment et mélanger.

3. Incorporer le liquide des radis réservé à la sauce aux piments. Ajouter les crevettes fermentées et la sauce de poisson et mélanger. Verser la préparation sur les radis et bien mélanger en les frottant avec les mains pour faire pénétrer la sauce (porter des gants de caoutchouc). Parsemer de 2 c. à thé (10 ml) de sel, si désiré. Ajouter les oignons verts et mélanger.

4. Verser la préparation de radis dans un grand contenant hermétique et la presser fermement jusqu'à 1 po (2,5 cm) du bord. Fermer le contenant. Laisser reposer les radis à la température ambiante pendant 24 heures avant de les consommer. (Les radis kimchi se conserveront jusqu'à 1 mois au réfrigérateur.)

PAR PORTION DE 1/4 T (60 ML): cal.: 14; prot.: 1 g; m.g.: traces (traces sat.); chol.: 1 mg; gluc.: 3 g; fibres: 1 g; sodium: 512 mg.

Crosses de fougères marinées

Donne environ 8 t (2 L) • Préparation: 35 min
Cuisson: 15 min • Traitement: 10 min

3 lb	crosses de fougères fraîches	1,5 kg
16	oignons perlés blancs	16
2 t	vinaigre blanc	500 ml
1 2/3 t	eau	410 ml
1/4 t	sucre	60 ml
1 c. à tab	sel pour marinades	15 ml
4 c. à thé	graines de moutarde	20 ml
2 c. à thé	graines de coriandre	10 ml
16	grains de piment de la Jamaïque	16
4	piments séchés	4
8	gousses d'ail coupées en deux	8

1. Laver les crosses de fougères sous l'eau froide en enlevant les écailles brunes. Retirer les extrémités brunies. Dans une grande casserole d'eau bouillante, cuire les crosses de fougères pendant 7 minutes. Les égoutter et les passer sous l'eau froide pour les refroidir. Bien égoutter.

2. Peler les oignons perlés en laissant la base intacte et enlever les parties brunes (ne pas blanchir les oignons). Les couper en deux sur la longueur.

3. Dans une casserole, mélanger le vinaigre, l'eau, le sucre et le sel et porter à ébullition. Dans quatre pots en verre chauds d'une capacité de 2 t (500 ml) chacun, mettre 1 c. à thé (5 ml) de graines de moutarde, 1/2 c. à thé (2 ml) de graines de coriandre, 4 grains de piment de la Jamaïque et 1 piment séché. Répartir les crosses de fougères, les oignons perlés et l'ail dans les pots jusqu'à 3/4 po (2 cm) du bord en les tassant bien. À l'aide d'un entonnoir, répartir le mélange de vinaigre chaud dans les pots jusqu'à 1/2 po (1 cm) du bord. À l'aide d'une spatule en caoutchouc, enlever les bulles d'air. Essuyer le bord de chaque pot, au besoin. Centrer le couvercle sur le pot et visser l'anneau jusqu'au point de résistance (ne pas trop serrer). Traiter à la chaleur pendant 10 minutes (voir L'abc de la mise en conserve, p. 10).

4. Éteindre le feu. Retirer le couvercle de la marmite et y laisser reposer les pots 5 minutes. Soulever le support et l'accrocher sur le bord de la marmite. À l'aide d'une pince à bocaux, déposer les pots sur une grille et les laisser refroidir pendant 24 heures, sans les toucher.

PAR PORTION DE 1 C. À TAB (15 ML): cal.: 7; prot.: 1 g; m.g.: traces (aucun sat.); chol.: aucun; gluc.: 1 g; fibres: traces; sodium: 33 mg.

Chow-chow

Donne environ 12 t (3 L) • Préparation: 45 min
Repos: 8 h • Cuisson: 10 min
Traitement: 10 min

3	gros oignons, coupés en morceaux	3
4	tomates vertes épépinées et coupées en morceaux	4
4	poivrons verts épépinés et coupés en morceaux	4
2	poivrons rouges épépinés et coupés en morceaux	2
2	carottes coupées en morceaux	2
2 t	haricots verts coupés en morceaux de 1/2 po (1 cm)	500 ml
2 t	chou-fleur défait en petits bouquets	500 ml
1 1/2 t	grains de maïs frais (environ 3 épis)	375 ml
1/4 t	sel pour marinades	60 ml
3 t	sucre	750 ml
2 t	vinaigre blanc	500 ml
1 t	eau	250 ml
1 c. à tab	graines de moutarde	15 ml
2 c. à thé	gingembre frais, râpé (facultatif)	10 ml
1 1/2 c. à thé	graines de céleri	7 ml
3/4 c. à thé	curcuma	4 ml

1. Au robot culinaire, hacher finement les oignons, les tomates, les poivrons et les carottes en plusieurs fois. Mettre les légumes hachés dans un très grand bol en verre ou en acier inoxydable. Ajouter les haricots verts, le chou-fleur et le maïs et parsemer du sel. Couvrir et laisser reposer à la température ambiante pendant 8 heures. (Vous pouvez préparer les légumes à l'avance. Ils se conserveront jusqu'au lendemain à la température ambiante.)

2. Mettre le mélange de légumes dans une grande passoire et le rincer sous l'eau froide. Bien égoutter. Dans une grande casserole à fond épais, mélanger le sucre, le vinaigre, l'eau, les graines de moutarde, le gingembre, si désiré, les graines de céleri et le curcuma. Ajouter le mélange de légumes égoutté et porter à ébullition. Réduire le feu et laisser mijoter pendant 5 minutes en brassant de temps à autre.

3. À l'aide d'une louche et d'un entonnoir, répartir le mélange de légumes et le liquide chaud dans six pots en verre chauds d'une capacité de 2 t (500 ml) chacun jusqu'à 1/2 po (1 cm) du bord. À l'aide d'une spatule en caoutchouc, enlever les bulles d'air. Essuyer le bord de chaque pot, au besoin. Centrer le couvercle sur le pot et visser l'anneau jusqu'au point de résistance (ne pas trop serrer). Traiter à la chaleur pendant 10 minutes (voir L'abc de la mise en conserve, p. 10).

4. Éteindre le feu. Retirer le couvercle de la marmite et y laisser reposer les pots 5 minutes. Soulever le support et l'accrocher sur le bord de la marmite. À l'aide d'une pince à bocaux, déposer les pots sur une grille et les laisser refroidir pendant 24 heures, sans les toucher.

PAR PORTION DE 2 C. À TAB (30 ML): cal.: 40; prot.: aucune; m.g.: aucune (aucun sat.); chol.: aucun; gluc.: 10 g; fibres: 1 g; sodium: 156 mg.

Navets et betteraves marinés

Spécialité moyen-orientale, ces marinades d'un rose éclatant apportent du croquant aux sandwichs et aux falafels, et font un accompagnement parfait pour les brochettes de viande grillée.

Donne environ 4 t (1 L) • Préparation: 30 min
Cuisson: 50 min

3	betteraves (environ 1 lb/500 g en tout)	3
3	navets pelés et coupés en morceaux de 1 po (2,5 cm) (environ 1 lb/500 g en tout)	3
1 1/4 t	vinaigre de cidre	310 ml
1 t	sucre	250 ml
3/4 t	eau	180 ml
1 c. à thé	graines de moutarde	5 ml
2	feuilles de laurier	2

1. Dans une grande casserole d'eau bouillante salée, cuire les betteraves à couvert pendant environ 40 minutes ou jusqu'à ce qu'elles soient tendres mais encore légèrement fermes. Les égoutter et les laisser refroidir légèrement. Enlever la peau des betteraves en la faisant glisser entre les doigts, puis les couper en morceaux de 1 po (2,5 cm). Répartir les betteraves et les navets dans deux pots en verre chauds stérilisés d'une capacité de 2 t (500 ml) chacun.

2. Dans une petite casserole, mélanger le vinaigre, le sucre, l'eau, les graines de moutarde et les feuilles de laurier. Porter à ébullition et laisser bouillir doucement pendant 5 minutes. Retirer la casserole du feu. Retirer les feuilles de laurier.

3. À l'aide d'un entonnoir, couvrir les légumes du mélange de vinaigre chaud. Fermer les pots et laisser refroidir à la température ambiante. Réfrigérer les marinades pendant 24 heures avant de les consommer. (Les navets et betteraves marinés se conserveront jusqu'à 1 mois au réfrigérateur.)

PAR PORTION DE 1/4 T (60 ML): cal.: 45; prot.: 1 g; m.g.: aucune (aucun sat.); chol.: aucun; gluc.: 11 g; fibres: 1 g; sodium: 64 mg.

Carottes piquantes marinées

Donne environ 8 t (2 L) • Préparation: 45 min
Repos: 30 min à 1 h • Cuisson: 10 min
Traitement: 10 min

3 lb	carottes	1,5 kg
4	piments chilis rouges frais	4
4 c. à tab	sel pour marinades	60 ml
2 c. à tab	graines de moutarde noire	30 ml
1 c. à tab	graines de coriandre	15 ml
1 c. à tab	graines de cumin	15 ml
8	fines tranches de gingembre frais	8
4	gousses d'ail pelées	4
1 1/2 t	vinaigre blanc	375 ml
1 1/2 t	eau	375 ml
1/2 t	sucre	125 ml
2 c. à tab	grains de poivre noir	30 ml
2 c. à tab	jus de citron fraîchement pressé	30 ml

1. Peler les carottes et retirer les extrémités. Les couper en bâtonnets de 3 1/2 po (9 cm) de longueur. Inciser les piments sur la longueur. Dans un grand bol en verre ou en acier inoxydable, mettre la moitié des carottes et des piments et parsemer de 1 c. à tab (15 ml) du sel. Ajouter le reste des carottes et des piments en couches successives. Verser suffisamment d'eau froide dans le bol pour couvrir le mélange de carottes, sans plus. Poser une assiette sur le mélange et ajouter une boîte de conserve pour s'assurer que les légumes restent submergés. Laisser reposer à la température ambiante de 30 minutes à 1 heure. Égoutter et bien rincer.

2. Dans un poêlon, faire griller les graines de moutarde, de coriandre et de cumin à feu moyen pendant environ 1 minute ou jusqu'à ce qu'elles dégagent leur arôme.

3. Dans quatre pots en verre chauds d'une capacité de 2 t (500 ml) chacun, répartir les piments, le gingembre, l'ail et les bâtonnets de carottes.

4. Dans une casserole, mélanger le vinaigre, l'eau, le sucre, les épices grillées, le reste du sel, les grains de poivre et le jus de citron. Porter à ébullition et laisser bouillir pendant 5 minutes. À l'aide d'une passoire fine et d'un entonnoir, filtrer le mélange de vinaigre chaud dans les pots jusqu'à 1/2 po (1 cm) du bord. À l'aide d'une spatule en caoutchouc, enlever les bulles d'air. Essuyer le bord de chaque pot, au besoin. Centrer le couvercle sur le pot et visser l'anneau jusqu'au point de résistance (ne pas trop serrer). Traiter à la chaleur pendant 10 minutes (voir L'abc de la mise en conserve, p. 10).

5. Éteindre le feu. Retirer le couvercle de la marmite et y laisser reposer les pots 5 minutes. Soulever le support et l'accrocher sur le bord de la marmite. À l'aide d'une pince à bocaux, déposer les pots sur une grille et les laisser refroidir pendant 24 heures, sans les toucher. Laisser reposer les marinades à la température ambiante pendant 2 semaines avant de les consommer.

PAR PORTION DE 1/4 T (60 ML): cal.: 15; prot.: traces; m.g.: aucune (aucun sat.); chol.: aucun; gluc.: 3 g; fibres: 1 g; sodium: 200 mg.

Carottes marinées à l'asiatique

Si les carottes sont très grosses, on les coupe en deux sur la longueur avant de les couper en tranches.

Donne environ 3 t (750 ml)
Préparation: 20 min • Cuisson: 15 min

1 lb	carottes coupées sur le biais en tranches de 3/4 po (2 cm) d'épaisseur	500 g
1 c. à thé	sel	5 ml
1/4 t	gingembre frais, pelé et coupé en fines lanières	60 ml
3	grains de piment de la Jamaïque	3
3/4 t	eau	180 ml
3/4 t	vinaigre de riz	180 ml
1/3 t	cassonade tassée	80 ml
4	clous de girofle entiers	4
4	grains de poivre noir	4

1. Dans une grande casserole contenant une petite quantité d'eau bouillante, mélanger les carottes et le sel. Couvrir et cuire pendant environ 3 minutes ou jusqu'à ce que les carottes soient tendres mais encore légèrement croquantes. Égoutter.

2. À l'aide d'une louche, répartir les carottes dans trois pots en verre chauds d'une capacité de 1 t (250 ml) chacun en les tassant bien. Répartir le gingembre dans les pots et ajouter 1 grain de piment de la Jamaïque.

3. Dans une petite casserole à fond épais, mélanger l'eau, le vinaigre, la cassonade, les clous de girofle et les grains de poivre. Porter à ébullition. Réduire le feu et laisser mijoter pendant 5 minutes.

4. À l'aide d'un entonnoir, couvrir les carottes du mélange de vinaigre chaud. Laisser refroidir à la température ambiante. Fermer les pots. Réfrigérer les marinades au moins 24 heures avant de les consommer. (Les carottes à l'asiatique se conserveront jusqu'à 3 mois au réfrigérateur.)

PAR PORTION DE 1/3 T (80 ML): cal.: 18; prot.: aucune; m.g.: aucune (aucun sat.); chol.: aucun; gluc.: 5 g; fibres: 1 g; sodium: 135 mg.

Carottes marinées épicées à l'indienne

Donne environ 8 t (2 L) • Préparation: 45 min
Repos: 1 h 30 min • Cuisson: 15 min
Traitement: 15 min

3 lb	carottes	1,5 kg
12	piments chilis verts frais (de type serrano ou jalapeño)	12
1/4 t	sel pour marinades	60 ml
3 c. à tab	graines de moutarde noire	45 ml
1 c. à tab	graines de coriandre	15 ml
2 c. à thé	graines de cumin	10 ml
4 c. à thé	piment de Cayenne	20 ml
1 c. à thé	curcuma	5 ml
1 c. à thé	graines de fenugrec (facultatif)	5 ml
4	gousses d'ail coupées en tranches	4
1	morceau de gingembre frais de 1 1/2 po (4 cm) de longueur, coupé en tranches fines	1
4	lanières de zeste de citron de 2 po (5 cm) chacune	4
1 1/3 t	vinaigre blanc	330 ml
1/2 t	cassonade tassée	125 ml
1 t	jus de citron fraîchement pressé	250 ml

1. Peler les carottes ou les brosser, et retirer les extrémités. Les couper en bâtonnets de 3 1/2 po (9 cm) de longueur et les mettre dans un bol en verre ou en acier inoxydable. Couper les piments en deux sur la longueur, les épépiner et les mettre dans le bol. Parsemer du sel et mélanger. Laisser reposer à la température ambiante pendant environ 1 heure 30 minutes ou jusqu'à ce que les carottes soient tendres (remuer de temps à autre). Rincer sous l'eau froide et bien égoutter.

2. Dans un poêlon, faire griller les graines de moutarde à feu moyen-doux jusqu'à ce qu'elles pâlissent. Dans un mortier, à l'aide d'un pilon, écraser grossièrement les graines. Dans le poêlon, faire griller séparément les graines de coriandre et de cumin jusqu'à ce qu'elles dégagent leur arôme.

3. Dans un petit bol, mélanger les graines de moutarde, de coriandre et de cumin, la poudre de piment, le curcuma et le fenugrec, si désiré.

4. Dans quatre pots en verre chauds d'une capacité de 2 t (500 ml) chacun, répartir le mélange d'épices, l'ail, le gingembre et le zeste de citron. Répartir les carottes et les demi-piments dans les pots en les tassant bien.

5. Dans une casserole, mélanger le vinaigre et la cassonade et porter à ébullition. Incorporer le jus de citron et porter de nouveau à ébullition. À l'aide d'un entonnoir, répartir le mélange de vinaigre chaud dans les pots jusqu'à 1/2 po (1 cm) du bord. À l'aide d'une spatule en caoutchouc, enlever les bulles d'air. Essuyer le bord de chaque pot, au besoin. Centrer le couvercle sur le pot et visser l'anneau jusqu'au point de résistance (ne pas trop serrer). Traiter à la chaleur pendant 15 minutes (voir L'abc de la mise en conserve, p. 10).

6. Éteindre le feu. Retirer le couvercle de la marmite et y laisser reposer les pots 5 minutes. Soulever le support et l'accrocher sur le bord de la marmite. À l'aide d'une pince à bocaux, déposer les pots sur une grille et les laisser refroidir pendant 24 heures, sans les toucher. Agiter les pots refroidis pour bien distribuer les épices. Laisser reposer les marinades à la température ambiante pendant 10 jours avant de les consommer.

PAR PORTION DE 1/4 T (60 ML): cal.: 15; prot.: traces; m.g.: aucune (aucun sat.); chol.: aucun; gluc.: 3 g; fibres: 1 g; sodium: 100 mg.

astuce

Si on manque de liquide pour atteindre l'espace de tête recommandé, on comble avec du jus de citron fraîchement pressé.

Chou mariné à la thaïlandaise

Dans cette recette, les pots ne sont pas traités à l'eau bouillante. Il est donc recommandé de les conserver au réfrigérateur. Cette marinade rehausse les viandes, la volaille et les poissons grillés.

Donne environ 4 t (1 L) • Préparation: 30 min
Repos: 1 h • Cuisson: 5 min

2	oignons verts coupés en morceaux de 1/2 po (1 cm)	2
1 lb	chou nappa coupé en morceaux de 1 po (2,5 cm)	500 g
1	piment chili rouge ou vert frais, épépiné et coupé en fines lanières	1
1 c. à tab	sel pour marinades	15 ml
1	tige de citronnelle fraîche	1
1 c. à tab	gingembre frais, râpé	15 ml
2	gousses d'ail hachées finement	2
1 t	vinaigre de riz non assaisonné	250 ml
1 t	eau	250 ml
1/3 t	sucre	80 ml
2 c. à tab	jus de lime fraîchement pressé	30 ml
1 c. à tab	sauce de poisson	15 ml
3/4 c. à thé	curcuma	4 ml
1/2 c. à thé	sauce tabasco	2 ml

1. Dans un grand bol en verre ou en acier inoxydable, mélanger les oignons verts, le chou, le piment et le sel. Couvrir la préparation d'une assiette et ajouter une boîte de conserve. Laisser reposer à la température ambiante pendant 1 heure. Bien rincer et égoutter en pressant pour extraire le liquide. Remettre la préparation dans le bol.

2. Couper le tiers inférieur de la tige de citronnelle (jeter le reste) et retirer la partie dure externe. Couper la tige parée en morceaux de 1 po (2,5 cm) et les mettre dans le bol avec les légumes. Ajouter le gingembre et l'ail.

3. Dans une casserole, mélanger le vinaigre, l'eau, le sucre, le jus de lime, la sauce de poisson, le curcuma et la sauce tabasco. Porter à ébullition en brassant jusqu'à ce que le sucre soit dissous. Verser le mélange de vinaigre sur la préparation de chou et bien mélanger. Laisser refroidir.

4. À l'aide d'une louche, répartir la préparation de chou dans des pots en verre stérilisés en la tassant bien. Fermer les pots et réfrigérer les marinades pendant 2 jours avant de les consommer. (Le chou mariné se conservera jusqu'à 3 semaines au réfrigérateur.)

PAR PORTION DE 2 C. À TAB (30 ML): cal.: 14; prot.: aucune; m.g.: aucune (aucun sat.); chol.: aucun; gluc.: 3 g; fibres: aucune; sodium: 262 mg.

Tomates miniatures marinées

Donne environ 7 t (1,75 L) • Préparation: 30 min
Cuisson: 15 min • Traitement: 15 min

5 t	tomates poires ou tomates cerises jaunes ou rouges	1,25 L
1 t	oignon doux (de type Vidalia) coupé en tranches fines	250 ml
1/2 c. à thé	flocons de piment fort	2 ml
6	gousses d'ail coupées en tranches fines	6
2 1/4 t	vinaigre balsamique blanc	560 ml
3/4 t	eau	180 ml
1/3 t	sucre	80 ml
3 c. à tab	sel pour marinades	45 ml
1 c. à tab	feuilles de romarin frais	15 ml
1/2 c. à thé	grains de poivre noir	2 ml
1/2 c. à thé	grains de poivre rose	2 ml
1/2 c. à thé	grains de poivre blanc	2 ml
1	feuille de laurier	1

1. Dans un grand bol, mélanger délicatement les tomates, l'oignon, les flocons de piment fort et l'ail. Réserver.

2. Dans une grande casserole à fond épais, mélanger le vinaigre, l'eau, le sucre, le sel, le romarin, les grains de poivre noir, rose et blanc et la feuille de laurier. Porter à ébullition en brassant jusqu'à ce que le sucre soit dissous.

Réduire le feu et laisser mijoter, en brassant souvent, pendant 10 minutes. Retirer la casserole du feu. Retirer la feuille de laurier.

3. À l'aide d'une louche, répartir le mélange de tomates réservé dans sept pots en verre chauds d'une capacité de 1 t (250 ml) chacun jusqu'à 3/4 po (2 cm) du bord en le tassant bien. À l'aide d'un entonnoir, couvrir du mélange de vinaigre chaud jusqu'à 1/2 po (1 cm) du bord. À l'aide d'une spatule en caoutchouc, enlever les bulles d'air. Essuyer le bord de chaque pot, au besoin. Centrer le couvercle sur le pot et visser l'anneau jusqu'au point de résistance (ne pas trop serrer). Traiter à la chaleur pendant 15 minutes (voir L'abc de la mise en conserve, p. 10).

4. Éteindre le feu. Retirer le couvercle de la marmite et y laisser reposer les pots 5 minutes. Soulever le support et l'accrocher sur le bord de la marmite. À l'aide d'une pince à bocaux, déposer les pots sur une grille et les laisser refroidir pendant 24 heures, sans les toucher.

PAR PORTION DE 1/4 T (60 ML): cal.: 34; prot.: aucune; m.g.: aucune (aucun sat.); chol.: aucun; gluc.: 7 g; fibres: aucune; sodium: 631 mg.

Poires marinées au vin blanc et au gingembre

Minuscules, vertes et sucrées, les poires Seckel sont particulièrement savoureuses.

Donne environ 10 t (2,5 L) • Préparation: 15 min
Cuisson: 20 min • Traitement: 10 min

8 t	poires Seckel	2 L
3 t	vin blanc (de type riesling)	750 ml
2 1/2 t	sucre	625 ml
1 1/4 t	vinaigre de vin blanc, vinaigre de cidre ou vinaigre blanc	310 ml
1	morceau de gingembre frais de 2 po (5 cm) de longueur, coupé en tranches fines	1
4 c. à thé	grains de poivre noir	20 ml
1/2 c. à thé	sel	2 ml

1. Peler les poires en laissant la queue. Retirer l'oeil à la base des fruits.

2. Dans une casserole, mélanger le vin, le sucre, le vinaigre, le gingembre, les grains de poivre et le sel. Porter à ébullition. Ajouter les poires et porter de nouveau à ébullition. Réduire le feu, couvrir et laisser mijoter de 9 à 12 minutes ou jusqu'à ce que les poires soient tendres, sans plus.

3. Répartir les poires et le gingembre dans cinq pots en verre chauds d'une capacité de 2 t (500 ml) chacun en les tassant bien. À l'aide d'un entonnoir, les couvrir du mélange de vin chaud jusqu'à 1/2 po (1 cm) du bord. À l'aide d'une spatule en caoutchouc, enlever les bulles d'air. Essuyer le bord de chaque pot, au besoin. Centrer le couvercle sur le pot et visser l'anneau jusqu'au point de résistance (ne pas trop serrer). Traiter à la chaleur pendant 10 minutes (voir L'abc de la mise en conserve, p. 10).

4. Éteindre le feu. Retirer le couvercle de la marmite et y laisser reposer les pots 5 minutes. Soulever le support et l'accrocher sur le bord de la marmite. À l'aide d'une pince à bocaux, déposer les pots sur une grille et les laisser refroidir pendant 24 heures, sans les toucher. Laisser reposer les poires à la température ambiante pendant 3 jours avant de les consommer.

PAR POIRE: cal.: 52; prot.: traces; m.g.: aucune (aucun sat.); chol.: aucun; gluc.: 13 g; fibres: 1 g; sodium: 18 mg.

Poires marinées aux trois épices

Délicieusement parfumées, ces poires sont un vrai régal. La variante au riesling ne contient pas de vinaigre; elle se sert très bien au dessert, avec un peu de crème fraîche ou de crème fouettée.

Donne environ 10 t (2,5 L) • Préparation: 30 min
Cuisson: 20 min • Traitement: 20 min

2	bâtons de cannelle brisés en trois morceaux chacun	2
1 c. à tab	clous de girofle entiers	15 ml
3	tranches épaisses de gingembre frais	3
2 2/3 t	sucre	660 ml
8 t	eau	2 L
1 1/3 t	vinaigre blanc	330 ml
1/2 t	jus de citron fraîchement pressé	125 ml
16	petites poires mûres mais fermes (environ 4 lb/2 kg en tout)	16

1. Mettre la cannelle, les clous de girofle et le gingembre sur un carré d'étamine (coton à fromage) double épaisseur. Nouer les extrémités de façon à former une pochette.

2. Dans une casserole à fond épais, mélanger le sucre, 2 t (500 ml) de l'eau et le vinaigre, puis ajouter la pochette d'épices. Porter à ébullition et laisser bouillir pendant 5 minutes. Retirer la casserole du feu. Réserver ce sirop.

3. Dans un grand bol, mélanger le jus de citron et le reste de l'eau pour obtenir de l'eau citronnée. Peler les poires en conservant leur tige et les couper en deux. À l'aide d'une cuillère parisienne ou d'une petite cuillère, retirer le coeur des poires en partant de la base. Mettre les poires parées dans le bol d'eau citronnée au fur et à mesure pour les empêcher de brunir.

4. Égoutter les poires, les mettre dans la casserole contenant le mélange de vinaigre et porter à ébullition. Déposer un cercle de papier-parchemin sur les poires. Réduire le feu et laisser mijoter pendant environ 5 minutes ou jusqu'à ce que les poires soient légèrement translucides et tout juste tendres. Retirer la pochette d'épices.

5. À l'aide d'une louche, répartir les poires chaudes dans cinq pots en verre chauds d'une capacité de 2 t (500 ml) chacun en les tassant bien. À l'aide d'un entonnoir, verser le sirop réservé sur les poires jusqu'à 1/2 po (1 cm) du bord. À l'aide d'une spatule en caoutchouc, enlever les bulles d'air. Essuyer le bord de chaque pot, au besoin. Centrer le couvercle sur le pot et visser l'anneau jusqu'au point de résistance (ne pas trop serrer). Traiter à la chaleur pendant 20 minutes (voir L'abc de la mise en conserve, p. 10).

6. Éteindre le feu. Retirer le couvercle de la marmite et y laisser reposer les pots 5 minutes. Soulever le support et l'accrocher sur le bord de la marmite. À l'aide d'une pince à bocaux, déposer les pots sur une grille et les laisser refroidir pendant 24 heures, sans les toucher.

PAR DEMI-POIRE: cal.: 104; prot.: traces; m.g.: traces (aucun sat.); chol.: aucun; gluc.: 27 g; fibres: 2 g; sodium: 1 mg.

Variante

Poires au riesling: Omettre la pochette d'épices et le vinaigre. Réduire la quantité de sucre à 1 1/2 t (375 ml) et la quantité d'eau à 7 1/2 t (1,875 L). Dans une casserole, mélanger 3 t (750 ml) de vin blanc (de type riesling), le sucre, 1 1/2 t (375 ml) de l'eau, 1 lanière chacun de zeste d'orange et de zeste de citron, et 1 bâton de cannelle. Porter à ébullition. Laisser bouillir pendant 5 minutes avant d'ajouter les poires. Retirer les lanières de zeste et la cannelle. Si désiré, ajouter 1 c. à tab (15 ml) de brandy dans chaque pot avant d'y déposer les poires.

Abricots marinés au balsamique

Donne environ 5 t (1,25 L) • Préparation: 30 min
Cuisson: 20 min • Repos: 30 min
Traitement: 10 min

1 t	vinaigre balsamique blanc	250 ml
1/2 t	vermouth rouge	125 ml
1/2 t	miel liquide	125 ml
1/2 t	eau	125 ml
2	bâtons de cannelle de 3 po (8 cm) de longueur, brisés en morceaux	2
6	clous de girofle entiers	6
2 lb	abricots mûrs	1 kg

1. Dans une casserole à fond épais, mélanger le vinaigre, le vermouth, le miel, l'eau, la cannelle et les clous de girofle et porter à ébullition. Réduire le feu et laisser mijoter pendant 5 minutes. Retirer la casserole du feu et laisser reposer à la température ambiante pendant 30 minutes. Retirer la cannelle et les clous de girofle. Réserver ce sirop.

2. Porter à ébullition une grande casserole remplie d'eau. Remplir un grand bol d'eau glacée. Déposer délicatement les abricots dans l'eau bouillante et les blanchir de 30 à 60 secondes. À l'aide d'une écumoire, les plonger dans le bol d'eau glacée. Les laisser refroidir suffisamment pour les manipuler, puis retirer la peau.

3. Couper les abricots en deux, retirer le noyau, puis les couper de nouveau en deux. Répartir les quartiers d'abricots dans cinq pots en verre chauds d'une capacité de 1 t (250 ml) chacun jusqu'à 3/4 po (2 cm) du bord.

4. Porter le sirop réservé à ébullition. À l'aide d'un entonnoir, couvrir les abricots du sirop chaud jusqu'à 1/2 po (1 cm) du bord. À l'aide d'une spatule en caoutchouc, enlever les bulles d'air. Essuyer le bord de chaque pot, au besoin. Centrer le couvercle sur le pot et visser l'anneau jusqu'au point de résistance (ne pas trop serrer). Traiter à la chaleur pendant 10 minutes (voir L'abc de la mise en conserve, p. 10).

5. Éteindre le feu. Retirer le couvercle de la marmite et y laisser reposer les pots 5 minutes. Soulever le support et l'accrocher sur le bord de la marmite. À l'aide d'une pince à bocaux, déposer les pots sur une grille et les laisser refroidir pendant 24 heures, sans les toucher.

PAR PORTION DE 1/4 T (60 ML): cal.: 67; prot.: 1 g; m.g.: aucune (aucun sat.); chol.: aucun; gluc.: 15 g; fibres: 1 g; sodium: 4 mg.

Variante
Prunes marinées au balsamique:
Remplacer le vinaigre balsamique blanc par du vinaigre balsamique brun. Remplacer les abricots par des prunes. Ne pas peler les fruits.

Bleuets marinés au whisky

Donne environ 6 t (1,5 L) • Préparation: 20 min
Cuisson: 25 min • Repos: 8 à 12 h
Traitement: 10 min

1	bâton de cannelle de 3 po (8 cm) de longueur	1
1 c. à thé	grains de piment de la Jamaïque	5 ml
1 1/4 t	vinaigre de vin blanc	310 ml
8 t	bleuets	2 L
1/4 t	whisky	60 ml
1 3/4 t	miel liquide	430 ml

1. Mettre la cannelle et les grains de piment de la Jamaïque sur un carré d'étamine (coton à fromage) double épaisseur de 6 po (15 cm) de côté et l'attacher avec de la ficelle de cuisine de manière à former une pochette.

2. Dans une casserole à fond épais, verser le vinaigre. Ajouter la pochette d'épices et porter à ébullition. Réduire le feu, couvrir et laisser mijoter pendant 5 minutes. Ajouter les bleuets et le whisky et poursuivre la cuisson à feu moyen, en secouant délicatement la casserole (ne pas remuer pour éviter de défaire les bleuets), pendant environ 8 minutes ou jusqu'à ce que le liquide soit chaud, sans plus. Retirer la casserole du feu. Laisser reposer à couvert de 8 à 12 heures à la température ambiante.

3. Retirer la pochette d'épices de la casserole. Dans une passoire placée sur un grand bol, filtrer le mélange de bleuets (réserver le liquide).

4. À l'aide d'une louche, répartir les bleuets dans six pots en verre chauds d'une capacité de 1 t (250 ml) chacun jusqu'à 3/4 po (2 cm) du bord.

5. Verser le liquide réservé dans la casserole, ajouter le miel et mélanger. Porter à ébullition, en brassant de temps à autre. Laisser bouillir pendant environ 5 minutes ou jusqu'à ce que le sirop ait légèrement épaissi. À l'aide d'un entonnoir, couvrir les bleuets du sirop chaud jusqu'à 1/2 po (1 cm) du bord. À l'aide d'une spatule en caoutchouc, enlever les bulles d'air. Essuyer le bord de chaque pot, au besoin. Centrer le couvercle sur le pot et visser l'anneau jusqu'au point de résistance (ne pas trop serrer). Traiter à la chaleur pendant 10 minutes (voir L'abc de la mise en conserve, p. 10).

6. Éteindre le feu. Retirer le couvercle de la marmite et y laisser reposer les pots 5 minutes. Soulever le support et l'accrocher sur le bord de la marmite. À l'aide d'une pince à bocaux, déposer les pots sur une grille et les laisser refroidir pendant 24 heures, sans les toucher.

PAR PORTION DE 1/4 T (60 ML): cal.: 112; prot.: aucune; m.g.: aucune (aucun sat.); chol.: aucun; gluc.: 27 g; fibres: 1 g; sodium: 2 mg.

Melon d'eau mariné

Ici, c'est l'écorce de melon qu'on utilise. On peut couper la chair en cubes et la réfrigérer pour la déguster nature ou en salade de fruits

Donne environ 6 t (1,5 L) • Préparation: 30 min
Repos: 12 h • Cuisson: 50 min
Traitement: 10 min

1	melon d'eau de 10 lb (5 kg)	1
7 1/2 t	eau	1,875 L
1/3 t	sel pour marinades	80 ml
3 1/2 t	sucre	875 ml
1 1/2 t	vinaigre blanc	375 ml
	bâtons de cannelle brisés en morceaux (15 po/38 cm en tout)	
2 c. à thé	clous de girofle entiers	10 ml

1. Retirer l'écorce du melon d'eau et en peser 4 1/2 lb (2,25 kg). Enlever le reste de chair rose ainsi que les parties verte et vert pâle de l'écorce (les jeter; conserver la chair du melon d'eau pour un usage ultérieur). Couper l'écorce blanche en carrés de 1 po (2,5 cm). Mesurer 9 t (2,25 L) d'écorce et la mettre dans un grand bol en verre ou en acier inoxydable. Dans un autre grand bol, mélanger 6 t (1,5 L) de l'eau et le sel. Verser cette saumure sur l'écorce de melon (au besoin, ajouter de l'eau pour bien la couvrir). Couvrir le bol et laisser reposer toute une nuit à la température ambiante.

2. Égoutter l'écorce et la rincer sous l'eau froide. Bien égoutter. Mettre l'écorce dans une casserole à fond épais et verser suffisamment d'eau pour la couvrir. Porter à ébullition. Réduire le feu, couvrir et laisser mijoter de 20 à 25 minutes ou jusqu'à ce que l'écorce soit tendre. Égoutter.

3. Entre-temps, dans une grande casserole à fond épais, mélanger le sucre, le vinaigre, le reste de l'eau, la cannelle et les clous de girofle. Porter à ébullition en brassant jusqu'à ce que le sucre soit dissous. Réduire le feu et laisser mijoter à découvert pendant 10 minutes. Dans une passoire fine placée sur un bol à l'épreuve de la chaleur, filtrer le liquide (jeter les épices). Remettre le liquide filtré dans la casserole, ajouter l'écorce de melon égouttée et porter à ébullition. Réduire le feu, couvrir et laisser mijoter de 25 à 30 minutes ou jusqu'à ce que l'écorce soit translucide.

4. À l'aide d'une louche et d'un entonnoir, répartir l'écorce et le sirop chauds dans six pots en verre chauds d'une capacité de 1 t (250 ml) chacun jusqu'à 1/2 po (1 cm) du bord. À l'aide d'une spatule en caoutchouc, enlever les bulles d'air. Essuyer le bord de chaque pot, au besoin. Centrer le couvercle sur le pot et visser l'anneau jusqu'au point de résistance (ne pas trop serrer). Traiter à la chaleur pendant 10 minutes (voir L'abc de la mise en conserve, p. 10).

5. Éteindre le feu. Retirer le couvercle de la marmite et y laisser reposer les pots 5 minutes. Soulever le support et l'accrocher sur le bord de la marmite. À l'aide d'une pince à bocaux, déposer les pots sur une grille et les laisser refroidir pendant 24 heures, sans les toucher.

PAR PORTION DE 1/4 T (60 ML): cal.: 117; prot.: aucune; m.g.: aucune (aucun sat.); chol.: aucun; gluc.: 30 g; fibres: aucune; sodium: 1 288 mg.

Melon d'eau mariné

Cerises marinées à la vanille

Donne environ 5 t (1,25 L) • Préparation: 40 min
Repos: 8 à 12 h + 3 jours • Cuisson: 25 min

4 t	cerises douces	1 L
2 t	vinaigre balsamique blanc	500 ml
1 t	sucre	250 ml
1 t	eau	250 ml
1	gousse de vanille incisée sur la longueur	1
1	bâton de cannelle de 3 po (8 cm) de longueur	1
1 c. à tab	kirsch (eau-de-vie de cerise) (facultatif)	15 ml
2 c. à thé	essence d'amande	10 ml

1. Équeuter les cerises et les dénoyauter, si désiré. Dans un grand bol en verre ou en acier inoxydable, mélanger les cerises et le vinaigre. Couvrir et laisser reposer à la température ambiante de 8 à 12 heures.

2. Dans une passoire placée sur une casserole, égoutter le mélange de cerises. Remettre les cerises dans le bol et réserver. Dans la casserole contenant le vinaigre, ajouter le sucre, l'eau, la gousse de vanille et le bâton de cannelle. Porter à ébullition en brassant jusqu'à ce que le sucre soit dissous. Réduire à feu doux et laisser mijoter à découvert pendant 15 minutes. Retirer la casserole du feu et laisser refroidir.

3. Incorporer le kirsch, si désiré, et l'essence d'amande au mélange de vinaigre refroidi. Verser sur les cerises réservées dans le bol. Couvrir et laisser reposer à la température ambiante pendant 3 jours.

4. Dans une passoire placée sur une casserole, égoutter le mélange de cerises (jeter la gousse de vanille et le bâton de cannelle). Porter le liquide à ébullition, puis retirer la casserole du feu. Dans une passoire fine placée sur un bol à l'épreuve de la chaleur, filtrer le liquide. Laisser refroidir.

5. Entre-temps, à l'aide d'une louche, répartir les cerises dans cinq pots en verre stérilisés d'une capacité de 1 t (250 ml) chacun en les tassant bien. À l'aide d'un entonnoir, couvrir les cerises du liquide refroidi en prenant soin de remplir les pots jusqu'au bord. Fermer les pots. Réfrigérer les cerises pendant au moins 1 mois avant de les consommer.

PAR PORTION DE 1/4 T (60 ML): cal.: 83; prot.: aucune; m.g.: aucune (aucun sat.); chol.: aucun; gluc.: 19 g; fibres: 1 g; sodium: 6 mg.

Relish aux tomates vertes

Donne environ 6 t (1,5 L) • Préparation: 45 min
Repos: 12 h • Cuisson: 15 min • Traitement: 5 min

2 lb	tomates vertes coupées en quatre et épépinées	1 kg
8 oz	chou coupé en morceaux	250 g
3	poivrons verts coupés en quatre et épépinés	3
2	poivrons rouges coupés en quatre et épépinés	2
1	gros oignon, coupé en quatre	1
2 c. à tab	sel pour marinades	30 ml
1 1/4 t	sucre	310 ml
1 1/4 t	vinaigre de cidre	310 ml
1/2 t	eau	125 ml
2 c. à thé	graines de moutarde	10 ml
1 c. à thé	graines de céleri	5 ml
1/2 c. à thé	curcuma	2 ml

1. Au robot culinaire, hacher finement les tomates en actionnant et en arrêtant successivement l'appareil. Mesurer 4 t (1 L) de tomates hachées. Réserver. En les hachant séparément, répéter avec le chou, les poivrons verts et rouges et l'oignon. (Ou encore, hacher finement les légumes séparément à l'aide d'un couteau bien aiguisé.) Mesurer 3 t (750 ml) de chou haché, 2 1/4 t (560 ml) de poivrons verts, 1 1/2 t (375 ml) de poivrons rouges et 1 t (250 ml) d'oignon.

2. Dans un très grand bol en verre ou en acier inoxydable, mélanger délicatement les légumes hachés et le sel. Couvrir et laisser reposer au réfrigérateur pendant 12 heures. (Vous pouvez préparer les légumes à l'avance et les couvrir. Ils se conserveront jusqu'au lendemain au réfrigérateur.)

3. Égoutter les légumes. Rincer sous l'eau froide et égoutter de nouveau. Dans une grande casserole à fond épais, mélanger le sucre, le vinaigre, l'eau, les graines de moutarde et de céleri et le curcuma. Porter à ébullition en brassant jusqu'à ce que le sucre soit dissous. Ajouter les légumes égouttés et porter de nouveau à ébullition. Réduire le feu et laisser mijoter à découvert, en brassant de temps à autre, pendant 5 minutes ou jusqu'à ce que le liquide se soit presque complètement évaporé.

4. À l'aide d'une louche, répartir la relish chaude dans six pots en verre chauds d'une capacité de 1 t (250 ml) chacun ou dans trois pots en verre chauds d'une capacité de 2 t (500 ml) chacun jusqu'à 1/2 po (1 cm) du bord. À l'aide d'une spatule en caoutchouc, enlever les bulles d'air. Essuyer le bord de chaque pot, au besoin. Centrer le couvercle sur le pot et visser l'anneau jusqu'au point de résistance (ne pas trop serrer). Traiter à la chaleur pendant 5 minutes pour les pots de 1 t (250 ml) ou 10 minutes pour les pots de 2 t (500 ml) (voir L'abc de la mise en conserve, p. 10).

5. Éteindre le feu. Retirer le couvercle de la marmite et y laisser reposer les pots 5 minutes. Soulever le support et l'accrocher sur le bord de la marmite. À l'aide d'une pince à bocaux, déposer les pots sur une grille et les laisser refroidir pendant 24 heures, sans les toucher.

PAR PORTION DE 1 C. À TAB (15 ML): cal.: 15; prot.: aucune; m.g.: aucune (aucun sat.); chol.: aucun; gluc.: 4 g; fibres: aucune; sodium: 68 mg.

Relish aux concombres et au chou-fleur

Donne environ 11 t (2,75 L) • Préparation: 45 min
Repos: 12 h • Cuisson: 30 min
Traitement: 10 min

5 t	chou-fleur haché grossièrement	1,25 L
4 t	concombres des champs hachés grossièrement	1 L
4 t	oignons hachés grossièrement	1 L
3 t	céleri haché grossièrement	750 ml
1	poivron rouge haché grossièrement	1
2	pommes hachées grossièrement	2
1/2 t	sel pour marinades	125 ml
4 1/2 t	eau froide	1,125 L
4 t	cassonade tassée	1 L
2 t	vinaigre blanc	500 ml
1/3 t	graines de moutarde	80 ml
3/4 t	moutarde en poudre	180 ml
1/3 t	farine	80 ml
1 c. à tab	curcuma	15 ml

1. Au robot culinaire, hacher finement le chou-fleur avec les concombres, les oignons, le céleri, le poivron et les pommes en plusieurs fois, en actionnant et en arrêtant successivement l'appareil. Mettre le mélange dans un grand bol en verre ou en acier inoxydable. Parsemer du sel, ajouter 4 t (1 L) de l'eau et mélanger. Couvrir et laisser reposer à la température ambiante pendant 12 heures. (Vous pouvez préparer le mélange de légumes jusqu'à cette étape. Il se conservera jusqu'à 24 heures à la température ambiante.) Égoutter le mélange de légumes (jeter le liquide). Bien le rincer et égoutter de nouveau en pressant pour retirer l'excès de liquide.

2. Dans une grande casserole à fond épais, mélanger la cassonade, le vinaigre et les graines de moutarde et porter à ébullition. Ajouter le mélange de légumes égoutté et porter de nouveau à ébullition. Réduire le feu et laisser mijoter pendant environ 10 minutes ou jusqu'à ce que les légumes et les pommes soient tendres. Dans un petit bol, à l'aide d'un fouet, mélanger la moutarde en poudre, le reste de l'eau, la farine et le curcuma. Incorporer ce mélange à la préparation de légumes en fouettant. Laisser mijoter, en brassant, pendant environ 5 minutes ou jusqu'à ce que le liquide de la relish ait suffisamment épaissi pour napper le dos d'une cuillère.

3. À l'aide d'une louche, répartir la relish chaude dans cinq pots en verre chauds d'une capacité de 2 t (500 ml) chacun et un pot en verre chaud d'une capacité de 1 t (250 ml) jusqu'à 1/2 po (1 cm) du bord. À l'aide d'une spatule en caoutchouc, enlever les bulles d'air. Essuyer le bord de chaque pot, au besoin. Centrer le couvercle sur le pot et visser l'anneau jusqu'au point de résistance (ne pas trop serrer). Traiter à la chaleur pendant 10 minutes (voir L'abc de la mise en conserve, p. 10).

4. Éteindre le feu. Retirer le couvercle de la marmite et y laisser reposer les pots 5 minutes. Soulever le support et l'accrocher sur le bord de la marmite. À l'aide d'une pince à bocaux, déposer les pots sur une grille et les laisser refroidir pendant 24 heures, sans les toucher.

PAR PORTION DE 1 C. À TAB (15 ML): cal.: 27; prot.: traces; m.g.: traces (aucun sat.); chol.: aucun; gluc.: 6 g; fibres: traces; sodium: 13 mg.

Relish pour hamburgers

On n'hésite pas à la servir avec un reste de rôti de boeuf ou de porc:
elle apportera une délicieuse touche sucrée.

Donne environ 7 t (1,75 L) • Préparation: 45 min
Repos: 1 h • Cuisson: 1 h • Traitement: 10 min

2 t	concombres non pelés, hachés	500 ml
1 t	poivron rouge haché	250 ml
1 t	poivron jaune haché	250 ml
1 t	poivron vert haché	250 ml
1 t	céleri haché	250 ml
1 t	oignon haché	250 ml
1/4 t	sel pour marinades	60 ml
	eau bouillante	
4 t	tomates pelées, épépinées et hachées	1 L
3 t	vinaigre blanc	750 ml
1 c. à tab	graines de moutarde	15 ml
1 c. à thé	curcuma	5 ml
1/2 c. à thé	cannelle moulue	2 ml
1/2 c. à thé	piment de la Jamaïque moulu	2 ml
1/4 c. à thé	piment de Cayenne	1 ml
2 t	sucre	500 ml
1/4 t	pâte de tomates	60 ml

1. Dans un grand bol en verre ou en acier inoxydable, mélanger les concombres, les poivrons, le céleri et l'oignon. Parsemer du sel, verser suffisamment d'eau bouillante pour couvrir les légumes et mélanger. Laisser reposer à la température ambiante pendant 1 heure. Égoutter les légumes (jeter le liquide). Bien les rincer et égoutter de nouveau en pressant pour retirer l'excès de liquide. Réserver.

2. Dans une grande casserole à fond épais, mélanger les tomates, le vinaigre, les graines de moutarde, le curcuma, la cannelle, le piment de la Jamaïque et le piment de Cayenne. Porter à ébullition en brassant souvent. Réduire à feu moyen et laisser mijoter pendant environ 30 minutes ou jusqu'à ce que les tomates aient ramolli. Ajouter le sucre et les légumes réservés. Porter de nouveau à ébullition en brassant souvent. Réduire à feu moyen et laisser mijoter, en brassant souvent, pendant 15 minutes. Incorporer la pâte de tomates et poursuivre la cuisson, en brassant souvent, pendant environ 5 minutes ou jusqu'à ce que la relish ait épaissi.

3. À l'aide d'une louche, répartir la relish chaude dans sept pots en verre chauds d'une capacité de 1 t (250 ml) chacun jusqu'à 1/2 po (1 cm) du bord. À l'aide d'une spatule en caoutchouc, enlever les bulles d'air. Essuyer le bord de chaque pot, au besoin. Centrer le couvercle sur le pot et visser l'anneau jusqu'au point de résistance (ne pas trop serrer). Traiter à la chaleur pendant 10 minutes (voir L'abc de la mise en conserve, p. 10).

4. Éteindre le feu. Retirer le couvercle de la marmite et y laisser reposer les pots 5 minutes. Soulever le support et l'accrocher sur le bord de la marmite. À l'aide d'une pince à bocaux, déposer les pots sur une grille et les laisser refroidir pendant 24 heures, sans les toucher. Laisser reposer la relish à la température ambiante pendant 3 semaines avant de la consommer.

PAR PORTION DE 1 C. À TAB (15 ML): cal.: 20; prot.: traces; m.g.: traces (aucun sat.); chol.: aucun; gluc.: 5 g; fibres: traces; sodium: 69 mg.

Relish au maïs express

Douce et croquante, cette relish se conserve au frigo et n'a pas besoin d'être traitée à l'eau bouillante. C'est le match parfait avec des saucisses grillées.

Donne environ 2 t (500 ml)
Préparation: 20 min • Cuisson: 15 min

2 t	grains de maïs frais	500 ml
1/2 t	poivron rouge coupé en dés	125 ml
1/2 t	oignon blanc coupé en dés	125 ml
1/3 t	vinaigre de cidre	80 ml
3 c. à tab	sucre	45 ml
3/4 c. à thé	sel	4 ml
1/2 c. à thé	graines de moutarde	2 ml
1/4 c. à thé	graines de céleri	1 ml
1/4 c. à thé	flocons de piment fort	1 ml
1/4 c. à thé	curcuma	1 ml
1 c. à tab	fécule de maïs	15 ml
1 c. à tab	eau froide	15 ml

1. Dans une casserole, mélanger le maïs, le poivron et l'oignon. Ajouter le vinaigre, le sucre, le sel, les graines de moutarde et de céleri, les flocons de piment fort et le curcuma et porter à ébullition en brassant souvent. Réduire le feu, couvrir et laisser mijoter pendant 3 minutes. Dans un petit bol, à l'aide d'un fouet, délayer la fécule de maïs dans l'eau. Incorporer le mélange de fécule à la préparation de légumes en fouettant et poursuivre la cuisson pendant environ 1 minute ou jusqu'à ce que la relish ait épaissi.

2. À l'aide d'une louche, verser la relish chaude dans un pot en verre chaud d'une capacité de 2 t (500 ml). Fermer le pot et laisser reposer pendant 30 minutes. Réfrigérer pendant environ 1 heure ou jusqu'à ce que la relish soit froide. (La relish se conservera jusqu'à 1 mois au réfrigérateur.)

PAR PORTION DE 1 C. À TAB (15 ML): cal.: 17; prot.: traces; m.g.: traces (aucun sat.); chol.: aucun; gluc.: 4 g; fibres: traces; sodium: 55 mg.

Relish
au maïs express

Relish aux canneberges et à l'orange

Avec ses beaux morceaux de canneberges fraîches, cette relish sans cuisson fera un bon complément au dindon, servi chaud ou en sandwich.

Donne environ 2 t (500 ml) • Préparation: 15 min
Cuisson: aucune

1 1/2 t	canneberges fraîches	375 ml
1	pomme acidulée pelée, le coeur enlevé	1
2/3 t	sucre	160 ml
1/2 t	pacanes grillées, hachées	125 ml
1/4 t	raisins secs	60 ml
1/4 t	marmelade d'oranges	60 ml
1 c. à tab	zeste de citron râpé	15 ml
1 c. à tab	jus de citron fraîchement pressé	15 ml
1	pincée de cannelle moulue (facultatif)	1

1. Au robot culinaire, hacher les canneberges et la pomme. Mettre la préparation de canneberges dans un bol. Ajouter le sucre, les pacanes, les raisins secs, la marmelade, le zeste et le jus de citron et la cannelle, si désiré, et mélanger.

2. À l'aide d'une cuillère, verser la relish dans un pot en verre d'une capacité de 2 t (500 ml). Fermer le pot. Réfrigérer la relish pendant 8 heures avant de la consommer. (La relish se conservera jusqu'à 1 semaine au réfrigérateur.)

PAR PORTION DE 1 C. À TAB (15 ML): cal.: 40; prot.: traces; m.g.: 1 g (traces sat.); chol.: aucun; gluc.: 8 g; fibres: traces; sodium: 2 mg.

astuce

Pour faire griller les pacanes, les étendre sur une plaque et les cuire au four préchauffé à 350°F (180°C) pendant environ 5 minutes.

Relish aux poivrons et aux piments

Donne environ 8 t (2 L) • Préparation: 50 min
Cuisson: 1 h 45 min à 2 h 15 min
Traitement: 20 min

6 t	tomates pelées et hachées grossièrement	1,5 L
4 t	oignons doux (de type espagnol ou Vidalia) hachés	1 L
2 t	poivrons verts hachés	500 ml
4 t	poivrons rouges hachés	1 L
1 t	piments anaheim ou cubanelle frais, hachés	250 ml
1 t	piments bananes frais, épépinés et hachés	250 ml
1 t	piments jalapeños frais, épépinés et hachés finement	250 ml
4	piments chilis rouges frais, épépinés et hachés finement	4
1 3/4 t	vinaigre de cidre	430 ml
8	gousses d'ail hachées finement	8
1/4 t	sucre	60 ml
1 c. à tab	sel pour marinades	15 ml

1. Dans une grande casserole à fond épais, mélanger tous les ingrédients. Porter à ébullition en brassant souvent. Réduire à feu moyen-doux et laisser mijoter, en brassant souvent, de 1 heure 30 minutes à 2 heures ou jusqu'à ce que la relish ait épaissi.

2. À l'aide d'une louche, répartir la relish chaude dans quatre pots en verre chauds d'une capacité de 2 t (500 ml) chacun jusqu'à 1/2 po (1 cm) du bord. À l'aide d'une spatule en caoutchouc, enlever les bulles d'air. Essuyer le bord de chaque pot, au besoin. Centrer le couvercle sur le pot et visser l'anneau jusqu'au point de résistance (ne pas trop serrer). Traiter à la chaleur pendant 20 minutes (voir L'abc de la mise en conserve, p. 10).

3. Éteindre le feu. Retirer le couvercle de la marmite et y laisser reposer les pots 5 minutes. Soulever le support et l'accrocher sur le bord de la marmite. À l'aide d'une pince à bocaux, déposer les pots sur une grille et les laisser refroidir pendant 24 heures, sans les toucher.

PAR PORTION DE 1 C. À TAB (15 ML): cal.: 9; prot.: traces; m.g.: traces (aucun sat.); chol.: aucun; gluc.: 2 g; fibres: traces; sodium: 55 mg.

astuce

Pour une relish encore plus relevée, on n'épépine pas les piments.

Relish à l'anglaise

Les Britanniques raffolent de cette relish sucrée-salée aux allures de chutney, qu'ils servent entre autres avec du cheddar et des fromages bleus.

Donne environ 10 t (2,5 L) • Préparation: 1 h
Cuisson: 1 h 45 min • Traitement: 15 min

4 t	rutabaga pelé et coupé en dés	1 L
3 t	chou-fleur haché finement	750 ml
3	carottes coupées en dés	3
2	oignons coupés en petits dés	2
2 t	courgettes coupées en petits dés	500 ml
2	pommes vertes (de type Granny Smith), pelées et coupées en petits dés	2
1 t	cassonade tassée	250 ml
1 t	dattes hachées	250 ml
12	petits cornichons sucrés, coupés en petits dés	12
5	gousses d'ail hachées finement	5
2 2/3 t	vinaigre de malt	660 ml
2 1/2 t + 2 c. à tab	eau	655 ml + 30 ml
1/3 t	jus de citron fraîchement pressé	80 ml
1/4 t	sauce Worcestershire	60 ml
2 c. à thé	sel	10 ml
2 c. à thé	graines de moutarde	10 ml
1 1/2 c. à thé	piment de la Jamaïque moulu	7 ml
1/4 c. à thé	piment de Cayenne	1 ml
1 c. à tab	farine	15 ml

1. Dans une grande casserole à fond épais, mélanger le rutabaga, le chou-fleur, les carottes, les oignons, les courgettes, les pommes, la cassonade, les dattes, les cornichons et l'ail. Ajouter le vinaigre, 2 1/2 t (625 ml) de l'eau, le jus de citron, la sauce Worcestershire, le sel, les graines de moutarde, le piment de la Jamaïque et le piment de Cayenne et porter à ébullition. Réduire le feu et laisser mijoter, en brassant de temps à autre, pendant 1 heure 30 minutes ou jusqu'à ce que la préparation ait réduit environ de moitié. Dans un petit bol, à l'aide d'un fouet, délayer la farine dans le reste de l'eau. Incorporer le mélange de farine à la préparation de légumes en fouettant. Laisser bouillir pendant 3 minutes ou jusqu'à ce que la relish ait épaissi.

2. À l'aide d'une louche, répartir la relish chaude dans cinq pots en verre chauds d'une capacité de 2 t (500 ml) chacun jusqu'à 1/2 po (1 cm) du bord. À l'aide d'une spatule en caoutchouc, enlever les bulles d'air. Essuyer le bord de chaque pot, au besoin. Centrer le couvercle sur le pot et visser l'anneau jusqu'au point de résistance (ne pas trop serrer). Traiter à la chaleur pendant 15 minutes (voir L'abc de la mise en conserve, p. 10).

3. Éteindre le feu. Retirer le couvercle de la marmite et y laisser reposer les pots 5 minutes. Soulever le support et l'accrocher sur le bord de la marmite. À l'aide d'une pince à bocaux, déposer les pots sur une grille et les laisser refroidir pendant 24 heures, sans les toucher.

PAR PORTION DE 1 C. À TAB (15 ML): cal.: 16; prot.: traces; m.g.: aucune (aucun sat.); chol.: aucun; gluc.: 4 g; fibres: traces; sodium: 53 mg.

chapitre six

Salsas, chutneys et confits

Salsa aux poivrons et aux piments

Donne environ 11 t (2,75 L) • Préparation: 1 h
Cuisson: 1 h 15 min • Traitement: 20 min

8 t	tomates pelées et hachées grossièrement	2 L
3 t	piments cubanelle, anaheim ou bananes doux frais, hachés	750 ml
2 t	oignons hachés	500 ml
2 t	vinaigre de cidre	500 ml
1 t	poivron rouge haché	250 ml
1 t	poivron jaune haché	250 ml
1 t	piments jalapeños frais, épépinés et hachés finement	250 ml
4	gousses d'ail hachées finement	4
1	boîte de pâte de tomates (5 1/2 oz/156 ml)	1
2 c. à tab	sucre	30 ml
1 c. à tab	sel	15 ml
2 c. à thé	paprika	10 ml
1 c. à thé	origan séché	5 ml
1/4 t	coriandre fraîche, hachée	60 ml

1. Dans une grande casserole à fond épais autre qu'en aluminium, mélanger les tomates, les piments cubanelle, les oignons, le vinaigre, les poivrons, les piments jalapeños, l'ail, la pâte de tomates, le sucre, le sel, le paprika et l'origan. Porter à ébullition en brassant souvent. Réduire à feu moyen-doux et laisser mijoter, en brassant souvent, pendant environ 1 heure ou jusqu'à ce que la préparation ait épaissi (verser 1 c. à tab/ 15 ml de la préparation sur une assiette refroidie au congélateur et l'incliner: la préparation devrait couler doucement en filet). Incorporer la coriandre et poursuivre la cuisson, en brassant de temps à autre, pendant 5 minutes.

2. À l'aide d'une louche, répartir la salsa chaude dans cinq pots en verre chauds d'une capacité de 2 t (500 ml) chacun et un pot en verre chaud d'une capacité de 1 t (250 ml) jusqu'à 1/2 po (1 cm) du bord. À l'aide d'une spatule en caoutchouc, enlever les bulles d'air. Essuyer le bord de chaque pot, au besoin. Centrer le couvercle sur le pot et visser l'anneau jusqu'au point de résistance (ne pas trop serrer). Traiter à la chaleur pendant 20 minutes (voir L'abc de la mise en conserve, p. 10).

3. Éteindre le feu. Retirer le couvercle de la marmite et y laisser reposer les pots 5 minutes. Soulever le support et l'accrocher sur le bord de la marmite. À l'aide d'une pince à bocaux, déposer les pots sur une grille et les laisser refroidir pendant 24 heures, sans les toucher.

PAR PORTION DE 1 C. À TAB (15 ML): cal.: 6; prot.: traces; m.g.: aucune (aucun sat.); chol.: aucun; gluc.: 1 g; fibres: traces; sodium: 41 mg.

astuce

Comme ils contiennent des huiles volatiles irritantes, on évite de couper les piments avec les mains nues. L'idéal: porter des gants de plastique ou de caoutchouc. On fait attention de ne pas se toucher le visage avant d'avoir retiré les gants.

Salsa aux tomatilles

Avec leur nom, on pourrait croire que les tomatilles sont apparentées aux tomates; elles sont plutôt de la famille des cerises de terre. On trouve des tomatilles fraîches dans les épiceries latino-américaines.

Donne 8 t (2 L) • Préparation: 45 min
Cuisson: 1 h 15 min • Traitement: 20 min

4	poivrons verts	4
6	piments jalapeños frais	6
6 t	tomatilles fraîches, hachées (environ 2 lb/1 kg en tout)	1,5 L
2 t	oignons blancs hachés	500 ml
4	gousses d'ail hachées finement	4
2/3 t	vinaigre de vin blanc	160 ml
3 1/2 c. à thé	sel	17 ml
1 c. à tab	sucre	15 ml
1 c. à thé	coriandre moulue	5 ml
1 c. à thé	cumin moulu	5 ml
1/4 c. à thé	poivre noir du moulin	1 ml
3/4 t	coriandre fraîche, hachée finement	180 ml
1/2 t	persil frais, haché finement	125 ml
1/4 t	jus de lime fraîchement pressé	60 ml

1. Mettre les poivrons et les piments jalapeños sur une plaque de cuisson et les faire griller au four préchauffé à 475°F (240°C) pendant 30 minutes ou jusqu'à ce que la peau soit noircie et boursouflée par endroits (les retourner une fois). Mettre les poivrons et les piments grillés dans un bol, couvrir d'une pellicule de plastique et laisser refroidir. Peler les poivrons et les piments refroidis, les épépiner et les hacher.

2. Dans une grande casserole, mélanger les poivrons et les piments grillés, les tomatilles, les oignons, l'ail, le vinaigre, le sel, le sucre, la coriandre moulue, le cumin et le poivre. Porter à ébullition en brassant. Réduire à feu moyen, couvrir et laisser mijoter pendant 5 minutes. Poursuivre la cuisson à découvert, en brassant de temps à autre, pendant environ 30 minutes ou jusqu'à ce que le liquide de végétation se soit évaporé. Incorporer la coriandre fraîche, le persil et le jus de lime et laisser mijoter pendant 3 minutes.

3. À l'aide d'une louche, répartir la salsa chaude dans huit pots en verre chauds d'une capacité de 1 t (250 ml) chacun jusqu'à 1/2 po (1 cm) du bord. À l'aide d'une spatule en caoutchouc, enlever les bulles d'air. Essuyer le bord de chaque pot, au besoin. Centrer le couvercle sur le pot et visser l'anneau jusqu'au point de résistance (ne pas trop serrer). Traiter à la chaleur pendant 20 minutes (voir L'abc de la mise en conserve, p. 10).

4. Éteindre le feu. Retirer le couvercle de la marmite et y laisser reposer les pots 5 minutes. Soulever le support et l'accrocher sur le bord de la marmite. À l'aide d'une pince à bocaux, déposer les pots sur une grille et les laisser refroidir pendant 24 heures, sans les toucher.

PAR PORTION DE 1 C. À TAB (15 ML): cal.: 5; prot.: traces; m.g.: traces (aucun sat.); chol.: aucun; gluc.: 1 g; fibres: traces; sodium: 63 mg.

Salsa aux piments chipotle

Le goût fumé des piments chipotle ajoute du caractère à cette salsa qui se sert avec pratiquement n'importe quoi: tacos, oeufs brouillés, etc. Heureusement, la recette en donne une grande quantité.

Donne environ 16 t (4 L) • Préparation: 1 h 30 min
Cuisson: 2 h 15 min à 2 h 30 min
Traitement: 20 min

1	boîte de piments chipotle en sauce adobo (7 oz/198 ml)	1
16 t	tomates pelées et hachées grossièrement	4 L
6 t	piments cubanelle, anaheim ou bananes doux frais, hachés	1,5 L
4 t	oignons hachés	1 L
4 t	poivrons verts hachés	1 L
4 t	vinaigre de cidre	1 L
1 t	piments jalapeños frais, épépinés et hachés finement	250 ml
8	gousses d'ail hachées finement	8
2	boîtes de pâte de tomates (5 1/2 oz/156 ml chacune)	2
1/4 t	sucre	60 ml
5 c. à thé	sel	25 ml
2 c. à thé	origan séché	10 ml
3/4 t	coriandre fraîche, hachée	180 ml

1. Retirer les piments chipotle de la sauce adobo (réserver la sauce), les épépiner, si désiré, et les hacher. Dans une grande casserole à fond épais, mélanger les piments chipotle, la sauce adobo réservée, les tomates, les piments cubanelle, les oignons, les poivrons, le vinaigre, les piments jalapeños, l'ail, la pâte de tomates, le sucre, le sel et l'origan. Porter à ébullition en brassant souvent. Réduire à feu moyen-doux et laisser mijoter, en brassant souvent, de 2 heures à 2 heures 15 minutes ou jusqu'à ce que la préparation ait épaissi. Incorporer la coriandre et poursuivre la cuisson pendant 10 minutes en brassant de temps à autre.

2. À l'aide d'une louche, répartir la salsa chaude dans huit pots en verre chauds d'une capacité de 2 t (500 ml) chacun jusqu'à 1/2 po (1 cm) du bord. À l'aide d'une spatule en caoutchouc, enlever les bulles d'air. Essuyer le bord de chaque pot, au besoin. Centrer le couvercle sur le pot et visser l'anneau jusqu'au point de résistance (ne pas trop serrer). Traiter à la chaleur pendant 20 minutes (voir L'abc de la mise en conserve, p. 10).

3. Éteindre le feu. Retirer le couvercle de la marmite et y laisser reposer les pots 5 minutes. Soulever le support et l'accrocher sur le bord de la marmite. À l'aide d'une pince à bocaux, déposer les pots sur une grille et les laisser refroidir pendant 24 heures, sans les toucher.

PAR PORTION DE 1 C. À TAB (15 ML): cal.: 8; prot.: traces; m.g.: aucune (aucun sat.); chol.: aucun; gluc.: 2 g; fibres: traces; sodium: 55 mg.

Salsa aux tomates jaunes et à la mangue

À servir avec des croustilles, des craquelins ou des crudités, ou encore sur du poisson ou du poulet grillés.

Donne environ 8 t (2 L) • Préparation: 45 min
Cuisson: 30 min • Traitement: 20 min

4 t	tomates jaunes ou orange pelées, épépinées et hachées	1 L
4 t	mangues mûres mi-fermes, coupées en dés	1 L
1	gros oignon blanc, haché	1
6	piments Scotch Bonnet ou habaneros frais, épépinés et hachés finement	6
1/3 t	sucre de palme, sucre de canne ou sucre ordinaire	80 ml
1/3 t	vinaigre blanc	80 ml
1 1/2 c. à thé	sel	7 ml
1 c. à thé	zeste de lime râpé	5 ml
3/4 c. à thé	cumin moulu	4 ml
1/2 c. à thé	macis (ou muscade) moulu	2 ml
1/2 c. à thé	piment de la Jamaïque moulu	2 ml
1/2 t	coriandre fraîche, hachée finement	125 ml
1/3 t	jus de lime fraîchement pressé	80 ml

1. Dans une grande casserole, mélanger les tomates, les mangues, l'oignon, les piments, le sucre, le vinaigre, le sel, le zeste de lime, le cumin, le macis et le piment de la Jamaïque. Porter à ébullition à feu moyen-vif, en brassant, et laisser bouillir pendant 2 minutes. Réduire le feu, couvrir et laisser mijoter pendant 15 minutes en brassant de temps à autre. Incorporer la coriandre et le jus de lime et poursuivre la cuisson à feu moyen, à découvert, de 5 à 10 minutes ou jusqu'à ce que le liquide de végétation se soit évaporé.

2. À l'aide d'une louche, répartir la salsa chaude dans quatre pots en verre chauds d'une capacité de 2 t (500 ml) chacun jusqu'à 1/2 po (1 cm) du bord. À l'aide d'une spatule en caoutchouc, enlever les bulles d'air. Essuyer le bord de chaque pot, au besoin. Centrer le couvercle sur le pot et visser l'anneau jusqu'au point de résistance (ne pas trop serrer). Traiter à la chaleur pendant 20 minutes (voir L'abc de la mise en conserve, p. 10).

3. Éteindre le feu. Retirer le couvercle de la marmite et y laisser reposer les pots 5 minutes. Soulever le support et l'accrocher sur le bord de la marmite. À l'aide d'une pince à bocaux, déposer les pots sur une grille et les laisser refroidir pendant 24 heures, sans les toucher. Laisser reposer la salsa à la température ambiante pendant 1 semaine avant de la consommer.

PAR PORTION DE 1 C. À TAB (15 ML): cal.: 7; prot.: traces; m.g.: aucune (aucun sat.); chol.: aucun; gluc.: 2 g; fibres: traces; sodium: 27 mg.

Salsas fraîches

Les salsas du commerce sont bien pratiques pour dépanner, mais les salsas fraîches, préparées avec les ingrédients du moment, sont vraiment imbattables.

SALSA À L'ANANAS

Dans un bol, mélanger un demi-ananas frais, le coeur enlevé, coupé en cubes, 1 oignon vert coupé en tranches fines, 1/4 t (60 ml) d'oignon rouge coupé en dés et 2 c. à thé (10 ml) de jus de lime. Pour une salsa plus relevée, ajouter 1 piment thaï frais (de type oiseau), coupé en tranches fines. Servir avec du porc grillé.

DONNE ENVIRON 4 T (1 L). PAR PORTION DE 1 C. À TAB (15 ML): cal.: 4; prot.: aucune; m.g.: aucune (aucun sat.); chol.: aucun; gluc.: 1 g; fibres: traces; sodium: aucun.

SALSA AUX TOMATES ET AUX TOMATILLES

Avec la pointe d'un couteau, faire une incision en X à la base de 2 tomates. Dans une casserole d'eau bouillante, blanchir les tomates pendant environ 30 secondes. À l'aide d'une écumoire, les plonger aussitôt dans un grand bol d'eau glacée. Les égoutter, les peler, les épépiner et les hacher. Mesurer 1 t (250 ml) de tomates hachées et les mettre dans une passoire. Laisser égoutter pendant 5 minutes. Hacher 2 tomatilles en boîte et en mesurer 1/2 t (125 ml).

Dans un bol, mélanger les tomates et les tomatilles hachées, la moitié d'un petit oignon rouge coupé en dés, 1 piment jalapeño haché finement, 1 gousse d'ail hachée finement, 1/3 t (80 ml) de coriandre fraîche, hachée, 2 c. à tab (30 ml) de jus d'orange, 2 c. à tab (30 ml) d'huile d'olive et une pincée chacun de sel et de poivre noir du moulin. Servir avec des filets de truite grillés ou cuits au four.

DONNE ENVIRON 2 1/4 T (560 ML). PAR PORTION DE 1 C. À TAB (15 ML): cal.: 9; prot.: traces; m.g.: 1 g (traces sat.); chol.: aucun; gluc.: 1 g; fibres: traces; sodium: 1 mg.

SALSA À L'AVOCAT ET À LA TOMATE VERTE

Dans un bol, mélanger 1 tomate verte coupée en dés, 1/3 t (80 ml) d'oignon doux coupé en dés, 2 c. à tab (30 ml) de coriandre fraîche, hachée finement, 1 c. à tab (15 ml) de jus de lime, 1 piment jalapeño épépiné et haché finement et 1/2 c. à thé (2 ml) de sel. Ajouter 1 avocat coupé en dés et mélanger délicatement. Servir avec des croustilles de maïs, ou des crevettes ou du poulet grillés.

DONNE ENVIRON 2 1/3 T (580 ML). PAR PORTION DE 1 C. À TAB: cal.: 13; prot.: traces; m.g.: 1 g (traces sat.); chol.: aucun; gluc.: 1 g; fibres: traces; sodium: 40 mg.

Salsa à la rhubarbe et aux fraises

Donne environ 6 t (1,5 L) • Préparation: 30 min
Cuisson: 15 min • Traitement: 15 min

6 t	rhubarbe coupée en morceaux de 1 po (2,5 cm)	1,5 L
1 1/2 t	sucre	375 ml
1 1/2 t	canneberges séchées	375 ml
3/4 t	vinaigre de cidre	180 ml
1 c. à tab	gingembre frais, râpé	15 ml
2 t	fraises fraîches, hachées grossièrement	500 ml

1. Dans une grande casserole à fond épais, mélanger la rhubarbe, le sucre, les canneberges, le vinaigre et le gingembre. Porter à ébullition en brassant de temps à autre. Réduire le feu et laisser mijoter pendant 5 minutes. Retirer la casserole du feu. Ajouter les fraises et mélanger.

2. À l'aide d'une louche et d'un entonnoir, répartir la salsa chaude dans six pots en verre chauds d'une capacité de 1 t (250 ml) chacun jusqu'à 1/2 po (1 cm) du bord. À l'aide d'une spatule en caoutchouc, enlever les bulles d'air. Essuyer le bord de chaque pot, au besoin. Centrer le couvercle sur le pot et visser l'anneau jusqu'au point de résistance (ne pas trop serrer). Traiter à la chaleur pendant 15 minutes (voir L'abc de la mise en conserve, p. 10).

3. Éteindre le feu. Retirer le couvercle de la marmite et y laisser reposer les pots 5 minutes. Soulever le support et l'accrocher sur le bord de la marmite. À l'aide d'une pince à bocaux, déposer les pots sur une grille et les laisser refroidir pendant 24 heures, sans les toucher.

PAR PORTION DE 1 C. À TAB (15 ML): cal.: 21; prot.: aucune; m.g.: aucune (aucun sat.); chol.: aucun; gluc.: 5 g; fibres: aucune; sodium: 1 mg.

Chutney aux abricots et aux raisins secs

Un accompagnement parfait pour l'agneau, le porc, le poulet et le dindon rôtis, également irrésistible dans les sandwichs.

Donne environ 7 t (1,75 L) • Préparation: 30 min
Cuisson: 1 h • Traitement: 15 min

9 t	abricots frais, hachés	2,25 L
2 t	sucre	500 ml
1 1/4 t	vinaigre de cidre	310 ml
1 t	oignon rouge haché	250 ml
1 t	poivron rouge haché	250 ml
1 t	raisins secs dorés	250 ml
2 c. à thé	graines de moutarde	10 ml
1/2 c. à thé	sel	2 ml
1/2 c. à thé	cannelle moulue	2 ml
1/2 c. à thé	coriandre moulue	2 ml
1/4 c. à thé	cari	1 ml
1	pincée de piment de Cayenne	1

1. Dans une grande casserole à fond épais, mélanger les abricots, le sucre, le vinaigre, l'oignon, le poivron, les raisins secs, les graines de moutarde, le sel, la cannelle, la coriandre, le cari et le piment de Cayenne. Porter à ébullition. Réduire à feu moyen et laisser mijoter, en brassant souvent, pendant environ 50 minutes ou jusqu'à ce que la préparation ait épaissi (verser 1 c. à tab/15 ml de la préparation sur une assiette refroidie au congélateur et l'incliner: la préparation devrait couler doucement en filet).

2. À l'aide d'une louche, répartir le chutney chaud dans sept pots en verre chauds d'une capacité de 1 t (250 ml) chacun jusqu'à 1/2 po (1 cm) du bord. À l'aide d'une spatule en caoutchouc, enlever les bulles d'air. Essuyer le bord de chaque pot, au besoin. Centrer le couvercle sur le pot et visser l'anneau jusqu'au point de résistance (ne pas trop serrer). Traiter à la chaleur pendant 15 minutes (voir L'abc de la mise en conserve, p. 10).

3. Éteindre le feu. Retirer le couvercle de la marmite et y laisser reposer les pots 5 minutes. Soulever le support et l'accrocher sur le bord de la marmite. À l'aide d'une pince à bocaux, déposer les pots sur une grille et les laisser refroidir pendant 24 heures, sans les toucher.

PAR PORTION DE 1/2 T (125 ML): cal.: 222; prot.: 3 g; m.g.: 1 g (aucun sat.); chol.: aucun; gluc.: 56 g; fibres: 4 g; sodium: 86 mg.

Chutney au gingembre

Donne environ 4 t (1 L) • Préparation: 45 min
Cuisson: 45 min • Traitement: 10 min

2 t	cassonade tassée	500 ml
3/4 t	vinaigre blanc	180 ml
1/2 t	eau	125 ml
1/2 c. à thé	sel	2 ml
1/4 c. à thé	cannelle moulue	1 ml
1/4 c. à thé	piment de Cayenne	1 ml
1	gros citron	1
1	grosse lime	1
3 t	poires Anjou pelées et hachées grossièrement	750 ml
1 t	poivron vert haché	250 ml
1 t	poivron rouge haché	250 ml
1 t	oignon haché	250 ml
1 t	raisins secs dorés	250 ml
1 c. à tab	gingembre confit haché finement	15 ml

1. Dans une grande casserole à fond épais, mélanger la cassonade, le vinaigre, l'eau, le sel, la cannelle et le piment de Cayenne. Porter à ébullition. Réduire le feu et laisser mijoter, en brassant de temps à autre, pendant 10 minutes.

2. Entre-temps, mettre le citron et la lime dans un grand bol d'eau chaude légèrement savonneuse et les brosser vigoureusement. Bien les rincer. Râper finement le zeste des agrumes et en mesurer 2 c. à tab (30 ml) en tout. Couper les agrumes en deux sur la largeur, puis les presser pour en extraire le jus. Mesurer 1/3 t (80 ml) de jus.

3. Mettre le zeste et le jus des agrumes dans la casserole. Ajouter les poires, les poivrons, l'oignon, les raisins secs et le gingembre et porter à ébullition. Réduire à feu moyen-doux et laisser mijoter, en brassant de temps à autre, pendant environ 25 minutes ou jusqu'à ce que le chutney ait épaissi.

4. À l'aide d'une louche, répartir le chutney chaud dans quatre pots en verre chauds d'une capacité de 1 t (250 ml) chacun jusqu'à 1/4 po (5 mm) du bord. À l'aide d'une spatule en caoutchouc, enlever les bulles d'air. Essuyer le bord de chaque pot, au besoin. Centrer le couvercle sur le pot et visser l'anneau jusqu'au point de résistance (ne pas trop serrer). Traiter à la chaleur pendant 10 minutes (voir L'abc de la mise en conserve, p. 10).

5. Éteindre le feu. Retirer le couvercle de la marmite et y laisser reposer les pots 5 minutes. Soulever le support et l'accrocher sur le bord de la marmite. À l'aide d'une pince à bocaux, déposer les pots sur une grille et les laisser refroidir pendant 24 heures, sans les toucher.

PAR PORTION DE 2 C. À TAB (30 ML): cal.: 83; prot.: aucune; m.g.: aucune (aucun sat.); chol.: aucun; gluc.: 21 g; fibres: 1 g; sodium: 43 mg.

Chutney aux tomates vertes

Donne environ 11 t (2,75 L) • Préparation: 45 min
Cuisson: 1 h 30 min • Traitement: 15 min

4 lb	tomates vertes	2 kg
3	grosses pommes acidulées, pelées et hachées	3
10	piments jalapeños frais, épépinés et hachés	10
1	gros oignon espagnol ou autre oignon doux, haché	1
1 t	raisins secs dorés	250 ml
1 c. à tab	sel pour marinades	15 ml
2 t	vinaigre de cidre	500 ml
2 1/2 t	cassonade tassée	625 ml
3	grosses gousses d'ail, broyées	3
4 c. à thé	moutarde en poudre	20 ml
2 c. à thé	gingembre moulu	10 ml
1/2 c. à thé	piment de Cayenne	2 ml
1/2 c. à thé	cardamome ou cannelle moulue	2 ml

1. À l'aide d'un petit couteau, retirer le pédoncule des tomates. Couper les tomates en deux sur la longueur, puis en tranches d'environ 1/2 po (1 cm) sur la largeur. Dans une grande casserole à fond épais, mélanger les tomates, les pommes, les piments jalapeños, l'oignon, les raisins secs et le sel. Incorporer la moitié du vinaigre et porter au point d'ébullition. Réduire à feu moyen-doux, couvrir et laisser mijoter, en brassant de temps à autre, pendant environ 30 minutes ou jusqu'à ce que les tomates et les pommes soient tendres. Incorporer la cassonade, l'ail, la moutarde, le gingembre, le piment de Cayenne, la cardamome et le reste du vinaigre et porter à ébullition. Réduire à feu moyen et laisser mijoter à découvert, en brassant souvent, pendant environ 45 minutes ou jusqu'à ce que la préparation ait épaissi et que le liquide de végétation se soit presque entièrement évaporé. Environ 5 minutes avant la fin de la cuisson, goûter et rectifier l'assaisonnement en ajoutant des piments moulus, si désiré.

2. À l'aide d'une louche, répartir le chutney chaud dans cinq pots en verre chauds d'une capacité de 2 t (500 ml) chacun et un pot en verre chaud d'une capacité de 1 t (250 ml) jusqu'à 1/2 po (1 cm) du bord. À l'aide d'une spatule en caoutchouc, enlever les bulles d'air. Essuyer le bord de chaque pot, au besoin. Centrer le couvercle sur le pot et visser l'anneau jusqu'au point de résistance (ne pas trop serrer). Traiter à la chaleur pendant 15 minutes (voir L'abc de la mise en conserve, p. 10).

3. Éteindre le feu. Retirer le couvercle de la marmite et y laisser reposer les pots 5 minutes. Soulever le support et l'accrocher sur le bord de la marmite. À l'aide d'une pince à bocaux, déposer les pots sur une grille et les laisser refroidir pendant 24 heures, sans les toucher.

PAR PORTION DE 1 C. À TAB (15 ML): cal.: 20; prot.: traces; m.g.: traces (aucun sat.); chol.: aucun; gluc.: 5 g; fibres: traces; sodium: 29 mg.

astuce

Dix piments jalapeños dans un chutney, cela peut paraître énorme, mais leur côté piquant s'adoucit à la cuisson. Ce chutney est moyennement piquant. Pour une version plus douce, remplacer quatre ou cinq piments jalapeños par des poivrons verts et omettre le piment de Cayenne.

Chutney aux tomates et à la rhubarbe

Donne environ 3 t (750 ml) • Préparation: 30 min
Cuisson: 50 min • Traitement: 10 min

1 1/2 t	tomates mûres, épépinées et hachées	375 ml
1/3 t	oignon haché	80 ml
1/3 t	poivron rouge haché grossièrement	80 ml
1/3 t	cerises ou canneberges séchées, ou raisins secs	80 ml
1/3 t	vinaigre blanc	80 ml
1/4 t	sucre	60 ml
1/4 t	cassonade tassée	60 ml
1/4 t	eau	60 ml
1 c. à tab	jus de lime ou de citron fraîchement pressé	15 ml
1 c. à thé	gingembre frais, râpé ou	5 ml
1/4 c. à thé	gingembre moulu	1 ml
1/4 c. à thé	sel	1 ml
2	gousses d'ail hachées finement	2
1 t	rhubarbe fraîche, coupée en morceaux de 1/2 po (1 cm)	250 ml

1. Dans une grande casserole à fond épais, mélanger les tomates, l'oignon, le poivron, les cerises séchées, le vinaigre, le sucre, la cassonade, l'eau, le jus de lime, le gingembre, le sel et l'ail. Porter à ébullition en brassant de temps à autre. Réduire le feu, couvrir et laisser mijoter, en brassant de temps à autre, pendant 25 minutes. Ajouter la rhubarbe et mélanger. Couvrir et laisser mijoter pendant 10 minutes, puis poursuivre la cuisson à découvert pendant 5 minutes ou jusqu'à ce que la préparation ait épaissi.

2. À l'aide d'une louche, répartir le chutney chaud dans trois pots en verre chauds d'une capacité de 1 t (250 ml) chacun jusqu'à 1/2 po (1 cm) du bord. À l'aide d'une spatule en caoutchouc, enlever les bulles d'air. Essuyer le bord de chaque pot, au besoin. Centrer le couvercle sur le pot et visser l'anneau jusqu'au point de résistance (ne pas trop serrer). Traiter à la chaleur pendant 10 minutes (voir L'abc de la mise en conserve, p. 10).

3. Éteindre le feu. Retirer le couvercle de la marmite et y laisser reposer les pots 5 minutes. Soulever le support et l'accrocher sur le bord de la marmite. À l'aide d'une pince à bocaux, déposer les pots sur une grille et les laisser refroidir pendant 24 heures, sans les toucher.

PAR PORTION DE 2 C. À TAB (30 ML): cal.: 30; prot.: aucune; m.g.: aucune (aucun sat.); chol.: aucun; gluc.: 8 g; fibres: aucune; sodium: 29 mg.

Chutney aux canneberges et aux abricots

Un brin acidulé, ce superbe chutney rouge est le compagnon idéal du dindon. Il fera aussi bonne figure avec le jambon, l'oie, le canard et le porc.

Donne environ 9 t (2,25 L) • Préparation: 20 min
Repos: 8 h • Cuisson: 30 min • Traitement: 10 min

2 t	abricots séchés légèrement tassés, coupés en lanières de 1/4 po (5 mm)	500 ml
2 1/2 t	jus d'orange fraîchement pressé	625 ml
1 t	dattes hachées	250 ml
1/2 t	raisins secs dorés	125 ml
1/2 t	gingembre confit, haché	125 ml
2	paquets de canneberges fraîches (350 g chacun)	2
1 1/2 t	sucre	375 ml
1 1/4 t	oignons hachés finement	310 ml
3/4 t	sirop de maïs	180 ml
3/4 t	vinaigre de cidre	180 ml
1 1/2 c. à thé	graines de moutarde	7 ml
1/4 c. à thé	sel	1 ml

1. Dans une grande casserole à fond épais en acier inoxydable, mélanger les abricots, le jus d'orange, les dattes, les raisins secs et le gingembre. Couvrir et laisser reposer à la température ambiante pendant 8 heures. (Vous pouvez préparer le mélange de fruits jusqu'à cette étape. Il se conservera jusqu'au lendemain à la température ambiante.)

2. Ajouter le reste des ingrédients et porter à faible ébullition à feu moyen en brassant souvent. Réduire le feu et laisser mijoter, en brassant presque sans arrêt, pendant environ 20 minutes ou jusqu'à ce que le chutney ait suffisamment épaissi pour tenir dans une cuillère.

3. À l'aide d'une louche, répartir le chutney chaud dans neuf pots en verre chauds d'une capacité de 1 t (250 ml) chacun jusqu'à 1/4 po (5 mm) du bord. À l'aide d'une spatule en caoutchouc, enlever les bulles d'air. Essuyer le bord de chaque pot, au besoin. Centrer le couvercle sur le pot et visser l'anneau jusqu'au point de résistance (ne pas trop serrer). Traiter à la chaleur pendant 10 minutes (voir L'abc de la mise en conserve, p. 10).

4. Éteindre le feu. Retirer le couvercle de la marmite et y laisser reposer les pots 5 minutes. Soulever le support et l'accrocher sur le bord de la marmite. À l'aide d'une pince à bocaux, déposer les pots sur une grille et les laisser refroidir pendant 24 heures, sans les toucher.

PAR PORTION DE 1 C. À TAB (15 ML): cal.: 28; prot.: traces; m.g.: aucune (aucun sat.); chol.: aucun; gluc.: 7 g; fibres: 1 g; sodium: 7 mg.

Chutney aux pommes

Cet irrésistible chutney accompagnera à merveille le porc ou l'agneau.
Un régal aussi avec du gouda vieilli ou du cheddar fumé.

Donne environ 5 t (1,25 L) • Préparation: 30 min
Cuisson: 40 à 55 min • Traitement: 15 min

1 c. à tab	huile végétale	15 ml
6	piments chilis rouges séchés	6
12	clous de girofle entiers	12
5 c. à thé	graines de moutarde noire ou jaune	25 ml
6	pommes acidulées, pelées et coupées en dés de 1/2 po (1 cm)	6
6	pommes sucrées, pelées et coupées en dés de 1/2 po (1 cm)	6
1/2 t	vinaigre de cidre	125 ml
1 1/2 t	oignon rouge haché	375 ml
1 1/2 t	cassonade tassée	375 ml
2 c. à thé	gingembre moulu	10 ml
1/2 c. à thé	sel	2 ml
1/4 c. à thé	poivre noir du moulin	1 ml
2	bâtons de cannelle	2

1. Dans un petit poêlon, chauffer l'huile à feu vif. Ajouter les piments, les clous de girofle et les graines de moutarde et cuire pendant environ 20 secondes ou jusqu'à ce que la moutarde commence à sauter et que les piments noircissent. Réserver.

2. Mesurer 12 t (3 L) de pommes (acidulées et sucrées) et les mettre dans une grande casserole. Ajouter le vinaigre, l'oignon, la cassonade, le gingembre, le sel, le poivre, la cannelle et les épices réservées. Porter au point d'ébullition à feu moyen. Réduire à feu moyen-doux et laisser mijoter, en brassant souvent, de 30 à 45 minutes ou jusqu'à ce que le liquide du chutney soit sirupeux et que les pommes aient ramolli sans perdre leur forme. Retirer les bâtons de cannelle (les jeter).

3. À l'aide d'une louche, répartir le chutney chaud dans cinq pots en verre chauds d'une capacité de 1 t (250 ml) chacun jusqu'à 1/2 po (1 cm) du bord (mettre 1 piment séché dans chacun). À l'aide d'une spatule en caoutchouc, enlever les bulles d'air. Essuyer le bord de chaque pot, au besoin. Centrer le couvercle sur le pot et visser l'anneau jusqu'au point de résistance (ne pas trop serrer). Traiter à la chaleur pendant 15 minutes (voir L'abc de la mise en conserve, p. 10).

4. Éteindre le feu. Retirer le couvercle de la marmite et y laisser reposer les pots 5 minutes. Soulever le support et l'accrocher sur le bord de la marmite. À l'aide d'une pince à bocaux, déposer les pots sur une grille et les laisser refroidir pendant 24 heures, sans les toucher.

PAR PORTION DE 1 C. À TAB (15 ML): cal.: 26; prot.: traces; m.g.: traces (aucun sat.); chol.: aucun; gluc.: 6 g; fibres: traces; sodium: 16 mg.

Chutney à la mangue

Ce chutney aigre-doux légèrement piquant s'inspire des chutneys traditionnels anglo-indiens. Son assaisonnement subtil et la présence marquée de lime et de gingembre lui donnent un caractère unique.

Donne environ 4 1/2 t (1,125 L)
Préparation: 45 min • Cuisson: 45 min
Traitement: 10 min

6 t	mangues hachées	1,5 L
1 3/4 t	cassonade tassée	430 ml
1 1/2 t	oignon blanc ou oignon espagnol haché finement	375 ml
1 1/2 t	vinaigre de malt	375 ml
1 c. à thé	zeste de lime râpé finement	5 ml
1 t	limes pelées à vif, hachées finement	250 ml
3/4 t	raisins secs dorés	180 ml
1/3 t	gingembre frais, haché finement	80 ml
2 c. à thé	sel	10 ml
2 c. à thé	graines de moutarde	10 ml
1 c. à thé	piment de Cayenne	5 ml
1 1/4 c. à thé	cannelle moulue	6 ml
1 c. à thé	coriandre moulue	5 ml
1/2 c. à thé	curcuma	2 ml
1/4 c. à thé	clou de girofle moulu	1 ml
1/4 c. à thé	poivre noir du moulin	1 ml

1. Dans une casserole, mélanger tous les ingrédients et porter à ébullition. Réduire à feu moyen-doux, couvrir et laisser mijoter pendant environ 20 minutes (brasser deux fois). Augmenter à feu moyen et laisser mijoter à découvert, en brassant souvent, pendant environ 15 minutes ou jusqu'à ce que la préparation ait la consistance d'une compote de pommes.

2. À l'aide d'une louche, répartir le chutney chaud dans quatre pots en verre chauds d'une capacité de 1 t (250 ml) chacun et un pot en verre chaud d'une capacité de 1/2 t (125 ml) jusqu'à 1/2 po (1 cm) du bord. À l'aide d'une spatule en caoutchouc, enlever les bulles d'air. Essuyer le bord de chaque pot, au besoin. Centrer le couvercle sur le pot et visser l'anneau jusqu'au point de résistance (ne pas trop serrer). Traiter à la chaleur pendant 10 minutes (voir L'abc de la mise en conserve, p. 10).

3. Éteindre le feu. Retirer le couvercle de la marmite et y laisser reposer les pots 5 minutes. Soulever le support et l'accrocher sur le bord de la marmite. À l'aide d'une pince à bocaux, déposer les pots sur une grille et les laisser refroidir pendant 24 heures, sans les toucher.

PAR PORTION DE 1 C. À TAB (15 ML): cal.: 38; prot.: traces; m.g.: traces (aucun sat.); chol.: aucun; gluc.: 10 g; fibres: 1 g; sodium: 67 mg.

astuce

Pour la préparation de ce chutney, on utilise des mangues mûres: elles doivent dégager un parfum agréable et, au toucher, être molles mais encore assez fermes pour être coupées sans s'écraser. Les mangues qui ont une goutte de sève du côté du pédoncule sont souvent les plus sucrées.

Chutney aux tomates et à la mangue

Donne environ 5 t (1,25 L) • Préparation: 30 min
Cuisson: 1 h 10 min • Traitement: 10 min

2 lb	tomates pelées (ou non) et hachées	1 kg
2	mangues hachées	2
4 c. à thé	zeste de citron râpé finement	20 ml
2 c. à thé	zeste de lime râpé finement	10 ml
3 1/2 t	sucre	875 ml
1 1/4 t	cassonade tassée	310 ml
2/3 t	eau	160 ml

1. Dans une grande casserole à fond épais, mélanger tous les ingrédients et porter à ébullition. Réduire le feu et laisser mijoter pendant environ 1 heure ou jusqu'à ce que le chutney ait atteint le point de gélification pour une confiture coulante (voir Test de gélification, p. 57).

2. À l'aide d'une louche, répartir le chutney chaud dans cinq pots en verre chauds d'une capacité de 1 t (250 ml) chacun jusqu'à 1/4 po (5 mm) du bord. À l'aide d'une spatule en caoutchouc, enlever les bulles d'air. Essuyer le bord de chaque pot, au besoin. Centrer le couvercle sur le pot et visser l'anneau jusqu'au point de résistance (ne pas trop serrer). Traiter à la chaleur pendant 10 minutes (voir L'abc de la mise en conserve, p. 10).

3. Éteindre le feu. Retirer le couvercle de la marmite et y laisser reposer les pots 5 minutes. Soulever le support et l'accrocher sur le bord de la marmite. À l'aide d'une pince à bocaux, déposer les pots sur une grille et les laisser refroidir pendant 24 heures, sans les toucher.

PAR PORTION DE 2 C. À TAB (30 ML): cal.: 105; prot.: aucune; m.g.: aucune (aucun sat.); chol.: aucun; gluc.: 27 g; fibres: aucune; sodium: 3 mg.

Chutney à l'abricot et au gingembre

Donne environ 8 t (2 L) • Préparation: 30 min
Cuisson: 40 min • Traitement: 10 min

6 t	pommes pelées, hachées grossièrement	1,5 L
4 t	abricots séchés coupés en deux, tassés	1 L
3 t	vinaigre de vin blanc	750 ml
1 t	raisins secs dorés	250 ml
1/2 t	gingembre frais, râpé	125 ml
8	gousses d'ail coupées en tranches fines	8
1/2 c. à thé	sel	2 ml
1/4 c. à thé	flocons de piment fort	1 ml
4 t	sucre	1 L

1. Dans une grande casserole à fond épais, mélanger les pommes, les abricots, le vinaigre, les raisins secs, le gingembre, l'ail, le sel et les flocons de piment fort. Porter à ébullition. Réduire à feu doux, couvrir et laisser mijoter pendant environ 10 minutes ou jusqu'à ce que les abricots aient gonflé.

2. Incorporer le sucre et poursuivre la cuisson à découvert, en brassant presque sans arrêt, pendant environ 20 minutes ou jusqu'à ce que la préparation ait épaissi.

3. À l'aide d'une louche, répartir le chutney chaud dans huit pots en verre chauds d'une capacité de 1 t (250 ml) chacun jusqu'à 1/2 po (1 cm) du bord. À l'aide d'une spatule en caoutchouc, enlever les bulles d'air. Essuyer le bord de chaque pot, au besoin. Centrer le couvercle sur le pot et visser l'anneau jusqu'au point de résistance (ne pas trop serrer). Traiter à la chaleur pendant 10 minutes (voir L'abc de la mise en conserve, p. 10).

4. Éteindre le feu. Retirer le couvercle de la marmite et y laisser reposer les pots 5 minutes. Soulever le support et l'accrocher sur le bord de la marmite. À l'aide d'une pince à bocaux, déposer les pots sur une grille et les laisser refroidir pendant 24 heures, sans les toucher.

PAR PORTION DE 1 C. À TAB (15 ML): cal.: 42; prot.: traces; m.g.: aucune (aucun sat.); chol.: aucun; gluc.: 11 g; fibres: traces; sodium: 10 mg.

Chutney aux poires

Légèrement épicé, ce chutney aux arômes envoûtants accompagne aussi bien les fromages crémeux que les viandes froides et les caris.

Donne environ 8 t (2 L) • Préparation: 45 min
Cuisson: 1 h 30 min • Traitement: 10 min

1	orange sans pépins	1
1 t	eau	250 ml
8 t	poires mûres mais fermes, pelées et hachées	2 L
2 3/4 t	cassonade tassée	680 ml
2 t	oignons hachés	500 ml
2	gousses d'ail hachées finement	2
1 t	poivron rouge coupé en dés	250 ml
1/2 t	raisins secs	125 ml
1 c. à tab	graines de moutarde	15 ml
1 c. à thé	sel	5 ml
1 c. à thé	clou de girofle moulu	5 ml
1 c. à thé	cannelle moulue	5 ml
1 c. à thé	cari	5 ml
1 c. à thé	gingembre moulu	5 ml
2 t	vinaigre de cidre	500 ml

1. Mettre l'orange dans un bol d'eau chaude légèrement savonneuse et la brosser vigoureusement. Bien la rincer. Retirer le pédoncule. Couper l'orange en deux sur la longueur, puis en tranches fines sur la largeur. Dans une grande casserole à fond épais, mélanger les tranches d'orange et l'eau et porter à ébullition. Réduire le feu, couvrir et laisser mijoter pendant environ 15 minutes ou jusqu'à ce que presque tout le liquide se soit évaporé et que l'écorce de l'orange soit très molle. Ajouter le reste des ingrédients et porter à ébullition. Réduire à feu moyen et laisser mijoter à découvert, en brassant souvent, pendant environ 1 heure ou jusqu'à ce que le chutney ait suffisamment épaissi pour tenir dans une cuillère.

2. À l'aide d'une louche, répartir le chutney chaud dans huit pots en verre chauds d'une capacité de 1 t (250 ml) chacun jusqu'à 1/2 po (1 cm) du bord. À l'aide d'une spatule en caoutchouc, enlever les bulles d'air. Essuyer le bord de chaque pot, au besoin. Centrer le couvercle sur le pot et visser l'anneau jusqu'au point de résistance (ne pas trop serrer). Traiter à la chaleur pendant 10 minutes (voir L'abc de la mise en conserve, p. 10).

3. Éteindre le feu. Retirer le couvercle de la marmite et y laisser reposer les pots 5 minutes. Soulever le support et l'accrocher sur le bord de la marmite. À l'aide d'une pince à bocaux, déposer les pots sur une grille et les laisser refroidir pendant 24 heures, sans les toucher.

PAR PORTION DE 1 C. À TAB (15 ML): cal.: 29; prot.: traces; m.g.: traces (aucun sat.); chol.: aucun; gluc.: 7 g; fibres: traces; sodium: 20 mg.

Variantes

Chutney aux pêches: Remplacer les poires par des pêches pelées et hachées.

Chutney aux prunes et aux pommes: Remplacer les poires par 4 t (1 L) chacune de prunes rouges non pelées, hachées grossièrement, et de pommes à cuire pelées et hachées grossièrement. Omettre le cari et ajouter 1/2 c. à thé (2 ml) de coriandre moulue.

Chutney au tamarin

Servir ce chutney aux accents exotiques comme trempette pour les samosas ou les rouleaux impériaux, ou encore comme condiment pour le poisson ou le poulet frits, les brochettes de boeuf ou d'agneau haché, ou le rôti de porc. On trouve la pâte de tamarin dans les épiceries asiatiques.

Donne environ 6 t (1,5 L) • Préparation: 45 min
Cuisson: 1 h 15 min • Traitement: 15 min

5 t	eau	1,25 L
1	paquet de pâte de tamarin sans pépins (1 lb/454 g)	1
4 c. à thé	graines de cumin	20 ml
1 c. à tab	graines de coriandre	15 ml
2 c. à thé	graines de fenouil	10 ml
1/4 c. à thé	grains de poivre noir	1 ml
4	clous de girofle entiers	4
1 1/2 t	dattes hachées grossièrement	375 ml
1/2	gros oignon doux (de type espagnol ou Vidalia) ou oignon blanc, haché grossièrement	1/2
1 t	coriandre fraîche (feuilles et tiges), hachée grossièrement	250 ml
1/2 t	piments chilis verts frais, épépinés et hachés grossièrement	125 ml
2 c. à tab	gingembre frais, haché grossièrement	30 ml
3	gousses d'ail écrasées	3
2 1/4 t	cassonade tassée	560 ml
1/3 t	vinaigre de riz	80 ml
2 c. à thé	sel	10 ml
3/4 c. à thé	piment de Cayenne	4 ml

1. Dans une grande casserole, mélanger l'eau et la pâte de tamarin. Porter à ébullition en brisant la pâte à l'aide d'une cuillère. Réduire à feu doux et laisser mijoter, en brassant de temps à autre, pendant 20 minutes. Retirer la casserole du feu. Dans une passoire fine placée sur un bol ou sur une grande tasse à mesurer, filtrer la préparation de tamarin en pressant avec le dos d'une cuillère. Mesurer 3 t (750 ml) du liquide. Si la quantité est insuffisante, ajouter un peu d'eau chaude sur la préparation de tamarin (jeter les ingrédients solides). Verser le liquide dans la casserole.

2. Dans un poêlon, faire griller séparément les graines de cumin, de coriandre et de fenouil, les grains de poivre et les clous de girofle à feu moyen-doux jusqu'à ce qu'ils dégagent leur arôme et noircissent légèrement (ne pas faire trop griller). Dans un moulin à épices (ou à café) ou dans un mortier, à l'aide d'un pilon, moudre finement les épices. Réserver.

3. Au robot culinaire, réduire en purée lisse les dattes, l'oignon, la coriandre, les piments verts, le gingembre et l'ail. Mettre la préparation dans la casserole contenant le liquide de tamarin. Ajouter les épices moulues réservées, la cassonade, le vinaigre, le sel et le piment

de Cayenne et porter à ébullition. Réduire le feu et laisser mijoter, en brassant, jusqu'à ce que la cassonade soit dissoute. Couvrir et poursuivre la cuisson à feu moyen-doux, en brassant souvent, pendant 25 minutes.

4. À l'aide d'une louche, répartir le chutney chaud dans six pots en verre chauds d'une capacité de 1 t (250 ml) chacun jusqu'à 1/2 po (1 cm) du bord. À l'aide d'une spatule en caoutchouc, enlever les bulles d'air. Essuyer le bord de chaque pot, au besoin. Centrer le couvercle sur le pot et visser l'anneau jusqu'au point de résistance (ne pas trop serrer). Traiter à la chaleur pendant 15 minutes (voir L'abc de la mise en conserve, p. 10).

5. Éteindre le feu. Retirer le couvercle de la marmite et y laisser reposer les pots 5 minutes. Soulever le support et l'accrocher sur le bord de la marmite. À l'aide d'une pince à bocaux, déposer les pots sur une grille et les laisser refroidir pendant 24 heures, sans les toucher.

PAR PORTION DE 1 C. À TAB (15 ML): cal.: 40; prot.: traces; m.g.: traces (aucun sat.); chol.: aucun; gluc.: 10 g; fibres: traces; sodium: 52 mg.

astuce

Pour une trempette plus acidulée et plus claire, ajouter du jus de lime au chutney au moment de servir.

Chutney à la papaye et au rhum

Un régal dans les sandwichs! Si désiré, on peut omettre le rhum, mais il faudra surveiller le chutney de près, car il cuira plus rapidement.

Donne environ 5 t (1,25 L) • Préparation: 45 min
Cuisson: 40 à 50 min • Traitement: 10 min

6 t	papayes épépinées et hachées	1,5 L
	ou	
6 t	mangues hachées	1,5 L
1/2 t	piments chilis verts frais (de type jalapeño ou poblano), pelés et épépinés, hachés	125 ml
4	grosses gousses d'ail, coupées en quatre	4
2 t	cassonade tassée	500 ml
1 1/2 t	vinaigre de cidre	375 ml
1/2 t	rhum blanc	125 ml

1. Mettre les papayes et les piments dans une grande casserole à fond épais. Ajouter l'ail, la cassonade et le vinaigre et porter à ébullition à feu moyen. Réduire le feu, incorporer le rhum et laisser mijoter, en brassant de temps à autre, de 30 à 40 minutes ou jusqu'à ce que le chutney ait épaissi.

2. À l'aide d'une louche, répartir le chutney chaud dans cinq pots en verre chauds d'une capacité de 1 t (250 ml) chacun jusqu'à 1/2 po (1 cm) du bord. À l'aide d'une spatule en caoutchouc, enlever les bulles d'air. Essuyer le bord de chaque pot, au besoin. Centrer le couvercle sur le pot et visser l'anneau jusqu'au point de résistance (ne pas trop serrer). Traiter à la chaleur pendant 10 minutes (voir L'abc de la mise en conserve, p. 10).

3. Éteindre le feu. Retirer le couvercle de la marmite et y laisser reposer les pots 5 minutes. Soulever le support et l'accrocher sur le bord de la marmite. À l'aide d'une pince à bocaux, déposer les pots sur une grille et les laisser refroidir pendant 24 heures, sans les toucher.

PAR PORTION DE 1 C. À TAB (15 ML): cal.: 36; prot.: aucune; m.g.: aucune (aucun sat.); chol.: aucun; gluc.: 8 g; fibres: aucune; sodium: 3 mg.

astuce

Pour ce chutney, choisir des papayes légèrement fermes au toucher; écarter celles qui sont trop mûres.

Chutney aux abricots et aux dattes

Une belle idée de bouchées pour l'apéro: tartiner des morceaux de pain de seigle de fromage à la crème et garnir d'un peu de ce chutney.

Donne environ 4 t (1 L) • Préparation: 30 min
Cuisson: 30 min • Traitement: 10 min

1 c. à tab	huile végétale	15 ml
1 t	oignon haché	250 ml
2 c. à thé	gingembre frais, râpé	10 ml
4	gousses d'ail hachées finement	4
2/3 t	sucre	160 ml
1/2 t	vinaigre de vin rouge	125 ml
1/4 t	jus de citron fraîchement pressé	60 ml
1/2 c. à thé	moutarde en poudre	2 ml
1/2 c. à thé	piment de la Jamaïque moulu	2 ml
1	pincée de clou de girofle moulu	1
3 t	abricots mûrs, pelés et hachés	750 ml
3/4 t	dattes dénoyautées, hachées finement	180 ml

1. Dans une casserole à fond épais, chauffer l'huile à feu moyen. Ajouter l'oignon, le gingembre et l'ail et cuire, en brassant de temps à autre, jusqu'à ce que l'oignon ait ramolli. Ajouter le sucre, le vinaigre, le jus de citron, la moutarde, le piment de la Jamaïque et le clou de girofle. Porter à ébullition en brassant jusqu'à ce que le sucre soit dissous. Réduire le feu et laisser mijoter pendant 5 minutes.

2. Incorporer les abricots et les dattes et porter de nouveau à ébullition. Réduire le feu et laisser mijoter, en brassant de temps à autre, pendant environ 10 minutes ou jusqu'à ce que la préparation ait épaissi. Retirer la casserole du feu.

3. À l'aide d'une louche, répartir le chutney chaud dans quatre pots en verre chauds d'une capacité de 1 t (250 ml) chacun jusqu'à 1/2 po (1 cm) du bord. À l'aide d'une spatule en caoutchouc, enlever les bulles d'air. Essuyer le bord de chaque pot, au besoin. Centrer le couvercle sur le pot et visser l'anneau jusqu'au point de résistance (ne pas trop serrer). Traiter à la chaleur pendant 10 minutes (voir L'abc de la mise en conserve, p. 10).

4. Éteindre le feu. Retirer le couvercle de la marmite et y laisser reposer les pots 5 minutes. Soulever le support et l'accrocher sur le bord de la marmite. À l'aide d'une pince à bocaux, déposer les pots sur une grille et les laisser refroidir pendant 24 heures, sans les toucher.

PAR PORTION DE 2 C. À TAB (30 ML): cal.: 39; prot.: aucune; m.g.: aucune (aucun sat.); chol.: aucun; gluc.: 9 g; fibres: 1 g; sodium: 1 mg.

Chutney aux betteraves et aux pommes

Donne environ 6 t (1,5 L) • Préparation: 40 min
Cuisson: 1 h 30 min • Traitement: 20 min

8	grosses betteraves	8
1	citron	1
3 t	pommes pelées et hachées	750 ml
2 t	oignons hachés	500 ml
2 t	sucre	500 ml
2 t	vinaigre de cidre	500 ml
1/2 t	raisins secs	125 ml
1/4 t	gingembre confit coupé en dés	60 ml
1 c. à thé	graines de moutarde	5 ml
1/2 c. à thé	sel	2 ml
1/2 c. à thé	poivre noir du moulin	2 ml

1. Parer les betteraves en conservant la racine et en laissant environ 1 po (2,5 cm) de tige. Dans une grande casserole d'eau bouillante, cuire les betteraves pendant environ 30 minutes ou jusqu'à ce qu'elles soient tendres. Égoutter et laisser refroidir. Peler les betteraves en faisant glisser la peau avec les doigts, puis couper en dés. Mesurer 4 1/2 t (1,125 L) de betteraves en dés. Réserver.

2. Entre-temps, à l'aide d'un zesteur, retirer le zeste du citron (ou encore, à l'aide d'un économe, prélever le zeste en évitant de prendre la peau blanche; couper en fines lanières). Presser le citron pour en extraire le jus. À l'aide d'une passoire fine, filtrer le jus dans une grande casserole à fond épais autre qu'en aluminium.

3. Dans la casserole, ajouter le zeste de citron, les pommes, les oignons, le sucre, le vinaigre, les raisins secs, le gingembre, les graines de moutarde, le sel et le poivre et mélanger. Porter à ébullition. Réduire à feu doux et laisser mijoter, en brassant de temps à autre, pendant environ 30 minutes ou jusqu'à ce que les pommes soient tendres. Ajouter les betteraves réservées et poursuivre la cuisson de 10 à 15 minutes ou jusqu'à ce que la préparation ait épaissi.

4. À l'aide d'une louche, répartir le chutney chaud dans six pots en verre chauds d'une capacité de 1 t (250 ml) chacun jusqu'à 1/2 po (1 cm) du bord. À l'aide d'une spatule en caoutchouc, enlever les bulles d'air. Essuyer le bord de chaque pot, au besoin. Centrer le couvercle sur le pot et visser l'anneau jusqu'au point de résistance (ne pas trop serrer). Traiter à la chaleur pendant 20 minutes (voir L'abc de la mise en conserve, p. 10).

5. Éteindre le feu. Retirer le couvercle de la marmite et y laisser reposer les pots 5 minutes. Soulever le support et l'accrocher sur le bord de la marmite. À l'aide d'une pince à bocaux, déposer les pots sur une grille et les laisser refroidir pendant 24 heures, sans les toucher.

PAR PORTION DE 1 C. À TAB (15 ML): cal.: 30; prot.: traces; m.g.: traces (aucun sat.); chol.: aucun; gluc.: 8 g; fibres: traces; sodium: 22 mg.

Confit de carottes

Donne environ 7 t (1,75 L)
Préparation: 30 min • Cuisson: 35 min
Traitement: 10 min

2 t	carottes râpées finement	500 ml
1 t	poire pelée et hachée finement	250 ml
1	boîte d'ananas broyé dans son jus, non égoutté (14 oz/398 ml)	1
2 c. à tab	jus de citron fraîchement pressé	30 ml
1 c. à thé	cannelle moulue	5 ml
1/2 c. à thé	muscade moulue	2 ml
1	sachet de cristaux de pectine (57 g)	1
4 t	sucre	1 L
2 t	cassonade tassée	500 ml
1/4 t	flocons de noix de coco ou raisins secs (facultatif)	60 ml
1 c. à thé	vanille	5 ml

1. Dans une grande casserole à fond épais, mélanger les carottes, la poire, l'ananas et son jus, le jus de citron, la cannelle et la muscade. Porter à ébullition en brassant sans arrêt. Réduire le feu, couvrir et laisser mijoter, en brassant souvent, pendant 20 minutes. Retirer la casserole du feu. Incorporer la pectine et mélanger jusqu'à ce qu'elle soit dissoute. Porter de nouveau à ébullition en brassant sans arrêt. Ajouter le sucre et la cassonade et porter à pleine ébullition. Laisser bouillir à gros bouillons, en brassant sans arrêt, pendant 1 minute. Retirer la casserole du feu et écumer la confiture. Incorporer les flocons de noix de coco, si désiré, et la vanille.

2. À l'aide d'une louche et d'un entonnoir, répartir la confiture chaude dans sept pots en verre chauds d'une capacité de 1 t (250 ml) chacun jusqu'à 1/4 po (5 mm) du bord. À l'aide d'une spatule en caoutchouc, enlever les bulles d'air. Essuyer le bord de chaque pot, au besoin. Centrer le couvercle sur le pot et visser l'anneau jusqu'au point de résistance (ne pas trop serrer). Traiter à la chaleur pendant 10 minutes (voir L'abc de la mise en conserve, p. 10).

3. Éteindre le feu. Retirer le couvercle de la marmite et y laisser reposer les pots 5 minutes. Soulever le support et l'accrocher sur le bord de la marmite. À l'aide d'une pince à bocaux, déposer les pots sur une grille et les laisser refroidir pendant 24 heures, sans les toucher.

PAR PORTION DE 1 C. À TAB (15 ML): cal.: 48; prot.: aucune; m.g.: aucune (aucun sat.); chol.: aucun; gluc.: 13 g; fibres: aucune; sodium: 3 mg.

Confit d'oignons rouges à l'orange

Pour accompagner le porc, l'agneau et le boeuf, ou à servir avec des craquelins et un fromage crémeux.

Donne environ 3 t (750 ml) • Préparation: 30 min
Cuisson: 10 min • Traitement: 10 min

1	orange	1
3 t	sucre	750 ml
1 1/2 t	oignons rouges coupés en tranches fines	375 ml
3/4 t	vinaigre de vin rouge	180 ml
1/2 c. à thé	sel	2 ml
1	sachet de pectine liquide (85 ml)	1

1. À l'aide d'un économe, retirer le zeste de l'orange par larges bandes en travaillant de haut en bas (réserver la chair pour un usage ultérieur). Gratter les bandes de zeste pour enlever la peau blanche, puis les couper en très fines lanières sur la longueur.

2. Dans une grande casserole à fond épais, mélanger les lanières de zeste, le sucre, les oignons, le vinaigre de vin et le sel. Porter à ébullition et laisser bouillir pendant 1 minute. Incorporer la pectine. Retirer la casserole du feu.

3. En travaillant avec une pince, répartir les oignons et le zeste d'orange dans trois pots en verre chauds d'une capacité de 1 t (250 ml) chacun. À l'aide d'une louche et d'un entonnoir, répartir le liquide dans les pots jusqu'à 1/4 po (5 mm) du bord. À l'aide d'une spatule en caoutchouc, enlever les bulles d'air. Essuyer le bord de chaque pot, au besoin. Centrer le couvercle sur le pot et visser l'anneau jusqu'au point de résistance (ne pas trop serrer). Traiter à la chaleur pendant 10 minutes (voir L'abc de la mise en conserve, p. 10).

4. Éteindre le feu. Retirer le couvercle de la marmite et y laisser reposer les pots 5 minutes. Soulever le support et l'accrocher sur le bord de la marmite. À l'aide d'une pince à bocaux, déposer les pots sur une grille et les laisser refroidir pendant 24 heures, sans les toucher.

PAR PORTION DE 1 C. À TAB (15 ML): cal.: 51; prot.: aucune; m.g.: aucune (aucun sat.); chol.: aucun; gluc.: 13 g; fibres: traces; sodium: 24 mg.

Variante

Confit d'oignons rouges piquant: Ajouter 1/2 c. à thé (2 ml) de poivre noir moulu grossièrement ou de flocons de piment fort.

astuce
La mandoline est le meilleur outil pour obtenir de fines tranches d'oignon.

Confit de tomates au basilic

Donne environ 5 t (1,25 L) • Préparation: 30 min
Cuisson: 30 min • Traitement: 5 min

2 1/2 lb	tomates mûres, pelées et épépinées, hachées finement	1,25 kg
1/4 t	jus de citron fraîchement pressé	60 ml
3 c. à tab	basilic frais, haché finement	45 ml
1	sachet de cristaux de pectine légère (49 g)	1
3 t	sucre	750 ml

1. Mesurer 3 1/2 t (875 ml) de tomates hachées et les mettre dans une grande casserole à fond épais. Porter à ébullition en brassant de temps à autre. Réduire le feu, couvrir et laisser mijoter, en brassant souvent, pendant 10 minutes. Mesurer 3 1/3 t (830 ml) de tomates et les remettre dans la casserole. Ajouter le jus de citron et le basilic et mélanger.

2. Dans un petit bol, mélanger la pectine et 1/4 t (60 ml) du sucre. Incorporer le mélange de pectine à la préparation de tomates. Porter à pleine ébullition en brassant sans arrêt. Ajouter le reste du sucre et porter de nouveau à pleine ébullition en brassant sans arrêt. Laisser bouillir à gros bouillons, en brassant sans arrêt, pendant 1 minute. Retirer la casserole du feu et écumer la confiture.

3. À l'aide d'une louche et d'un entonnoir, répartir la confiture chaude dans cinq pots en verre chauds d'une capacité de 1 t (250 ml) chacun jusqu'à 1/4 po (5 mm) du bord. À l'aide d'une spatule en caoutchouc, enlever les bulles d'air. Essuyer le bord de chaque pot, au besoin. Centrer le couvercle sur le pot et visser l'anneau jusqu'au point de résistance (ne pas trop serrer). Traiter à la chaleur pendant 5 minutes (voir L'abc de la mise en conserve, p. 10).

4. Éteindre le feu. Retirer le couvercle de la marmite et y laisser reposer les pots 5 minutes. Soulever le support et l'accrocher sur le bord de la marmite. À l'aide d'une pince à bocaux, déposer les pots sur une grille et les laisser refroidir pendant 24 heures, sans les toucher.

PAR PORTION DE 1 C. À TAB (15 ML): cal.: 39; prot.: aucune; m.g.: aucune (aucun sat.); chol.: aucun; gluc.: 10 g; fibres: aucune; sodium: 4 mg.

Citrons confits au sel

Il faut habituellement un mois pour confire parfaitement des citrons.
La méthode présentée ici donne des résultats équivalents en cinq jours
seulement. Pour une texture et une saveur optimales, choisir de préférence
des citrons à peau mince, de type Meyer, ou des citrons bio.

Donne 4 citrons confits • Préparation: 20 min
Cuisson: 20 min • Repos: 30 min

4	citrons	4
4 t	eau	1 L
1/4 t	gros sel de mer	60 ml

1. Mettre les citrons dans un grand bol d'eau
chaude légèrement savonneuse et les brosser
vigoureusement. Bien les rincer et les assécher
avec des essuie-tout.

2. À l'aide d'un couteau d'office, pratiquer
8 incisions verticales de 2 po (5 cm) de longueur
sur chaque citron en faisant pénétrer le couteau
jusqu'aux membranes, mais sans les traverser.

3. Mettre les citrons dans une casserole.
Ajouter l'eau et le sel, couvrir et porter à
ébullition. Réduire le feu et laisser mijoter
pendant environ 15 minutes ou jusqu'à ce que
l'écorce ait ramolli. Retirer la casserole du feu
et laisser refroidir complètement à la
température ambiante.

4. Mettre les citrons dans un pot en verre
stérilisé d'une capacité de 4 t (1 L). Verser
le liquide de cuisson dans le pot. Fermer
hermétiquement et secouer légèrement.
Laisser reposer pendant 5 jours à la température
ambiante avant d'utiliser. Rincer les citrons avant
de les consommer. (Après l'ouverture du pot,
les citrons se conserveront jusqu'à 1 semaine
au réfrigérateur.)

PAR QUART DE CITRON: cal.: 5; prot.: traces; m.g.: traces
(aucun sat.); chol.: aucun; gluc.: 3 g; fibres: 1 g; sodium: 494 mg.

astuce

Pour s'assurer que le pot sera exempt de
bactéries et de moisissure, il faut le stériliser.
Cette étape permet de conserver les citrons à la
température ambiante sans traitement à la
chaleur. Pour stériliser le pot, le submerger dans
l'eau bouillante, dans une grande marmite conçue
pour le traitement des conserves. Laisser bouillir
pendant 10 minutes. Éteindre le feu. Laisser le pot
dans l'eau et l'assécher juste avant de le remplir.

Confit d'oignons doux à l'érable

Pour une saveur plus intense, utiliser un vinaigre de xérès vieilli.

Donne environ 2 1/2 t (625 ml)
Préparation: 30 min • Cuisson: 40 min
Traitement: 5 min

1/4 t	huile d'olive	60 ml
1/4 t	beurre	60 ml
2 1/2 lb	oignons doux (de type Vidalia) coupés en quatre, puis en tranches fines (environ 8 t/2 L en tout)	1,25 kg
2 c. à thé	sel de mer	10 ml
2 c. à tab	feuilles de thym frais	30 ml
1 c. à thé	poivre noir du moulin	5 ml
1 t	sirop d'érable	250 ml
1/4 t	vinaigre de xérès	60 ml

1. Dans un très grand poêlon à fond épais, chauffer l'huile avec le beurre à feu moyen-vif jusqu'à ce que le beurre ait fondu. Ajouter les oignons et les parsemer du sel. Cuire, en brassant souvent, pendant environ 5 minutes ou jusqu'à ce que les oignons commencent à ramollir. Parsemer du thym et du poivre. Réduire à feu moyen-doux, couvrir et cuire de 10 à 12 minutes ou jusqu'à ce que les oignons soient très tendres (remuer deux fois).

2. Ajouter le sirop d'érable et porter au point d'ébullition à feu moyen-vif. Réduire à feu moyen et poursuivre la cuisson à découvert, en brassant souvent, de 15 à 20 minutes ou jusqu'à ce que le liquide se soit presque complètement évaporé. Retirer le poêlon du feu et incorporer le vinaigre.

3. À l'aide d'une louche, répartir le confit d'oignons chaud dans cinq pots en verre chauds d'une capacité de 1/2 t (125 ml) chacun jusqu'à 1/4 po (5 mm) du bord. À l'aide d'une spatule en caoutchouc, enlever les bulles d'air. Essuyer le bord de chaque pot, au besoin. Centrer le couvercle sur le pot et visser l'anneau jusqu'au point de résistance (ne pas trop serrer). Traiter à la chaleur pendant 5 minutes (voir L'abc de la mise en conserve, p. 10).

4. Éteindre le feu. Retirer le couvercle de la marmite et y laisser reposer les pots 5 minutes. Soulever le support et l'accrocher sur le bord de la marmite. À l'aide d'une pince à bocaux, déposer les pots sur une grille et les laisser refroidir pendant 24 heures, sans les toucher.

PAR PORTION DE 2 C. À TAB (30 ML): cal.: 109; prot.: 1 g; m.g.: 5 g (2 g sat.); chol.: 6 mg; gluc.: 16 g; fibres: 1 g; sodium: 180 mg.

chapitre sept

Sauces
et vinaigres

Sauce aux tomates et au basilic

Donne environ 12 t (3 L) • Préparation: 1 h 30 min
Cuisson: 1 h 30 min • Traitement: 35 min

12 lb	tomates	6 kg
3 c. à tab	cassonade tassée	45 ml
2 c. à tab	gros sel	30 ml
1 c. à tab	vinaigre balsamique	15 ml
1 c. à thé	poivre noir du moulin	5 ml
2 t	basilic frais, légèrement tassé, haché finement	500 ml
1 t	fines herbes fraîches mélangées (origan, thym ou persil italien), légèrement tassées, hachées finement	250 ml
1 c. à tab	flocons de piment fort (facultatif)	15 ml
6 c. à tab	jus de citron fraîchement pressé	90 ml

1. Avec la pointe d'un couteau, faire une incision en X à la base de chaque tomate. Dans une grande casserole d'eau bouillante, blanchir les tomates de 1 à 2 minutes ou jusqu'à ce que la peau commence à se détacher. À l'aide d'une écumoire, les plonger dans un grand bol d'eau froide. Les égoutter et les peler.

2. Couper les tomates pelées en morceaux et les hacher au robot culinaire, en plusieurs fois. Dans une grande casserole à fond épais, mélanger les tomates hachées, la cassonade, le sel, le vinaigre et le poivre et porter à ébullition en brassant souvent. Réduire le feu et laisser mijoter, en brassant de temps à autre, de 1 heure 10 minutes à 1 heure 20 minutes ou jusqu'à ce que la sauce ait épaissi à la consistance désirée. Retirer la casserole du feu. Incorporer le basilic, les fines herbes mélangées et les flocons de piment fort, si désiré.

3. Dans six pots en verre chauds d'une capacité de 2 t (500 ml) chacun, mettre 1 c. à tab (15 ml) du jus de citron. À l'aide d'une louche, répartir la sauce chaude dans les pots jusqu'à 1/2 po (1 cm) du bord. À l'aide d'une spatule en caoutchouc, enlever les bulles d'air. Essuyer le bord de chaque pot, au besoin. Centrer le couvercle sur le pot et visser l'anneau jusqu'au point de résistance (ne pas trop serrer). Traiter à la chaleur pendant 35 minutes (voir L'abc de la mise en conserve, p. 10).

4. Éteindre le feu. Retirer le couvercle de la marmite et y laisser reposer les pots 5 minutes. Soulever le support et l'accrocher sur le bord de la marmite. À l'aide d'une pince à bocaux, déposer les pots sur une grille et les laisser refroidir pendant 24 heures, sans les toucher.

PAR PORTION DE 1/2 T (125 ML): cal.: 57; prot.: 2 g; m.g.: 1 g (aucun sat.); chol.: aucun; gluc.: 13 g; fibres: 3 g; sodium: 539 mg.

Variante
Sauce aux tomates fraîches et séchées:
Préparer la recette tel qu'indiqué en incorporant 1 t (250 ml) de tomates séchées (non conservées dans l'huile) hachées finement en même temps que les fines herbes.

Sauce aux tomates et à l'ail rôti

À utiliser pour napper des pâtes, bien sûr, mais aussi pour garnir une pizza ou préparer une lasagne. On peut même y tremper simplement des morceaux de baguette.

Donne environ 12 t (3 L) • Préparation: 2 h
Cuisson: 2 h à 2 h 20 min • Repos: 15 min
Traitement: 35 min

6	bulbes d'ail	6
3 c. à tab	huile d'olive	45 ml
4	poivrons rouges, jaunes ou verts coupés en deux et épépinés	4
12 lb	tomates	6 kg
3 c. à tab	cassonade tassée	45 ml
2 c. à tab	gros sel ou sel casher ou	30 ml
4 c. à thé	sel ordinaire	20 ml
1 c. à tab	vinaigre balsamique	15 ml
1 c. à thé	poivre noir du moulin	5 ml
2 t	basilic frais, légèrement tassé, haché finement	500 ml
1 t	fines herbes fraîches mélangées (origan, thym ou persil italien), tassées légèrement, hachées finement	250 ml
6 c. à tab	jus de citron fraîchement pressé	90 ml

1. Retirer l'excédent de pelure blanche des bulbes d'ail (ne pas séparer les gousses). Couper une tranche de 1/2 po (1 cm) d'épaisseur sur le dessus de chaque bulbe de manière à exposer les gousses. Mettre les bulbes d'ail, la partie coupée dessus, dans une casserole d'une capacité de 6 t (1,5 L), les arroser de 1 c. à tab (15 ml) de l'huile et couvrir la casserole. Mettre les poivrons, le côté coupé dessous, sur une plaque de cuisson tapissée de papier d'aluminium et les badigeonner du reste de l'huile. Faire rôtir l'ail et les poivrons au four préchauffé à 400°F (200°C) de 40 à 50 minutes ou jusqu'à ce que la peau des poivrons soit noircie et que l'ail ait ramolli. Déposer les bulbes d'ail sur une grille et les laisser refroidir suffisamment pour pouvoir les manipuler. Envelopper les poivrons dans le papier d'aluminium et les laisser refroidir de 15 à 20 minutes.

2. Entre-temps, avec la pointe d'un couteau, faire une incision en X à la base de chaque tomate. Dans une grande casserole d'eau bouillante, blanchir les tomates de 1 à 2 minutes ou jusqu'à ce que la peau commence à se détacher. À l'aide d'une écumoire, les plonger dans un grand bol d'eau froide. Les égoutter et les peler.

3. Peler les poivrons refroidis et les hacher. Réserver. Presser délicatement la base des bulbes d'ail refroidis pour extraire les gousses et les mettre dans le récipient d'un robot culinaire. Couper les tomates pelées en morceaux et en mettre un peu dans le récipient du robot. Actionner l'appareil pour hacher les ingrédients. Mettre la préparation d'ail rôti dans une grande casserole à fond épais. Au robot, hacher le reste des tomates, en plusieurs fois, et les mettre dans la casserole. Ajouter la cassonade, le sel, le vinaigre et le poivre et porter à ébullition. Laisser bouillir, en brassant souvent, pendant 50 minutes. Ajouter les poivrons réservés et poursuivre la cuisson, en brassant de temps à autre, de 10 à 20 minutes ou jusqu'à ce que la sauce ait épaissi à la consistance désirée. Retirer la casserole du feu. Incorporer le basilic et les fines herbes mélangées.

Comment faire des tomates en conserve

Elles sont parfaites pour préparer des sauces tomates express ou pour remplacer les tomates en boîte dans toutes nos recettes. Profitons-en pour en faire provision!

BLANCHIR LES TOMATES

Choisir 9 lb (4,5 kg) de tomates mûres mais sans meurtrissures. À l'aide d'un petit couteau, retirer le pédoncule. Avec la pointe du couteau, faire un X à la base de chaque tomate. Dans une grande casserole d'eau bouillante, blanchir les tomates de 30 à 60 secondes. Les retirer de la casserole et les plonger dans l'eau glacée. Égoutter aussitôt. Peler, épépiner et hacher grossièrement. Dans un grand bol, mélanger les tomates, 4 c. à thé (20 ml) de sel et 1 c. à tab (15 ml) de sucre.

REMPLIR LES POTS

Chauffer les pots dans l'eau bouillante pendant 10 minutes et les garder au chaud. Verser 2 c. à tab (30 ml) de jus de citron reconstitué (de type RealLemon) dans chaque pot. À l'aide d'une louche et d'un entonnoir, verser la préparation de tomates dans les pots jusqu'à 1/2 po (1 cm) du bord. À l'aide d'une spatule en caoutchouc, enlever les bulles d'air en remuant délicatement et essuyer le rebord. Déposer le couvercle sur les pots et visser l'anneau jusqu'au point de résistance, sans serrer.

TRAITER À LA CHALEUR

Déposer les pots sur le support de la marmite, remplie aux deux tiers d'eau chaude (les pots doivent être recouverts de 1 à 2 po/2,5 à 5 cm d'eau; ajouter de l'eau chaude, au besoin). Couvrir la marmite et porter à ébullition. Lorsque l'eau bout à gros bouillons, commencer à calculer le temps de traitement de 45 minutes. Éteindre le feu et retirer le couvercle de la marmite. Laisser reposer 5 minutes. À l'aide d'une pince, retirer les pots, les déposer sur un linge et les laisser refroidir à l'abri des courants d'air sans les toucher durant 24 heures (ne pas resserrer les anneaux).

VÉRIFIER LE SCELLEMENT

Appuyer sur le couvercle d'une légère pression du doigt. Celui-ci doit s'incurver vers le bas et ne pas bouger. Resserrer les anneaux. Les pots se conserveront environ 1 an dans un endroit frais et sombre. (Donne environ 4 pots de 4 t/1 L.)

4. Dans six pots en verre chauds d'une capacité de 2 t (500 ml) chacun, mettre 1 c. à tab (15 ml) du jus de citron. À l'aide d'une louche, verser la sauce chaude dans les pots jusqu'à 1/2 po (1 cm) du bord. À l'aide d'une spatule en caoutchouc, enlever les bulles d'air. Essuyer le bord de chaque pot, au besoin. Centrer le couvercle sur le pot et visser l'anneau jusqu'au point de résistance (ne pas trop serrer). Traiter à la chaleur pendant 35 minutes (voir L'abc de la mise en conserve, p. 10).

5. Éteindre le feu. Retirer le couvercle de la marmite et y laisser reposer les pots 5 minutes. Soulever le support et l'accrocher sur le bord de la marmite. À l'aide d'une pince à bocaux, déposer les pots sur une grille et les laisser refroidir pendant 24 heures, sans les toucher.

PAR PORTION DE 1/2 T (125 ML): cal.: 87; prot.: 3 g; m.g.: 2 g (aucun sat.); chol.: aucun; gluc.: 16 g; fibres: 3 g; sodium: 497 mg.

Sauce à tacos

La majorité des sauces à tacos commerciales contiennent beaucoup de sodium. Cette version maison est beaucoup moins salée, et vraiment savoureuse. À garder à portée de main pour les soupers de semaine en famille.

Donne environ 8 t (2 L) • Préparation: 45 min
Cuisson: 1 h 45 min • Traitement: 30 min

16 t	tomates hachées grossièrement	4 L
1 t	oignon haché	250 ml
1 t	vinaigre de cidre	250 ml
2	gousses d'ail hachées finement	2
1/2 t	sucre	125 ml
2 c. à tab	assaisonnement au chili	30 ml
1 c. à thé	sel	5 ml
1 c. à thé	cumin moulu	5 ml
1/2 c. à thé	piment de Cayenne	2 ml

1. Dans une grande casserole, mélanger les tomates, l'oignon, le vinaigre et l'ail et porter à ébullition. Réduire le feu, couvrir et laisser mijoter pendant environ 1 heure ou jusqu'à ce que les légumes soient très tendres.

2. Passer la préparation au moulin à légumes muni d'une grille fine (ou la filtrer dans une passoire fine) placé sur la casserole propre. Ajouter le sucre, l'assaisonnement au chili, le sel, le cumin et le piment de Cayenne et porter à ébullition. Réduire le feu et laisser mijoter, en brassant souvent, pendant environ 25 minutes ou jusqu'à ce que la sauce ait suffisamment épaissi pour napper le dos d'une cuillère.

3. À l'aide d'une louche, répartir la sauce chaude dans quatre pots en verre chauds d'une capacité de 2 t (500 ml) chacun jusqu'à 1/2 po (1 cm) du bord. À l'aide d'une spatule en caoutchouc, enlever les bulles d'air. Essuyer le bord de chaque pot, au besoin. Centrer le couvercle sur le pot et visser l'anneau jusqu'au point de résistance (ne pas trop serrer). Traiter à la chaleur pendant 30 minutes (voir L'abc de la mise en conserve, p. 10).

4. Éteindre le feu. Retirer le couvercle de la marmite et y laisser reposer les pots 5 minutes. Soulever le support et l'accrocher sur le bord de la marmite. À l'aide d'une pince à bocaux, déposer les pots sur une grille et les laisser refroidir pendant 24 heures, sans les toucher.

PAR PORTION DE 1 C. À TAB (15 ML): cal.: 8; prot.: traces; m.g.: traces (aucun sat.); chol.: aucun; gluc.: 2 g; fibres: traces; sodium: 20 mg.

Sauce thaïe

Cette sauce au gingembre épicée est parfaite pour faire mariner
et pour badigeonner la viande ou la volaille, et pour préparer des sautés.

Donne environ 1 1/4 t (310 ml)
Préparation: 10 min • Cuisson: 10 min

2/3 t	sirop de maïs	160 ml
1/2 t	vinaigre de riz ou vinaigre de cidre	125 ml
1/3 t + 1 c. à tab	eau	95 ml + 15 ml
1/4 t	gingembre frais, râpé	60 ml
4	gousses d'ail coupées en tranches	4
1/2 c. à thé	sauce tabasco	2 ml
1 c. à tab	fécule de maïs	15 ml
1/4 t	sauce soja	60 ml
2 c. à tab	huile de sésame grillé	30 ml

1. Dans une casserole, mélanger le sirop de maïs, le vinaigre, 1/3 t (80 ml) de l'eau, le gingembre, l'ail et la sauce tabasco et porter à ébullition. Réduire le feu et laisser mijoter, en brassant, pendant 1 minute. Dans un petit bol, délayer la fécule de maïs dans le reste de l'eau. Incorporer le mélange de fécule à la préparation de gingembre en fouettant. Porter à ébullition et laisser bouillir pendant environ 1 minute ou jusqu'à ce que la préparation ait épaissi. Retirer la casserole du feu. Incorporer la sauce soja et l'huile de sésame. Laisser refroidir.

2. Dans une passoire fine placée sur un pot en verre d'une capacité de 2 t (500 ml), filtrer la sauce. Fermer le pot et réfrigérer. (La sauce se conservera jusqu'à 2 semaines au réfrigérateur.)

PAR PORTION DE 1 C. À TAB (15 ML): cal.: 50; prot.: traces; m.g.: 1 g (traces sat.); chol.: aucun; gluc.: 9 g; fibres: aucune; sodium: 174 mg.

Sauce chili classique

Une incontournable dans les hamburgers et sur le pain de viande, à préparer pendant que la saison des tomates bat son plein. On peut aussi congeler la quantité de tomates hachées nécessaire et cuisiner la sauce plus tard.

Donne environ 6 t (1,5 L) • Préparation: 45 min
Cuisson: 1 h 15 min • Traitement: 10 min

8 t	tomates pelées et hachées	2 L
1 1/2 t	oignons hachés	375 ml
1 1/2 t	poivron rouge haché	375 ml
1 1/2 t	vinaigre blanc	375 ml
1 t	poivron vert haché	250 ml
1 t	céleri haché	250 ml
3/4 t	sucre (environ)	180 ml
1 c. à tab	piment chili rouge frais, haché finement	15 ml
1	gousse d'ail hachée finement	1
1 c. à thé	sel	5 ml
1 c. à thé	graines de moutarde	5 ml
1/2 c. à thé	graines de céleri	2 ml
1/2 c. à thé	clou de girofle moulu	2 ml
1/2 c. à thé	cannelle moulue	2 ml
1/4 c. à thé	gingembre moulu	1 ml
1/4 c. à thé	poivre noir du moulin	1 ml
1	pincée de piment de Cayenne (environ)	1

1. Dans une grande casserole à fond épais, mélanger tous les ingrédients. Porter à ébullition en brassant souvent. Réduire le feu et laisser mijoter assez fortement, en brassant souvent, pendant environ 1 heure ou jusqu'à ce que la préparation ait épaissi. Rectifier l'assaisonnement en ajoutant jusqu'à 1/4 t (60 ml) de sucre et un peu de piment de Cayenne, si désiré.

2. À l'aide d'une louche, répartir la sauce chaude dans six pots en verre chauds d'une capacité de 1 t (250 ml) chacun jusqu'à 1/2 po (1 cm) du bord. À l'aide d'une spatule en caoutchouc, enlever les bulles d'air. Essuyer le bord de chaque pot, au besoin. Centrer le couvercle sur le pot et visser l'anneau jusqu'au point de résistance (ne pas trop serrer). Traiter à la chaleur pendant 10 minutes (voir L'abc de la mise en conserve, p. 10).

3. Éteindre le feu. Retirer le couvercle de la marmite et y laisser reposer les pots 5 minutes. Soulever le support et l'accrocher sur le bord de la marmite. À l'aide d'une pince à bocaux, déposer les pots sur une grille et les laisser refroidir pendant 24 heures, sans les toucher.

PAR PORTION DE 1 C. À TAB (15 ML): cal.: 12; prot.: traces; m.g.: traces (aucun sat.); chol.: aucun; gluc.: 3 g; fibres: traces; sodium: 26 mg.

Sauce chili fruitée

Donne environ 8 t (2 L) • Préparation: 1 h
Cuisson: 1 h 15 min à 1 h 30 min
Traitement: 20 min

1	bâton de cannelle cassé en deux	1
2 c. à tab	épices pour marinades	30 ml
2 c. à thé	graines de moutarde	10 ml
1 c. à thé	graines de céleri	5 ml
1/2 c. à thé	clous de girofle entiers	2 ml
1/2 c. à thé	grains de poivre noir	2 ml
5 t	tomates pelées et hachées	1,25 L
3 t	poires pelées et hachées	750 ml
3 t	oignons hachés	750 ml
2 t	vinaigre de cidre	500 ml
1 1/2 t	prunes pelées et hachées	375 ml
1 t	céleri haché	250 ml
1 t	poivron rouge haché finement	250 ml
1 t	poivron vert haché finement	250 ml
1 t	cassonade tassée	250 ml
1/2 t	piments jalapeños frais, épépinés et hachés finement	125 ml
2 c. à thé	sel	10 ml

1. Mettre toutes les épices sur un carré d'étamine (coton à fromage). Nouer les extrémités de manière à former une pochette.

2. Dans une grande casserole, mélanger les tomates, les poires, les oignons, le vinaigre, les prunes, le céleri, les poivrons, la cassonade, les piments et le sel, puis ajouter la pochette d'épices. Porter à ébullition en brassant de temps à autre. Réduire le feu et laisser mijoter pendant 45 minutes. À l'aide d'un presse-purée, écraser les morceaux plus gros. Poursuivre la cuisson de 15 à 30 minutes ou jusqu'à ce que la sauce ait épaissi. Retirer la pochette d'épices.

3. À l'aide d'une louche, répartir la sauce chaude dans quatre pots en verre chauds d'une capacité de 2 t (500 ml) chacun jusqu'à 1/2 po (1 cm) du bord. À l'aide d'une spatule en caoutchouc, enlever les bulles d'air. Essuyer le bord de chaque pot, au besoin. Centrer le couvercle sur le pot et visser l'anneau jusqu'au point de résistance (ne pas trop serrer). Traiter à la chaleur pendant 20 minutes (voir L'abc de la mise en conserve, p. 10).

4. Éteindre le feu. Retirer le couvercle de la marmite et y laisser reposer les pots 5 minutes. Soulever le support et l'accrocher sur le bord de la marmite. À l'aide d'une pince à bocaux, déposer les pots sur une grille et les laisser refroidir pendant 24 heures, sans les toucher.

PAR PORTION DE 1 C. À TAB (15 ML): cal.: 14; prot.: traces; m.g.: aucune (aucun sat.); chol.: aucun; gluc.: 4 g; fibres: traces; sodium: 38 mg.

Sauce barbecue fumée

Une sauce parfaite pour badigeonner les côtes levées, mais aussi le poulet, les biftecks, les côtelettes de porc et les boulettes de hamburgers. On prépare la recette en double pendant la saison du barbecue.

Donne environ 1 1/4 t (310 ml)
Préparation: 15 min • Cuisson: 30 min

1 c. à tab	huile végétale	15 ml
1	petit oignon, haché finement	1
2	gousses d'ail hachées finement	2
1 c. à tab	paprika fumé	15 ml
1 c. à thé	moutarde en poudre	5 ml
1/4 c. à thé	sel	1 ml
1 t	ketchup ou sauce chili	250 ml
1/2 t	eau	125 ml
2 c. à tab	cassonade tassée	30 ml
2 c. à tab	vinaigre de cidre	30 ml

1. Dans une casserole, chauffer l'huile à feu moyen. Ajouter l'oignon, l'ail, le paprika, la moutarde et le sel et cuire, en brassant de temps à autre, pendant environ 3 minutes ou jusqu'à ce que l'oignon ait ramolli. Ajouter le ketchup, l'eau, la cassonade et le vinaigre et porter à ébullition. Réduire le feu et laisser mijoter pendant environ 20 minutes ou jusqu'à ce que la préparation ait la consistance d'un ketchup épais.

2. Au robot culinaire ou au mélangeur, réduire la préparation en purée lisse.

3. À l'aide d'une cuillère, mettre la sauce dans un contenant hermétique jusqu'à 1/2 po (1 cm) du bord. Fermer le contenant et réfrigérer. (La sauce se conservera jusqu'à 2 semaines au réfrigérateur.)

PAR PORTION DE 1 C. À TAB (15 ML): cal.: 24; prot.: traces; m.g.: 1 g (aucun sat.); chol.: aucun; gluc.: 5 g; fibres: traces; sodium: 159 mg.

Variante
Sauce barbecue fumée au vin rouge:
Remplacer l'eau par du vin rouge.

Sauces et vinaigres

Sauce aux piments

On en garde une petite bouteille à portée de main pour relever la pizza, les ailes de poulet, etc. À noter: il faut agiter la sauce avant de l'utiliser, car elle a tendance à se séparer.

Donne environ 2 t (500 ml) • Préparation: 30 min
Cuisson: 50 min • Traitement: 10 min

1 3/4 t	piments chilis rouges thaïs (de type oiseau) frais, la tige enlevée	430 ml
1 1/2 t	poivrons rouges hachés grossièrement	375 ml
2 c. à tab	sel pour marinades	30 ml
1 t + 2 c. à tab	eau	280 ml + 30 ml
1 c. à tab	graines de moutarde	15 ml
1 1/2 c. à thé	graines de coriandre	7 ml
1/2 c. à thé	graines de cumin	2 ml
1 c. à thé	macis émietté	5 ml
1 3/4 t	vinaigre blanc	430 ml
2 c. à tab	sauce de poisson (facultatif)	30 ml
1 c. à thé	sucre	5 ml
2 c. à tab	farine	30 ml

1. Au robot culinaire, mélanger les piments, les poivrons et le sel jusqu'à ce que le mélange forme une pâte. Ajouter 1 t (250 ml) de l'eau et mélanger. Réserver. Dans une casserole, faire griller les graines de moutarde, de coriandre et de cumin et le macis à feu doux pendant environ 4 minutes ou jusqu'à ce que les épices dégagent leur arôme. Ajouter la pâte de piments réservée, le vinaigre, la sauce de poisson, si désiré, et le sucre et porter à ébullition. Réduire le feu, couvrir et laisser mijoter pendant 40 minutes.

2. Dans une passoire fine placée sur un bol, filtrer la préparation de piments (jeter les ingrédients solides), puis la remettre dans la casserole propre. Dans un petit bol, à l'aide d'un fouet, délayer la farine dans le reste de l'eau. Incorporer le mélange de farine à la préparation de piments en fouettant. Porter à ébullition et laisser bouillir pendant environ 2 minutes ou jusqu'à ce que la sauce ait légèrement épaissi. Filtrer de nouveau.

3. À l'aide d'une louche, répartir la sauce chaude dans quatre pots en verre chauds d'une capacité de 1/2 t (125 ml) chacun jusqu'à 1/2 po (1 cm) du bord. À l'aide d'une spatule en caoutchouc, enlever les bulles d'air. Essuyer le bord de chaque pot, au besoin. Centrer le couvercle sur le pot et visser l'anneau jusqu'au point de résistance (ne pas trop serrer). Traiter à la chaleur pendant 10 minutes (voir L'abc de la mise en conserve, p. 10).

4. Éteindre le feu. Retirer le couvercle de la marmite et y laisser reposer les pots 5 minutes. Soulever le support et l'accrocher sur le bord de la marmite. À l'aide d'une pince à bocaux, déposer les pots sur une grille et les laisser refroidir pendant 24 heures, sans les toucher.

PAR PORTION DE 1 C. À TAB (15 ML): cal.: 11; prot.: traces; m.g.: traces (aucun sat.); chol.: aucun; gluc.: 2 g; fibres: traces; sodium: 292 mg.

astuce

Si on aime les sauces vraiment piquantes, on peut remplacer les piments thaïs par des piments Scotch Bonnet ou habaneros hachés grossièrement. Pour une version plus douce, on la prépare avec des piments chilis rouges de type finger.

Sauce aux piments bananes

Les piments bananes sont moyennement forts, mais cette sauce est tout de même assez piquante, car elle est préparée avec les piments non épépinés et leurs membranes. Pour une version plus douce, on enlève les pépins et les membranes.

Donne environ 14 t (3,5 L) • Préparation: 30 min
Cuisson: 1 h 15 min • Traitement: 15 min

3 lb	piments bananes forts frais, coupés en tranches	1,5 kg
2	gros oignons blancs, hachés	2
2 t	pommes non pelées (avec le coeur), coupées en quatre, puis en tranches	500 ml
2 t	vinaigre de cidre	500 ml
1/3 t	graines de moutarde	80 ml
3 c. à tab	ail haché finement	45 ml
2 c. à tab	sel	30 ml
1 c. à tab	macis émietté	15 ml
3/4 c. à thé	curcuma	4 ml

1. Dans une grande casserole, mélanger tous les ingrédients et porter à ébullition. Réduire le feu, couvrir et laisser mijoter à feu moyen-doux pendant environ 1 heure, en brassant de temps à autre. Passer la préparation de piments au moulin à légumes muni d'une grille fine, placé sur un bol.

2. À l'aide d'une louche, répartir la sauce chaude dans sept pots en verre chauds d'une capacité de 2 t (500 ml) chacun jusqu'à 1/2 po (1 cm) du bord. À l'aide d'une spatule en caoutchouc, enlever les bulles d'air. Essuyer le bord de chaque pot, au besoin. Centrer le couvercle sur le pot et visser l'anneau jusqu'au point de résistance (ne pas trop serrer). Traiter à la chaleur pendant 15 minutes (voir L'abc de la mise en conserve, p. 10).

3. Éteindre le feu. Retirer le couvercle de la marmite et y laisser reposer les pots 5 minutes. Soulever le support et l'accrocher sur le bord de la marmite. À l'aide d'une pince à bocaux, déposer les pots sur une grille et les laisser refroidir pendant 24 heures, sans les toucher. Laisser reposer la sauce à la température ambiante pendant 3 jours avant de la consommer.

PAR PORTION DE 1 C. À TAB (15 ML): cal.: 4; prot.: traces; m.g.: traces (aucun sat.); chol.: aucun; gluc.: 1 g; fibres: traces; sodium: 54 mg.

astuces

• Idéalement, on devrait utiliser un moulin à légumes pour passer la sauce. Si on n'en possède pas, on peut la filtrer dans une passoire fine, mais l'opération sera plus difficile.

• On peut remplacer le macis par les trois quarts d'une noix de muscade écrasée en petits morceaux avec le plat d'un couteau.

Sauce aux piments et à l'ail

Cette sauce typiquement asiatique relève bien les plats de nouilles et les soupes vietnamiennes, et ajoute du piquant aux pizzas et aux hamburgers.

Donne environ 7 3/4 t (1,93 L)
Préparation: 45 min • Cuisson: 20 min
Traitement: 15 min

4	bulbes d'ail	4
3 lb	piments chilis rouges frais, épépinés et hachés grossièrement	1,5 kg
1 1/3 t	vinaigre de riz	330 ml
1/4 t	sucre	60 ml
2 c. à tab + 2 c. à thé	sel pour marinades	40 ml + 10 ml

1. Détacher les gousses des bulbes d'ail et les peler. Couper la partie dure à la base de chaque gousse. Écraser les gousses d'ail avec le plat d'un couteau. Au robot culinaire, hacher finement l'ail et les piments en plusieurs fois, en actionnant et en arrêtant successivement l'appareil (ne pas réduire en purée).

2. Mettre la préparation de piments dans une casserole. Ajouter le vinaigre, le sucre et le sel et porter à ébullition. Réduire à feu moyen et laisser mijoter pendant environ 15 minutes ou jusqu'à ce que la préparation ait légèrement épaissi et semble cuite au goût.

3. À l'aide d'une louche, répartir la sauce chaude dans huit pots en verre chauds d'une capacité de 1 t (250 ml) chacun jusqu'à 1/4 po (5 mm) du bord. À l'aide d'une spatule en caoutchouc, enlever les bulles d'air. Essuyer le bord de chaque pot, au besoin. Centrer le couvercle sur le pot et visser l'anneau jusqu'au point de résistance (ne pas trop serrer). Traiter à la chaleur pendant 15 minutes (voir L'abc de la mise en conserve, p. 10).

4. Éteindre le feu. Retirer le couvercle de la marmite et y laisser reposer les pots 5 minutes. Soulever le support et l'accrocher sur le bord de la marmite. À l'aide d'une pince à bocaux, déposer les pots sur une grille et les laisser refroidir pendant 24 heures, sans les toucher.

PAR PORTION DE 1 C. À TAB (15 ML): cal.: 7; prot.: traces; m.g.: aucune (aucun sat.); chol.: aucun; gluc.: 2 g; fibres: traces; sodium: 101 mg.

astuces

• Pour cette sauce, les piments rouges de type crimson sont parfaits. Pour une sauce plus relevée, ajouter 6 à 10 piments chilis Scotch Bonnet ou habaneros, ou 20 à 30 piments thaïs (de type oiseau).

• S'il reste de la sauce après la mise en pots, on peut la laisser refroidir et la conserver au frigo jusqu'à 1 mois.

Sauce aux canneberges et au porto

Un cadeau parfait à offrir pendant le temps des fêtes. Cette recette donne suffisamment de sauce pour gâter quatre familles: un seul pot suffit pour accompagner la dinde traditionnelle. Au besoin, on remplace les canneberges fraîches par la même quantité de canneberges surgelées.

Donne environ 4 t (1 L) • Préparation: 15 min
Cuisson: 15 min • Traitement: 10 min

2	paquets de canneberges fraîches (350 g chacun)	2
1 3/4 t	sucre	430 ml
1 3/4 t	eau	430 ml
3/4 t	porto	180 ml

1. Dans une grande casserole, mélanger les canneberges, le sucre et l'eau. Porter à ébullition et laisser bouillir pendant environ 7 minutes ou jusqu'à ce que les canneberges éclatent et que la préparation forme une sauce. Incorporer le porto et porter de nouveau à ébullition. Laisser bouillir pendant environ 2 minutes ou jusqu'à ce que la sauce devienne plus foncée et se liquéfie.

2. À l'aide d'une louche et d'un entonnoir, répartir la sauce chaude dans quatre pots en verre chauds d'une capacité de 1 t (250 ml) chacun jusqu'à 1/4 po (5 mm) du bord. À l'aide d'une spatule en caoutchouc, enlever les bulles d'air. Essuyer le bord de chaque pot, au besoin. Centrer le couvercle sur le pot et visser l'anneau jusqu'au point de résistance (ne pas trop serrer). Traiter à la chaleur pendant 10 minutes (voir L'abc de la mise en conserve, p. 10).

3. Éteindre le feu. Retirer le couvercle de la marmite et y laisser reposer les pots 5 minutes. Soulever le support et l'accrocher sur le bord de la marmite. À l'aide d'une pince à bocaux, déposer les pots sur une grille et les laisser refroidir pendant 24 heures, sans les toucher.

PAR PORTION DE 2 C. À TAB (30 ML): cal.: 59; prot.: traces; m.g.: traces (aucun sat.); chol.: aucun; gluc.: 14 g; fibres: 1 g; sodium: 1 mg.

Sauce aux canneberges et aux clémentines

Si on ne trouve pas de canneberges fraîches, on les remplace par la même quantité de canneberges surgelées.

Donne environ 8 t (2 L) • Préparation: 45 min
Cuisson: 50 min • Traitement: 10 min

6	clémentines ou mandarines	6
2 t	eau	500 ml
2	paquets de canneberges fraîches (350 g chacun)	2
2 t	sucre	500 ml
1/4 t	liqueur d'orange (facultatif)	60 ml

1. Mettre les clémentines dans un grand bol d'eau chaude légèrement savonneuse et les brosser vigoureusement. Bien les rincer et les éponger. Retirer le pédoncule. Couper les clémentines en deux sur la largeur, puis les presser pour en extraire le jus (jeter les pépins). Réserver le jus. Couper les demi-écorces des clémentines en deux, puis en très fines lanières sur la largeur.

2. Dans une grande casserole à fond épais, mélanger les lanières d'écorces des clémentines et l'eau. Porter au point d'ébullition à feu moyen. Réduire à feu doux, couvrir et laisser mijoter très doucement pendant environ 30 minutes ou jusqu'à ce que les écorces s'écrasent en purée lorsqu'on les presse entre les doigts (au besoin, ajouter de l'eau pour empêcher la préparation de brûler). Ajouter le jus de clémentines réservé et porter à ébullition à feu moyen. Ajouter les canneberges et le sucre et porter à pleine ébullition. Laisser bouillir à gros bouillons, en brassant souvent, pendant environ

5 minutes ou jusqu'à ce que les canneberges éclatent et que la sauce ait épaissi. Incorporer la liqueur d'orange, si désiré.

3. À l'aide d'une louche, répartir la sauce chaude dans huit pots en verre chauds d'une capacité de 1 t (250 ml) chacun jusqu'à 1/2 po (1 cm) du bord. À l'aide d'une spatule en caoutchouc, enlever les bulles d'air. Essuyer le bord de chaque pot, au besoin. Centrer le couvercle sur le pot et visser l'anneau jusqu'au point de résistance (ne pas trop serrer). Traiter à la chaleur pendant 10 minutes (voir L'abc de la mise en conserve, p. 10).

4. Éteindre le feu. Retirer le couvercle de la marmite et y laisser reposer les pots 5 minutes. Soulever le support et l'accrocher sur le bord de la marmite. À l'aide d'une pince à bocaux, déposer les pots sur une grille et les laisser refroidir pendant 24 heures, sans les toucher.

PAR PORTION DE 1/4 T (60 ML): cal.: 68; prot.: traces; m.g.: traces (traces sat.); chol.: aucun; gluc.: 17 g; fibres: 1 g; sodium: 1 mg.

astuce

On peut laisser tomber le traitement à l'eau bouillante si on est sûr de consommer la sauce dans les trois semaines suivant sa préparation. On pourra alors la conserver au réfrigérateur, dans des pots en verre stérilisés.

Sauce épicée aux canneberges

Donne environ 8 t (2 L) • Préparation: 30 min
Cuisson: 45 min à 1 h • Traitement: 15 min

1	grosse orange	1
1	bâton de cannelle	1
1	morceau de gingembre frais, coupé en tranches fines (1 1/2 po/4 cm de longueur)	1
8	clous de girofle	8
3	anis étoilés (facultatif)	3
5 t	jus de pomme	1,25 L
3 1/2 t	sucre	875 ml
1	pincée de sel	1
10 t	canneberges fraîches ou surgelées	2,5 L

1. Mettre l'orange dans un bol d'eau chaude légèrement savonneuse et la brosser vigoureusement. Bien la rincer. À l'aide d'un économe, retirer tout le zeste de l'orange par larges bandes en travaillant de haut en bas (ne pas prendre la peau blanche; réserver l'orange pour un usage ultérieur). Mettre le zeste d'orange, la cannelle, le gingembre, les clous de girofle et les anis étoilés, si désiré, sur un carré d'étamine (coton à fromage) et nouer les extrémités de manière à former une pochette.

2. Dans une casserole, mélanger le jus de pomme, le sucre et le sel. Ajouter la pochette d'épices et porter à pleine ébullition à feu vif en brassant souvent. Laisser bouillir à gros bouillons, en brassant sans arrêt, pendant 6 minutes. Ajouter les canneberges et porter de nouveau à ébullition. Réduire à feu moyen et laisser mijoter de 30 à 45 minutes ou jusqu'à ce que les canneberges aient ramolli et se fendent et que le jus se gélifie légèrement.

3. Pour vérifier la cuisson, verser 1 c. à thé (5 ml) du jus sur une assiette refroidie au congélateur.

Remettre l'assiette au congélateur et laisser reposer pendant 1 minute. Incliner l'assiette; le jus ne devrait pas être coulant mais avoir la consistance d'une gelée molle. S'il n'a pas pris, poursuivre la cuisson et refaire le test toutes les 2 minutes.

4. À l'aide d'une louche, répartir la sauce chaude dans quatre pots en verre chauds d'une capacité de 2 t (500 ml) chacun jusqu'à 1/4 po (5 mm) du bord. À l'aide d'une spatule en caoutchouc, enlever les bulles d'air. Essuyer le bord de chaque pot, au besoin. Centrer le couvercle sur le pot et visser l'anneau jusqu'au point de résistance (ne pas trop serrer). Traiter à la chaleur pendant 15 minutes (voir L'abc de la mise en conserve, p. 10).

5. Éteindre le feu. Retirer le couvercle de la marmite et y laisser reposer les pots 5 minutes. Soulever le support et l'accrocher sur le bord de la marmite. À l'aide d'une pince à bocaux, déposer les pots sur une grille et les laisser refroidir pendant 24 heures, sans les toucher.

PAR PORTION DE 1/4 T (60 ML): cal.: 117; prot.: traces; m.g.: traces (aucun sat.); chol.: aucun; gluc.: 30 g; fibres: 1 g; sodium: 2 mg.

astuce

Le liquide de cette sauce ne doit pas avoir la même consistance qu'une gelée, mais il doit être quand même assez épais et avoir légèrement pris. C'est pourquoi la méthode pour le tester est légèrement différente de celle utilisée pour les confitures et les gelées.

Sauce aux pêches

Préparée avec des pêches mûres, qui lui donnent un bon goût frais, cette sauce aigre-douce remplace avantageusement la sauce aux prunes du commerce. Elle relève à merveille les rouleaux impériaux, mais aussi le porc, le canard ou l'oie rôtis, les pâtés et les fromages.

Donne environ 9 t (2,25 L) • Préparation: 1 h
Cuisson: 1 h 30 min • Traitement: 15 min

10 t	pêches mûres, pelées et hachées	2,5 L
3/4 t	eau	180 ml
1 3/4 t	sucre	430 ml
1 t	groseilles rouges fraîches, détachées ou	250 ml
1/4 t	jus de citron fraîchement pressé	60 ml
2/3 t	vinaigre de cidre	160 ml
3/4 c. à thé	zeste de citron râpé finement	4 ml
1/2 t	jus de citron fraîchement pressé	125 ml
20	grains de poivre noir	20
10	gousses de cardamome vertes écrasées	10
1	bâton de cannelle	1
1 c. à thé	gingembre moulu	5 ml
3/4 c. à thé	sel	4 ml
1/2 c. à thé	piment de Cayenne	2 ml

1. Dans une casserole, mélanger les pêches, l'eau, le sucre, les groseilles, le vinaigre, le zeste et le jus de citron, le poivre, la cardamome, la cannelle, le gingembre, le sel et le piment de Cayenne. Porter à ébullition en brassant souvent. Réduire à feu moyen et laisser mijoter à découvert, en brassant toutes les 10 minutes, pendant 1 heure 15 minutes ou jusqu'à ce que les pêches se défassent et que la préparation ait la consistance d'une compote de pommes.

2. Au robot culinaire, réduire la préparation de pêches en purée lisse, en plusieurs fois. Passer la purée au moulin à légumes muni d'une grille fine (ou la filtrer dans une passoire fine), placé sur la casserole propre, en y passant le plus d'ingrédients solides possible. Porter de nouveau à ébullition.

3. À l'aide d'une louche, répartir la sauce chaude dans neuf pots en verre chauds d'une capacité de 1 t (250 ml) chacun jusqu'à 1/2 po (1 cm) du bord. À l'aide d'une spatule en caoutchouc, enlever les bulles d'air. Essuyer le bord de chaque pot, au besoin. Centrer le couvercle sur le pot et visser l'anneau jusqu'au point de résistance (ne pas trop serrer). Traiter à la chaleur pendant 15 minutes (voir L'abc de la mise en conserve, p. 10).

4. Éteindre le feu. Retirer le couvercle de la marmite et y laisser reposer les pots 5 minutes. Soulever le support et l'accrocher sur le bord de la marmite. À l'aide d'une pince à bocaux, déposer les pots sur une grille et les laisser refroidir pendant 24 heures, sans les toucher.

PAR PORTION DE 1 C. À TAB (15 ML): cal.: 14; prot.: traces; m.g.: aucune (aucun sat.); chol.: aucun; gluc.: 4 g; fibres: traces; sodium: 12 mg.

Moutarde douce au sirop d'érable

Donne environ 1 1/2 t (375 ml)
Préparation: 10 min • Cuisson: aucune

1 t	moutarde en poudre	250 ml
1/2 t	cassonade tassée	125 ml
1/2 t	sirop d'érable	125 ml
1/3 t	huile végétale	80 ml
3 c. à tab	vinaigre de cidre	45 ml
1/2 c. à thé	sel	2 ml
2 c. à tab	eau bouillante	30 ml

1. Au robot culinaire ou au mélangeur, mélanger la moutarde, la cassonade, le sirop d'érable, l'huile, le vinaigre et le sel jusqu'à ce que le mélange soit lisse. Sans arrêter l'appareil, ajouter l'eau (racler la paroi du récipient au besoin).

2. À l'aide d'une cuillère, répartir la moutarde dans des pots en verre stérilisés d'une capacité de 1/2 t (125 ml) chacun. Fermer les pots. Utiliser aussitôt pour une moutarde forte ou laisser reposer à la température ambiante pendant 2 semaines pour une moutarde douce. (La moutarde se conservera jusqu'à 6 mois à la température ambiante.)

PAR PORTION DE 1 C. À TAB (15 ML): cal.: 78; prot.: 1 g; m.g.: 4 g (traces sat.); chol.: aucun; gluc.: 9 g; fibres: aucune; sodium: 50 mg.

Moutarde forte au miel

Donne 2 t (500 ml) • Préparation: 10 min
Cuisson: aucune

1 t	moutarde en poudre	250 ml
1/4 t	eau froide	60 ml
1/2 t	sucre	125 ml
1/2 t	miel liquide	125 ml
1/4 t	vinaigre de cidre	60 ml
3 c. à tab	huile de canola	45 ml
1/2 c. à thé	gros sel ou sel casher	2 ml
1/2 c. à thé	jus de citron fraîchement pressé	2 ml

1. Au robot culinaire, mélanger la moutarde avec l'eau jusqu'à ce que le mélange forme une pâte épaisse (racler le fond et la paroi du récipient une fois). Ajouter le reste des ingrédients et mélanger pendant environ 1 minute ou jusqu'à ce que la moutarde soit lisse (racler le fond et la paroi du récipient une fois).

2. À l'aide d'une cuillère, répartir la moutarde dans des pots en verre stérilisés d'une capacité de 1/2 t (125 ml) chacun. Fermer les pots. Utiliser aussitôt pour une moutarde forte ou laisser reposer au réfrigérateur quelques semaines pour une moutarde douce. (La moutarde se conservera jusqu'à 6 mois au réfrigérateur.)

PAR PORTION DE 1 C. À THÉ (5 ML): cal.: 18; prot.: traces; m.g.: 1 g (aucun sat.); chol.: aucun; gluc.: 3 g; fibres: aucune; sodium: 8 mg.

astuce

En stérilisant les pots, on s'assure qu'ils sont exempts de bactéries et de moisissures, ce qui permet de conserver la moutarde plus longtemps sans traitement à la chaleur. Pour les stériliser, plonger tout simplement les pots dans l'eau bouillante pendant 10 minutes, dans une grande marmite conçue pour le traitement des conserves. Laisser les pots dans l'eau et les assécher juste avant de les remplir.

Moutarde forte au miel

Vinaigre de citronnelle

À essayer sur une salade de concombre ou de légumes.

Donne environ 6 t (1,5 L) • Préparation: 20 min
Cuisson: 5 min • Repos: 30 min
Macération: 10 jours

2	tiges de citronnelle fraîche	2
1	piment thaï frais (de type oiseau)	1
2 c. à tab	graines de coriandre	30 ml
6 t	vinaigre de riz	1,5 L
	tiges de citronnelle, piments thaïs frais (de type oiseau) et graines de coriandre pour garnir	

1. Hacher grossièrement la citronnelle. Couper le piment en deux sur la longueur. Dans un mortier, à l'aide d'un pilon, ou à l'aide d'une petite casserole à fond épais, écraser les graines de coriandre. Mettre la citronnelle, le piment et les graines de coriandre dans un pot en verre à large ouverture stérilisé, d'une capacité de 6 t (1,5 L) (voir Astuce, p. 122).

2. Dans une casserole, porter le vinaigre à ébullition. À l'aide d'un entonnoir, le verser sur le mélange de citronnelle dans le pot. Laisser refroidir complètement à la température ambiante. Fermer le pot et laisser macérer dans un endroit ensoleillé pendant 10 jours (secouer le pot de temps à autre). Dans une passoire fine tapissée d'étamine (coton à fromage) et placée sur un bol, filtrer le mélange de vinaigre (jeter les éléments solides).

3. Pour la garniture aromatique, couper des tiges de citronnelle en morceaux et en mettre 1 morceau dans chaque bouteille en verre stérilisée qui sera utilisée pour conserver le vinaigre. Ajouter 1 piment et quelques graines de coriandre dans chacune. Répartir le vinaigre filtré dans les bouteilles. Fermer hermétiquement. (Le vinaigre se conservera pendant 6 mois dans un endroit frais et sec, à l'abri de la lumière.)

PAR PORTION DE 1 C. À TAB (15 ML): cal.: 2; prot.: aucune; m.g.: aucune (aucun sat.); chol.: aucun; gluc.: 1 g; fibres: aucune; sodium: aucun.

Vinaigre de framboise

Ce vinaigre apporte une touche spéciale aux vinaigrettes et aux bols de petits fruits, et n'a pas son pareil pour déglacer le poêlon lorsqu'on cuit du poulet.

Donne environ 5 t (1,25 L) • Préparation: 15 min
Cuisson: 10 min • Repos: 30 min + 12 h + 8 h

6 t	framboises surgelées (environ 2 paquets de 300 g chacun)	1,5 L
3 t	vinaigre de vin blanc ou vinaigre de riz non assaisonné	750 ml
2 c. à thé	sucre	10 ml
	framboises entières fraîches ou surgelées, décongelées	

1. Au robot culinaire, hacher les framboises surgelées avec le vinaigre et le sucre. Mettre le mélange de framboises dans un grand bol allant au micro-ondes. Couvrir et cuire à intensité moyenne-élevée (70 %) pendant 7 minutes. (Ou encore, mettre le mélange dans une grande casserole et chauffer à feu moyen pendant environ 10 minutes ou jusqu'à ce qu'il soit fumant.) Laisser refroidir. Laisser reposer au réfrigérateur pendant 12 heures (remuer de temps à autre).

2. Dans une passoire fine placée sur un bol, filtrer le mélange de framboises en pressant bien pour en extraire tout le liquide (jeter les éléments solides). À l'aide d'un entonnoir tapissé d'un filtre à café ou d'une double épaisseur d'étamine (coton à fromage) rincée, verser le vinaigre de framboise dans des bouteilles en verre stérilisées. Laisser couler le vinaigre pendant environ 8 heures ou jusqu'à ce qu'il soit complètement filtré (remplir le filtre et changer de bouteille, au besoin).

3. Ajouter environ 3 framboises fraîches dans chaque bouteille. Sceller avec un bouchon de liège. (Le vinaigre se conservera jusqu'à 6 mois dans un endroit frais et sec, à l'abri de la lumière.)

PAR PORTION DE 1 C. À TAB (15 ML): cal.: 5; prot.: traces; m.g.: aucune (aucun sat.); chol.: aucun; gluc.: 1 g; fibres: aucune; sodium: 1 mg.

astuce

Pour s'assurer que les bouteilles et les pots seront exempts de bactéries et de moisissures, il faut les stériliser. Cette étape permet de conserver le vinaigre à la température ambiante sans traitement à la chaleur. Pour les stériliser, plonger les bouteilles et les pots dans l'eau bouillante, dans une grande marmite conçue pour le traitement des conserves. Laisser bouillir pendant 10 minutes. Éteindre le feu. Laisser les bouteilles et les pots dans l'eau, et les assécher juste avant de les remplir.

Table des matières

chapitre cinq
Marinades et relishs

chapitre six

Salsas, chutneys et confits

chapitre sept

Sauces et vinaigres

PHOTOGRAPHES

Couverture arrière: chiffres en couleur

Mark Burstyn
156, 167, 170, 174

Christopher Campbell
194

Yvonne Duivenvoorden
69, 108, 128, 140 (280), 209, 225 (282)

Rob Fiocca
71

Geoff George
16, 17, 91

Laurence Labat
5

Meredith
22, 28, 31, 36, 40, 43, 44, 47, 48, 51, 58,
77, 83, 84, 87, 94 (280), 95, 96, 98, 99,
102, 117, 118, 124, 131, 144, 153, 158, 162,
165 (281), 173, 176, **183,** 187, 190, **197,** 198,
201, 202, 205, 223, 229, 235, 240, 242,
245, 248, 251, 254, 278

Edward Pond
4, 6, 8, 12, 18, 25, 27, 52, 55, 62, 65, 72, 74,
80, 88, 100, 112, 114, 123, 134, 148, **150,** 154,
181, 214, 217, 233, 239, 246, 252, 263, 266,
270, 273 (282)

Jodi Pudge
11, 192, 218, 275

David Scott
213

Lilyana Vynogradova / Bigstock
15

STYLISTES CULINAIRES

Julie Aldis
128, 225

Donna Bartolini
69

Andrew Chase
192

Lucie Richard
88, 108, 209, 213

Claire Stubbs
11, 12, 52, 62, 100, 140, 218, 275

Rosemarie Superville
156, 167, 170, 174

Sandra Watson
217

Nicole Young
4, 6, 8, 18, 25, 27, 55, 65, 72, 74, 80, 112, 114,
123, 134, 148, 150, 154, 181, 214, 233, 239,
246, 252, 263, 266, 270, 273

STYLISTES ACCESSOIRES

Laura Branson
88

Catherine Doherty
156, 167, 170, 174, 192

Mandy Gyulay
11, 218, 275

Madeleine Johari
4, 6, 8, 18, 25, 27, 55, 65, 72, 74, 80, 112, 114,
123, 134, 148, 150, 154, 181, 214, 233, 239,
246, 252, 263, 266, 270, 273

Oksana Slavutych
12, 52, 62, 69, 100, 108, 128, 140, 209, 213, 225

TESTS EN CUISINE

Better Homes and Gardens, Canadian Living

Aussi dans la collection
Coup de pouce

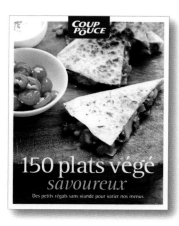

Les Éditions Transcontinental
5800, rue Saint-Denis, bureau 900
Montréal (Québec) H2S 3L5
Téléphone : 514 273-1066 ou 1 800 361-5479
www.livres.transcontinental.ca

Pour connaître nos autres titres, consultez
www.livres.transcontinental.ca.
Pour bénéficier de nos tarifs spéciaux s'appliquant aux bibliothèques
d'entreprise ou aux achats en gros, informez-vous au
1 855 861-2782 (et faites le 2).

**Catalogage avant publication de Bibliothèque et Archives
nationales du Québec et Bibliothèque et Archives Canada**
Vedette principale au titre :
Conserves et confitures maison : nos 175 meilleures recettes
et toutes les astuces pour les réussir
(Coup de pouce)
Comprend un index.
ISBN 978-2-89472-709-6

1. Cuisine (Conserves). 2. Cuisine (Confitures). 3. Livres de cuisine.
I. Titre. II. Collection : Collection Coup de pouce.

TX821.C66 2013   641.6'12   C2013-941293-X

Équipe de *Coup de pouce*
Directrice éditoriale et rédactrice en chef : Geneviève Rossier
Rédactrice en chef adjointe : Claudine St-Germain
Responsable cuisine : Louise Faucher
Rédactrice-recherchiste cuisine : Isabelle Jomphe

Équipe de production
Coordination de la production : Marie-Suzanne Menier
Sélection du contenu et coordination de la rédaction :
Mylène Khalil
Traduction : Pierrette Dugal-Cochrane, France Giguère
Révision linguistique et correction d'épreuves :
Sabine Cerboni, Odette Lord, Edith Sans Cartier
Mise en pages : Diane Marquette
Illustrations : Béatrice Favereau

Impression : Transcontinental Interglobe

Photographies de la couverture avant :
(Confiture de framboises extra, recette page 91) :
Geoff George

Imprimé au Canada
© Les Éditions Transcontinental, 2013
Dépôt légal – Bibliothèque et Archives nationales du Québec,
3e trimestre 2013
Bibliothèque et Archives Canada

Les Éditions Transcontinental remercient le gouvernement du Québec
– Programme de crédit d'impôt pour l'édition de livres – Gestion SODEC.
Nous reconnaissons l'aide financière du gouvernement du Canada
par l'entremise du Fonds du livre du Canada pour nos activités
d'édition. Nous remercions également la SODEC de son appui financier
(programmes Aide à l'édition et Aide à la promotion).